"十四五"国家重点出版物出版规划项目

转型时代的中国财经战略论丛

政府间义务教育事权和支出责任划分研究

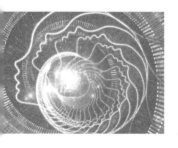

A study on the Division of Powers and
Expenditure Responsibilities of Inter Governmental Compulsory Education

孔振焕 著

中国财经出版传媒集团

经济科学出版社
Economic Science Press

图书在版编目（CIP）数据

政府间义务教育事权和支出责任划分研究/孔振焕
著. —北京：经济科学出版社，2021. 11
（转型时代的中国财经战略论丛）
ISBN 978 – 7 – 5218 – 3014 – 9

Ⅰ. ①政…　Ⅱ. ①孔…　Ⅲ. ①义务教育 – 教育财政 –
中央和地方的关系 – 研究 – 中国　Ⅳ. ①G526. 7

中国版本图书馆 CIP 数据核字（2021）第 221962 号

责任编辑：于　源　郑诗南
责任校对：孙　晨
责任印制：范　艳

政府间义务教育事权和支出责任划分研究
孔振焕　著
经济科学出版社出版、发行　新华书店经销
社址：北京市海淀区阜成路甲 28 号　邮编：100142
总编部电话：010 – 88191217　发行部电话：010 – 88191522
网址：www. esp. com. cn
电子邮箱：esp@ esp. com. cn
天猫网店：经济科学出版社旗舰店
网址：http：//jjkxcbs. tmall. com
北京季蜂印刷有限公司印装
710 × 1000　16 开　15 印张　240000 字
2022 年 4 月第 1 版　2022 年 4 月第 1 次印刷
ISBN 978 – 7 – 5218 – 3014 – 9　定价：60. 00 元
（图书出现印装问题，本社负责调换. 电话：010 – 88191510）
（版权所有　侵权必究　打击盗版　举报热线：010 – 88191661
QQ：2242791300　营销中心电话：010 – 88191537
电子邮箱：dbts@ esp. com. cn）

总　序

　　《转型时代的中国财经战略论丛》是山东财经大学与经济科学出版社合作推出的"十三五"系列学术著作，现继续合作推出"十四五"系列学术专著，是"'十四五'国家重点出版物出版规划项目"。

　　山东财经大学自2016年开始资助该系列学术专著的出版，至今已有5年的时间。"十三五"期间共资助出版了99部学术著作。这些专著的选题绝大部分是经济学、管理学范畴内的，推动了我校应用经济学和理论经济学等经济学学科门类和工商管理、管理科学与工程、公共管理等管理学学科门类的发展，提升了我校经管学科的竞争力。同时，也有法学、艺术学、文学、教育学、理学等的选题，推动了我校科学研究事业进一步繁荣发展。

　　山东财经大学是财政部、教育部、山东省共建高校，2011年由原山东经济学院和原山东财政学院合并筹建，2012年正式揭牌成立。学校现有专任教师1688人，其中教授260人、副教授638人。专任教师中具有博士学位的962人。入选青年长江学者1人、国家"万人计划"等国家级人才11人、全国五一劳动奖章获得者1人，"泰山学者"工程等省级人才28人，入选教育部教学指导委员会委员8人、全国优秀教师16人、省级教学名师20人。学校围绕建设全国一流财经特色名校的战略目标，以稳规模、优结构、提质量、强特色为主线，不断深化改革创新，整体学科实力跻身全国财经高校前列，经管学科竞争力居省属高校领先地位。学校拥有一级学科博士点4个，一级学科硕士点11个，硕士专业学位类别20个，博士后科研流动站1个。在全国第四轮学科评估中，应用经济学、工商管理获B+，管理科学与工程、公共管理获B-，B+以上学科数位居省属高校前三甲，学科实力进入全国财经高校前十。工程学进入 ESI 学科排名前 1%。"十三五"期间，我校聚焦内涵式发展，全面实施了科研强校战略，取得了一定成绩。获批国家级课题项目 172 项，教育部及其他省部级课题项目 361 项，承担各级各类横向课题 282 项；教师共发表高水平学术论文 2800 余篇，出版著作 242 部。同时，新增了山东省重点实验室、省重点新型智库和研究基地等科研平台。学校的发展为教师从事科学研究提供了广阔的平台，创造了更加良好的学术生态。

"十四五"时期是我国由全面建成小康社会向基本实现社会主义现代化迈进的关键时期，也是我校进入合校以来第二个十年的跃升发展期。2022 年也将迎来建校 70 周年暨合并建校 10 周年。作为"十四五"国家重点出版物出版规划项目，《转型时代的中国财经战略论丛》将继续坚持以马克思列宁主义、毛泽东思想、邓小平理论、"三个代表"重要思想、科学发展观、习近平新时代中国特色社会主义思想为指导，结合《中共中央关于制定国民经济和社会发展第十四个五年规划和二〇三五年远景目标的建议》以及党的十九届六中全会精神，将国家"十四五"期间重大财经战略作为重点选题，积极开展基础研究和应用研究。

与"十三五"时期相比，"十四五"时期的《转型时代的中国财经战略论丛》将进一步体现鲜明的时代特征、问题导向和创新意识，着力推出反映我校学术前沿水平、体现相关领域高水准的创新性成果，更好地服务我校一流学科和高水平大学建设，展现我校财经特色名校工程建设成效。通过对广大教师进一步的出版资助，鼓励我校广大教师潜心治学，扎实研究，在基础研究上密切跟踪国内外学术发展和学科建设的前沿与动态，着力推进学科体系、学术体系和话语体系建设与创新；在应用研究上立足党和国家事业发展需要，聚焦经济社会发展中的全局性、战略性和前瞻性的重大理论与实践问题，力求提出一些具有现实性、针对性和较强参考价值的思路和对策。

山东财经大学校长

2021 年 11 月 30 日

摘　要

　　我国政府间财政事权和支出责任划分问题一直是备受关注的热点问题之一，从 1993 年《国务院关于实行分税制财政管理体制的决定》提出"事权与财权相结合"到党的十九大提出"加快建立现代财政制度，建立权责清晰、财力协调、区域均衡的中央和地方财政关系"，随着改革逐步深入，我国财政体制改革包括政府间事权和支出责任改革力度也不断加大。2016 年国务院《关于推进中央与地方财政事权和支出责任划分改革的指导意见》对推进中央与地方财政事权和支出责任划分改革做出总体部署；2018 年下发《基本公共服务领域中央与地方共同财政事权和支出责任划分改革方案》明确将义务教育界定为中央和地方共同财政事权，支出责任由中央和地方政府按项目、按比例分担；2019 年《教育领域中央与地方财政事权和支出责任划分改革方案》提出抓紧形成教育领域财政事权和支出责任划分新模式。正是在这种背景下，本书选择义务教育政府间事权和支出责任划分作为研究对象，在对其进行一般理论分析的基础上，分析我国义务教育事权和支出责任划分的历史沿革和现实状况，然后在量化政府间义务教育事权和支出责任划分对义务教育产出效率影响的基础上，归纳总结我国政府间义务教育事权和支出责任划分存在的问题，最后在吸取、借鉴国外实践经验的基础上，对我国政府间义务教育事权和支出责任划分提出改进建议。

目　录

2

第1章 导　言

1.1　研　究　背　景

国运兴衰，系于教育；百年大计，教育为本。国家的强盛、民族的振兴与社会的进步都建立在教育发展的基础上，教育是国之根本，也是提高国民素质、提升个人发展空间的最有效途径。我国始终奉行"教育优先发展"战略，党和政府历来高度重视教育事业的发展，经过多年坚持不懈的努力，我国教育事业，特别是作为基本公共服务的义务教育事业的发展取得长足进展。2019 年全国共有义务教育阶段学校 21.26 万所，在校生 1.54 亿人，招生 3507.89 万人，专任教师 1001.65 万人，九年义务教育巩固率 94.8%[①]。我国对于义务教育事业的投入已经有较大幅度的增长，城乡免费义务教育开始稳步推进，义务教育均衡发展和城乡一体化进程逐步加快，有针对性地加强义务教育薄弱环节改善的能力逐渐提升；扩大普惠性义务教育资源，重点补齐农村地区、边远贫困地区短板，义务教育产品的供给逐步实现从基本均衡迈向优质均衡。

但是，我们教育事业发展中也存在一些不足和问题。受近年来经济下行压力不断增大对财政性教育投入的影响，我国相对教育投入水平并不高。2019 年全国教育经费总投入为 50178.12 亿元，占当年 GDP 的 5.09%[②]。而根据世界银行的统计，早在 2001 年，澳大利亚、日本、英

---

① 源自教育部 2019 年全国教育事业发展统计公报的数据，http://www.moe.gov.cn/jyb_sjzl/sjzl_fztjgb/202005/t20200520_456751.html。

② 教育部财务司　国家统计局社会科技和文化产业统计司.中国教育经费统计年鉴 2019［M］.北京：中国统计出版社，2020.

国和美国等高收入国家，公共教育支出占 GDP 的均值就已达到 4.8%，哥伦比亚、古巴等中低收入国家，公共教育支出占 GDP 的均值达到 5.6%。[①] 此外，我国现行义务教育管理体制是"以县为主"，分税制改革后财权集中于中央政府的同时，各项义务教育事权主要下沉到地方基层政府，即中央政府在集中大部分财力的同时，却只承担了较少的义务教育事权和支出责任，反而是财政困难的县乡政府承担了相对较重的义务教育事权和支出责任。所以，我国的义务教育事业还有待进一步的改革，教育资源配置不均衡、各级政府间义务教育财政事权与支出责任划分的不清晰、不合理等问题都有待解决。教育事业发展中碰到的问题归根结底是教育公共产品供给问题。义务教育产品供给的事权和支出责任划分就是影响教育产品供给的重要因素之一。

在进一步全面深化改革的背景下，财政体制改革必然要求进一步深化政府间财政事权和支出责任划分。财政体制一直以来都是重要的财政范畴，是现代财政制度的重要组成部分。在我国目前全面深化改革进程中，作为各个领域改革的重要交汇点，财税体制改革必然成为全面深化改革的突破口。财政体制的改革涵盖了财政收入分权、事权和支出责任分权以及财权和事权的匹配等多方面内容。政府间财政收入的划分一直备受关注，经过几轮财税体制改革，从 1994 年分税制改革对税收收入做初步划分，到 2012 年"营改增"逐步完善税制结构，我国税收分权已日趋完善，下一步财政体制改革的重点必然会集中在政府间财政事权和支出责任划分上。但是，我国政府间财政事权和支出责任划分改革长期滞后，财政支出端的财政事权和支出责任划分问题得不到有效解决，必然会引起诸多社会问题，集中表现为部分公共支出效率低下、公共产品供给与社会公众需求有一定差距、基本公共服务均等化目标难以真正实现。所以，推进政府间财政事权和支出责任划分的改革已经成为财政体制改革内在的必然要求。

"财政是国家治理的基础和重要支柱"这一论断一经十八届三中全会提出，必然要求地方政府明确公共产品供给事权、提高公共产品供给效率，发挥中央和地方两个积极性，建立事权和支出责任相适应的公共管理制度。党的十九大进一步明确"加快建立现代财政制度，建立权责

---

① 何忠洲. 教育：离 4% 还有多远 [J]. 中国新闻周刊，2007 (9).

清晰、财力协调、区域均衡的中央和地方财政关系"。我国也相继颁布实施了一系列关于政府事权和支出责任划分的实施意见和改革方案的政府文件，所以，财政事权和支出责任改革已经上升到国家治理现代化的战略高度。一般而言，义务教育产品由于具有较为明显的公共产品属性，在其供给中政府责无旁贷地承担绝大部分供给事权和支出责任，这已达成共识。但是，义务教育产品的财政事权和支出责任在各级政府间的划分还存在一些问题，比如政府责任主体在事权和支出责任的层层转嫁中存在责任主体缺失、事权和责任重叠交叉、界定不清，基层政府特别是县级政府的财政事权和支出责任过于繁重等问题。

同时，我国财政分权体制也在一定程度上影响着义务教育财政事权和支出责任。按照传统财政分权理论，财政分权可以有效激励地方政府提供公共产品，满足社会需求，然而各国财政分权实践并没有很有效地支持这一结论。因为中央在集中财权的同时，把大量事权下放给地方政府，会导致财力集中于中央，事权和支出责任集中于地方，出现事权和支出责任不匹配的局面。在地方官员出于晋升压力的绩效考评制度下，一些比较功利的地方政府为了追求政绩，往往会减少短期没有明显产出和效益的那些民生类公共支出，如教育、社会保障支出等，转而加大有明显产出效益的经济建设支出。所以，在一段时期内我国财政分权制度在一定程度上加剧了义务教育财政事权和支出责任划分中的不均衡和不合理。

从改革开放至今，我国社会发生了翻天覆地的变化，各项事业都取得了长足进展，秉承发展成果由人民共享的理念，"促进社会公平，增进民生福祉，不断实现人民对美好生活的向往"就成了我们进一步发展的目标。然而，事实却是政府公共支出和财政收入连年大幅增长的同时，并没有很有效地解决社会公众面临的"上学难、看病难、就业难和住房难"问题。正如党的十九大报告中所提及的，"我国社会主要矛盾已经转化为人民日益增长的美好生活需要和不平衡不充分的发展之间的矛盾"。这个主要矛盾在财政领域集中体现为高质量公共产品和公共服务的供需矛盾，一方面是社会公众对高质量的公共产品和公共服务追求的不断增长，另一方面则是政府供给高质量的公共产品和公共服务的不足。所以，从改善民生的角度讲，迫切地需要进一步提升政府供给高质量的公共产品和公共服务的能力，而提升政府公共产品供给能力的前提和关键，就是要清晰地、合理地划分好、落实好政府间公共产品的供给事权和支出责任。

我国教育领域，特别是义务教育领域存在的政府间财政事权和支出责任问题已经影响到公众对优质教育资源、对民生福祉的追求。诸如，公众对优质教育资源的竞相追逐催生"天价学区房"，义务教育资源在城乡间、区域间的配置不尽合理，贫困地区、特殊地区留守儿童的义务教育问题等。所以，我国义务教育产品供给中政府责任的部分缺失和供给不均衡已经成为一个需要高度重视的社会民生问题。本书选取义务教育产品在政府间财政事权和支出责任划分及其对义务教育供给效率的影响这一问题进行研究，以期为更好地完善义务教育公共品的供给提供理论基础和指导。

1.2　研　究　意　义

1.2.1　理论意义

一是有助于进一步丰富公共产品理论。本书以义务教育公共品财政事权和支出责任划分问题作为研究对象，运用公共产品理论、财政体制理论、教育经济学等相关理论，研究分析义务教育产品供给过程中各级政府的财政事权如何界定，义务教育产品的供给责任如何在政府和市场间以及不同级次政府间进行划分，提出完善我国义务教育产品事权和支出责任划分的思路。公共产品政府间事权和支出责任的划分本身就是公共产品理论的重要组成部分，本书对义务教育公共品供给中政府间财政事权和支出责任的有关研究，有利于揭示义务教育公共品的提供相对一般公共品提供所应遵循的特殊规律，从而有助于在一定程度上丰富已有的公共产品供给理论。

二是有助于进一步丰富财政体制理论。本书基于财政分权、公共产品供给理论研究我国义务教育领域政府间事权和支出责任的划分，探讨政府和市场间、不同级次政府间的义务教育事权和支出责任划分以及财权与事权之间所存在的非对称性与非均衡性。财政体制理论本身就内在地包含了政府间财政事权和支出责任划分理论，长期以来，我国对财政体制理论的研究一直较为注重政府间财权和收入的划分，而对政府间财政事权和支出责任的划分有所忽视，特别是针对特定公共产品、特定公共服务的政府间财政事权和支出责任划分并没有深入地展开研究，比如本书所研究的义务教育事权和支出责任的划分更是薄弱环节。因此，本书对我国中央与地方政府之间、不同级次地方政府之间划分义务教育财政事权和支出责任的研究将有助于进一步丰富我国的财政体制理论。

三是有助于进一步充实国家治理理论。财政是国家治理的基础和重要支柱，财政体制是政府公共部门资源配置公共资源、维持社会公平、治理国家的重要制度保障。构建规范、科学、合理的财政体制是加强国家治理不可或缺的重要手段，从这个意义上讲，财政体制理论是国家治理理论的重要组成部分。本书对义务教育公共品供给的政府间事权和支出责任进行研究，有助于完善政府间财政事权和支出责任划分理论，这不仅有助于完善财政体制理论，从宏观层面考察和整体意义上讲，也有助于进一步充实国家治理理论。

1.2.2　现实意义

一是有助于进一步完善分税制财政体制。我国 1994 年的分税制改革是以提高"两个比重"为目标建立的，中央在集中财权的同时，把大量事权下放给地方政府，导致了中央承担的事权和支出责任相对其所集中的财权偏少，地方政府事权和支出责任相对其所掌握的财权偏多的不平衡的公共资源配置状态。而且，分税制改革关注的重点是财权如何在政府间分配，并没有太多地涉及政府和市场以及各级政府间的事权和支出责任划分问题，特别是对省以下地方政府间的财政事权和支出责任只是进行了粗略的划分。分税制改革迄今已过去 20 多年，随着我国经济社会的不断进步和各项改革的逐步深化，我国财政体制整体上趋于完善，但各级政府间的财政事权和支出责任划分改革明显滞后，已经成为我国财政体制的薄弱环节，政府间事权与支出责任错配以及由此衍生的诸多财政风险日益显现，削弱了政府治理能力。党的十九大以后，政府间财政事权和支出责任的划分成为我国下一步财政体制改革的核心和难点。中央先后出台了多个重要文件积极推进政府间财政事权和支出责任划分改革，各地方政府也积极贯彻落实中央文件精神，加快地方政府间财政事权和支出责任划分改革进程。本书在此基础上，对义务教育产品供给的政府间财政事权和支出责任划分进行深入研究，有助于明确义务教育领域中央与地方财政事权与支出责任，有助于健全省以下财政体制以及进一步增强我国义务教育产品供给和保障能力。因此，本书研究政府间义务教育财政事权和支出责任的划分实际上就是从财政体制所涉及的一个重要方面选择一个点来进一步完善分税制财政体制。

二是有助于进一步完善教育管理体制，促进教育事业科学发展。教育是国家的根本，教育事业的发展对提升民族素质、促进社会进步、推动个人发展都十分重要。我国目前教育管理体制存在着一些问题，如义务教育资源配置在城乡之间、地区之间和学校之间存在较大差距以及择校热、天价学区房背后所隐含的义务教育资源配置的不均衡等。总体来看，我国教育公共产品的供给中，不仅供给总量上有问题，而且还存在结构性问题，最根本的原因就是各级政府间事权和支出责任划分不明确、不合理，政府供给责任存在"错位""缺位"。所以，本书选取政府间财政事权和支出责任划分的角度对义务教育公共品供给进行研究，从推进我国教育管理体制改革的要求出发，探讨和分析新时期我国教育公共产品供给中政府间事权和支出责任问题，构建我国义务教育财政事权和支出责任分担机制，这实际是从教育公共产品的一个重要方面即义务教育公共品供给的视角，提出我国教育体制的优化路径和政策方案。从而为各级政府推动义务教育事业发展提供参考，这不仅有利于提升我国教育质量、调整我国教育结构，促进我国教育事业均衡发展，同时对于我国教育体制改革的深化也有着重要的现实意义。

三是有助于实现义务教育公共服务均等化供给，增加公众社会福利。改革开放以来，我国经济建设取得了巨大成就，我国 GDP 在相当长的一段时期内保持着高速增长。但是，国民经济的飞速增长并没能相应带来国民福利的普遍提高，居民日益增长的公共服务需求与公共服务供给不足、供给质量低下的矛盾日益凸显，其中教育公共产品供给问题就非常突出。当前，我国正处于社会发展关键期，如何使全体公民都能公平地获得大致均等的基本公共服务是全面建设服务型政府的内在要求，也是我国财税体制改革的基本目标之一。教育产品的特殊性决定了我们在公共产品供给中需要进一步细化其属性，采用不同的供给方式。

所以，本书通过研究义务教育产品供给事权和支出责任划分，从中概括义务教育公共品供给的规律性经验，不仅可为我国更有效地提供高质量的义务教育公共品和服务提供借鉴，而且有助于实现我国义务教育公共服务均等化供给。

1.3 研 究 现 状

1.3.1 关于义务教育研究

一是关于义务教育产品属性的研究。虽然有的学者持不同观点，但大多数人将义务教育界定为是公共产品。政府利用公共财政资金提供的义务教育应该属于公共产品，个人办学者提供的义务教育属于私人物品，即使他获得了政府补贴（厉以宁，1995）。义务教育的公共产品属性来源于义务教育免费和强制的制度安排，正是这种免费和强制的制度安排使得义务教育具有了非排外性和非竞争性（孙国英、王善迈，2002），所以，这种免费的义务教育产品无法通过市场交换来提供，只能由政府公共部门提供。将义务教育的公共产品属性归因于义务教育制度，实际上是将义务教育的属性与义务教育制度互为因果，无疑是陷入一种循环（周金玲，2005）。

由于义务教育的消费效用可以分成直接效用和间接效用，也有人把义务教育认定为准公共产品（袁连生，2001）。之所以说义务教育有私人物品属性，是因为义务教育的直接消费效用具有竞争性和排他性；而义务教育的间接效用又具有部分的非竞争性和非排他性，所以，它也同时具备公用物品属性。义务教育强制性的制度安排更有利实现其间接效用，从其间接效用上来说义务教育是一种准公共产品。

二是关于义务教育公平的研究。科尔曼（1966）、胡森（1980）等的教育理念推动了义务教育研究的发展。科尔曼通过研究美国白人的文化教育水平之所以高于黑人和少数民族后裔的原因，分析了教育领域中种族间教育均等问题，对美国教育公平问题影响深远（Coleman，1966)①。他提出教育起点公平（即平等地享有接受教育的机会）、过程公平（接受教育过程中应有相同的待遇）和结果公平（教育质量）是教育机会公平的三个方面。鲍顿从文化资本再生产论和冲突理论出发，认为教育资源分配不公平的状态下，教育的不公平将是一种常态（Bolton，1980）。其中，初等教育公平比较容易实现，而高等教育阶段的公平却难以实现，这是因为上层人士集中掌握着大部分高等教育资源。在托尔斯顿·胡森看来教育平等包括起点（效率）、过程（公正）和结果（自我实现）三部分（Torsten Husen，1980）。此外，还有学者从内部、外部，物质、心理等角度研究影响教育平等的因素。

　　三是关于义务教育均衡发展的研究。实现区域均衡发展需要教育权利均衡做支撑，教育是解决社会问题的关键因素（Medina Rivilla A.，2014）。义务教育的均衡发展包括区域间、群体间、学校间等方面的均衡，区域间均衡发展是指城乡之间、地区之间的均衡；群体间均衡的关键是帮助弱势群体教育的发展；学校间均衡发展是指同一个教育阶段的各所学校间的均衡（汪明，2005）。中国的财政分权改变了基础教育资助制度，但仍然存在着区域间的非均衡化、教育资金投入不足、教育不公平等问题（Wen Wang，2014）。通过分析 2010～2015 年数据发现，我国义务教育在教育经费投入、教育均衡保障机制、师资配备、学校建设和办学条件等方面均衡性问题都比较显著（朱德全、李鹏，2017），同时也存在内涵化不均等现象。在进一步推进义务教育均衡发展时，有人主张实现基层的县级地区的教育均衡比较重要（杨令平，2012），也有人认为省域的义务教育均衡对义务教育整体均衡发展更有意义（刘宝生，2008）。有学者用差异系数、标准差和基尼系数法分析基础教育均衡度，认为我国义务教育正朝着均衡方向发展，而教育资源配置不均衡，如教育投入、群体之间不均衡现象是导致义务教育发展不均衡的主要原因（翟博，2007）。有学者利用义务教育均衡发展指标从相对差异和绝对差异方面监测我国义务教育均衡发展状况（董世华、范先佐，2011）。

---

　　①　1964 年美国詹姆斯·科尔曼（Coleman J.）收集美国各地 4000 所学校 60 万名学生的数据，做了美国教育领域最大规模的调研。1966 年，科尔曼向国会递交了《关于教育机会平等》的报告，这就是美国社会学史和教育史上著名的《科尔曼报告》。

1.3.2　关于事权和支出责任划分研究

一是关于事权与支出责任概念研究。在计划经济体制下，事权指政府对国营企事业单位的行政管理权。后来逐步演变为公共服务职责，即一级政府所承担的、提供公共服务供给的职能和责任（倪红日，2006）。"事权"与"支出责任"或"职能"概念相似，但并非完全一致。供给公共产品和公共服务是现代政府基本的职能，所以，公共产品的供给职责就成为事权内涵，事权在财政支出上的体现就是支出责任（李齐云、马万里，2012），事权的本质就是政府公共服务职责（李齐云、刘小勇，2009）。财政责任可以细分为事权与支出责任：事权是政府有权力决定到底将公共资金用于做什么事、用于哪一类民众，表现为权力；支出责任就是做事情时承担的公共财政支出，表现为责任（柯华庆，2014）。事权与支出责任划分是指在不同层级政府间划分权力以实现分层次管控社会经济事务，后来使用更多的是"职能划分""事权划分"或"支出责任划分"（楼继伟，2013）。

"财政事权是一级政府在公共事务和服务中应承担的任务和职责，支出责任是政府承担的运用财政资金履行其事权、满足公共服务需要的财政支出义务"[①]。实际上，财税改革中涉及的事权就是财政事权，不存在财政事权之外的政府事权（贾康，2016）。

二是关于事权、支出责任以及两者关系的研究。履行事权所承担财政支出的职责就是支出责任，事权与支出责任相对等才能保证事权的落实（周俊铭，2018）。"谁办事谁掏钱"即支出责任要跟着事权走（白景明等，2015），即使委托事权也是如此（赵云旗，2015）。也有人认为事权与支出责任并非一一对应（于树一，2014；薛菁，2014），除了两者一一对应的以外，还有中央负责支出的地方事权、地方负责支出的中央事权（周波，2017）等。有的学者利用"事权"和"事责"（侯一麟，2009；马海涛等，2013）来解释事权和支出责任的关系，"出钱"的政府拥有该项事权，"花钱"的政府拥有支出责任。

三是关于事权与责任划分的理论依据。国外事权划分主要依据财政

[①] 2013 年 11 月 12 日中国共产党第十八届中央委员会第三次全体会议通过的《中共中央关于全面深化改革若干重大问题的决定》中提出的。

分权理论。辖区居民"用脚投票"使地方政府提供符合辖区居民需求的公共产品，达到帕累托效率①（蒂布特，1956）。地方政府更接近民众，更了解辖区公民的需求（施蒂格勒，1957），中央政府反而不具备信息优势（特里西，1981），地方政府提供某些地方性公共产品和服务更合理。所以，政府间需要必要的分权，赋予地方政府相对独立的权力②（马斯格雷夫，1959）。中央政府应该负责大部分居民偏好相同的公共产品，地方政府在地方性公共产品供给上更有效率（奥茨，1972、1999）。

四是关于划分事权与支出责任模式与思路的研究。首先，依据公共产品适用范围与政府管辖范围相一致的标准来划分地方政府的职能（奥茨，1972）。其次，按公共产品受益范围划分（埃克斯坦，1983），由中央政府提供受益范围为全国范围的公共产品，由地方政府提供受益范围为地方政府所属辖区的公共产品。再次，按公共产品外溢范围划分，具备地方性强、外溢性弱特点的属于地方政府的事权范围，如基础设施、消防和警察等（埃尔文·费雪，2000）。最后，按其他标准划分，比如，以效率为标准划分政府间支出责任，或以规模为标准划分不同层级政府间的支出责任（塞力格曼，1971）。

其中事权又可以按下面三个维度划分：

（1）按公共产品受益范围划分，中央事权是提供受益范围为全国的公共产品，归中央政府负责；地方事权是提供受益范围仅限于辖区内部的公共产品，归地方政府负责；混合型事权是提供外溢性公共产品，由两者共同承担，或者由地方提供、中央给予补助，所需经费按比例分担（田志刚，2009；文政，2008）。（2）按来源不同，可分为显性（法定）事权和隐性（委托性）事权。显性事权是指法律中明确规定了应当由哪一级政府承担的事务；隐性事权是上级委托给下级政府履行的事务（何逢阳，2010）。（3）按照多中心治理理论可以从横向和纵向划分：纵向上，基于国家政治架构，公共品供给职责如何纵向地在中央与地方政府间分配；横向上，公共品供给职责在政府、市场与非营利组织等供给主体间如何横向分配（马万里，2013）。或立足于公共产品具体

---

① Tiebout，C. M. A pure theory of local expenditures [J]. Journal of Political Economy，1956，5（64）.

② Musgrave，R. A. The theory of Public Finance [M]. New York：McGraw – Hill，1959.

性质，在"FOCJ"视阈下划分公共产品供给事权的新思路，实现公共产品多中心供给（李森，2021）。

五是关于政府事权划分的实现路径。事权划分路径从"上级主导、层层下放"变革为"自下而上"方式，即在事权法定的基础上，外溢性公共产品由多级政府共同负担，超出地方政府负担能力的事权上移给更高层级政府（李春根、舒成，2015），由中央政府单向主导的事权划分思路会产生诸多问题，激励相容制度框架有助于解决这一问题（庞明礼、薛金刚，2017）。此外，我国政府间事权划分的制度化路径应当与现代财税体制、社会体制改革相结合（岳红举、王需蕊，2019）。

六是关于优化财政事权与支出责任划分的研究。在分税制和五级政府框架背景下划分政府事权，省级以下地方没有建立真正意义的分税制，所以要减少政府财政层级，推行"乡财县管"和"省直管县"改革（贾康，2007）。基于我国政府间"委托—代理""责任共担"的实际，要改革中央机构设置，推行大部制、减少职能交叉；减少中央对地方的委托，强化预算约束；建立地方辖区财政责任制度，增强地方财政辖区责任意识，促进辖区纵向的和横向的财政平衡（刘尚希，2010）。多中心治理模式下，纵向划分要明确各级政府供给事权范围，事权划分上"一划到底、各自归位、避免下移"；横向划分时支持非营利组织、市场等主体参与公共品供给，减轻基层财政负担和支出压力（马万里，2013；李森，2021）。

1.3.3　关于教育事权和支出责任划分研究

一是关于政府的教育责任的研究。有人坚持政府应当承担教育经费。教育的正外部性决定了政府应该承担或补贴教育经费，按照教育外部收益的高低承担不同支出责任（Harvey S. Rosen，2005）。义务教育正外部性最强，政府承担的义务教育经费责任最多，这对贫困地区教育问题帮助最大。有人认为家庭承担教育责任，政府不要过多干预教育，政府只需要帮助特殊家庭，如贫困家庭、孤儿等（Milton Friedman，2002）。也有学者认为政府不应该对个人教育提供任何物质帮助，政府教育职能是由当下社会收益率决定的，收益率高，政府的教育职能越强（哈耶克，1997）。政府在教育上只需要承担组织职能、协调职能和实施职能（久下荣志郎，2005）。

支出责任的划分模式有两种：第一种是"横向"模式，依据公共产品特点在不同层级政府之间划分某类公共产品；第二种是"纵向"划分，将事权按照要素分为决策权、执行权、监督权和支出权，中央履行决策权，地方落实执行权（刘尚希，2010），各级政府按照事权与财力一致原则共同承担支出经费，下级政府承担的事权要安排合理的支出来源（刘尚希，2012）。

二是关于教育事权与支出责任划分中问题研究。我国政府职能纵向配置呈现出"职责同构"的特点（朱光磊、张志红，2005），各级政府间事权交叉重叠、支出责任不明确（宋立，2007；周天勇、谷成，2007），地方事权多为中央事权的细化和延伸，支出责任变成承担支出比例的划分。造成我国地方政府承担了过多义务教育事权和支出的原因很多，比如，政府与市场边界划分不清晰（朱文辉，2018），地方财力、财权与事权、支出责任不匹配（李祥云等，2018；广西财政厅课题组，2015），转移支付结构失衡（孙开等，2018）等。

义务教育作为中央与地方共同事权，中央按比例对地方补助，两者在供给时相互博弈，导致了两者事权和支出责任重叠不清、互相挤占或者完全缺失（楼继伟，2013）。事权配置错位，部分中央事权交给了地方政府、中央承担部分地方事项的支出责任，导致中央陷入微观事务，产生地方政府寻租行为（赵云旗，2005；汤火箭，2012；楼继伟，2013）。政府事权配置的重心过度下沉，上级政府习惯性将事权下移（汤火箭，2012），基层政府承担了过量的支出责任，导致事权与财权不对称（宋立，2007），影响司法公正和基本公共服务均等化的实现（楼继伟，2013）。事权和支出责任划分缺乏法律保障，行政因素引发事权调整与财力配置不对称（刘尚希，2010）。

三是关于义务教育财政事权与支出责任的实证研究。国外研究认为财政分权与地区竞争有助于增加义务教育产品供给，美国和部分发展中国家的经验都支持这一结论。然而，我国的研究结论却恰恰相反。财政分权减少了政府基础教育的投资和支出，特别是在中西部和贫困地区；地方政府间竞争也减少了地方政府基础教育投资（乔宝云、范剑勇等，2005）。主要原因是义务教育的正外部性导致义务教育效益外溢到其他地区。同时，财政分权也明显降低了当地居民的福利水平（West and

Wong，1995）。中国义务教育支出主要由县乡财政负担，加剧了地方政府财政困难，影响义务教育质量（李慧敏、崔景华，2004）。

在构建教育测度指标体系方面，有的从社会学角度设计了教育公平综合评价指标，涵盖了教育公平、教育资源配置、入学机会、教育质量几个维度（王善迈，2008）；有的从教育学角度设计义务教育均衡发展指标，包括保障体系、学生生活和教师资源方面的4个维度，60个指标（董世华、范先佐，2011）；也有人认为现有的义务教育公平均衡测度指标体系是有效的，不需要人为创造新的均衡发展指数（沈有禄，2009）。在教育财政方面，政府间纵向的财政失衡在经济发达地区对义务教育绩效水平显著负相关；而经济落后地区的促进作用显著下降（刘成奎，2015）。基于层次分析法，分析哥伦比亚市基础教育发现教育质量受到家庭、学校、社会等因素共同影响（Jurado. JCZ，2013）。用Malmquist指数分析对突尼斯基础教育、中等教育生产效率发现教育生产率与技术创新有关（Afonso A.，2013）。

财政分权对义务教育供给和产出的影响。政府的教育经费投入直接影响义务教育的发展水平（何奕霏，2007），财政分权下地方政府很少主动投资于教育和医疗等公共物品，源于教育和医疗等公共品短期效果不明显，地方政府为追求经济增长，就会减少教育支出（王勇钦、张晏，2007；傅勇、张晏，2007）。财政分权与义务教育供给和产出一般是负相关的，由于义务教育在短期内无益于GDP增长，GDP导向下的地方政府必然增加经济建设支出，挤占义务教育支出（林江，2011），带来义务教育供给的减少（罗伟卿，2010）。财政分权同样影响着公共教育的支出结构，地方政府倾向于"重义务教育、轻学前教育"（柏檀、周德群，2015）。基于目前"以县为主"的教育经费体制，必须建立完善的转移支付制度才能保障义务教育经费的落实（马海涛，2010）。

1.3.4 研究述评

已有研究大部分属于理论层面，而且大多集中在公共财政领域，理论视野相对较窄，相关研究成果应用到实践时会缺少整体的联动效应。所以，本书尝试着综合经济学、政治学、公共管理等多学科相关理论，结合义务教育改革实践两方面同步推进，进一步深入研究义务教育公共品的有效供给问题，特别是义务教育产品供给过程中政府间相关教育事权和支出责任划分的问题。

现有文献多从理论出发，对教育事权、支出责任进行研究，缺乏一定的数据支撑和实证研究。同时，对公共产品供给的研究颇丰，对教育产品供给的研究也有，但是缺乏关于义务教育这一特定的公共产品的权责划分的深入细致的理论探讨。鉴于此，本书试图做出以下尝试：第一，借鉴"FOCJ"理论，基于义务教育产品性质，尝试探索多中心供给义务教育产品，提出事权划分的新思路、实现路径；第二，探索义务教育供给和产出效率的实证研究，在现有事权和支出责任划分格局下，测度我国义务教育支出的产出效率，分析量化义务教育事权划分对义务教育产出的影响，用数据分析为现实划分提供依据。

1.4　研究内容和分析框架

1.4.1　研究内容

本书研究的主要内容包括以下九个组成部分：

第 1 章为导论部分。主要阐明本文选题的背景与意义，并在对国内外文献进行综述的基础上，说明本文研究的主要内容和分析框架以及所采用的主要研究方法，然后指出论文的创新点和不足之处。

第 2 章为义务教育事权和支出责任划分的一般理论分析。该部分首先界定义务教育、事权和支出责任等相关概念，然后在梳理相关理论基础和研究文献的基础上，总结归纳义务教育作为特殊公共产品的属性特点，进而从义务教育事权与支出责任划分的基本思路、目标、模式、原则以及划分内容等方面对其进行一般理论分析，从而为后续的经验分析和实证研究奠定基础。

第 3 章为我国义务教育事权和支出责任划分的历史沿革和现实分析。结合我国教育管理体制的变迁，阐述了我国义务教育政府间事权和支出责任划分所经历的三个历史阶段。在分析我国义务教育政府间事权和支出责任现实划分时，分别从中央与地方政府间以及山东省省以下政府间义务教育事权和支出责任划分两个层面展开。

第 4 章是当前事权和支出责任划分格局下我国义务教育产出的效率分析。本书运用 SPSS 的因子分析法和数据包络分析 SBM 模型对中国 31 个省份以及山东省的义务教育支出效率状况进行考察。先利用因子分析法将多维义务教育的发展指标综合成单维的义务教育发展指数，分析义务教育的支出效率。再在运用数据包络 SBM 模型、Dagum 基尼系数等方法对义务教育产出效率进行测度的基础上，分析了义务教育产出效率的空间差异和动态演进。

第 5 章考察我国义务教育事权和支出责任划分对我国义务教育产出效率的影响。利用面板固定效应、倾向值分析（PSM）、门槛回归等多种计量方法分析义务教育事权和支出责任划分对我国义务教育发展水平的影响。研究发现，义务教育事权划分对义务教育发展水平有着显著的影响，且无论是面板固定效应、倾向值分析、门限回归分析的结果均保持稳定性；教育事权划分对义务教育发展水平的影响存在异质性，东部地区、发达地区的义务教育分权的影响力度偏弱，中西部地区与欠发达地区的教育分权影响力度大；教育分权变动幅度大的地区教育分权的影响力度与显著性低于教育分权变动幅度低得多的地区；城镇化率对教育分权作用的发挥存在非线性门槛影响，只有当城镇化率高于门槛值时，教育分权才能提高义务教育发展水平。

第 6 章基于"省直管县"自然实验研究我国政府级次设置对义务教育产出效率的影响。通过分析省直管县政策变动对地方义务教育的影响，考察我国政府级次改变即政府间财政分配关系调整对地方政府义务教育事权和支出责任划分格局的影响。本书利用双重差分方法，对比研究受到政策冲击地区的处理组和没有受到政策冲击地区的控制组二者的差异，从而分析省直管县政策实施对地方义务教育的影响。通过异质性分析和稳健性检验发现省直管县政策变动对义务教育有负向显著影响，且存在异质性。省直管县财政的政策冲击会因为地区差异而有所不同，西部地区、小规模城市的义务教育水平会受到省直管县政策的负向显著影响，非省会城市地区义务教育水平反而有所提升，但总体来说省直管县或多或少地抑制了地区义务教育水平的提升。

第 7 章是我国义务教育事权和支出责任划分存在的问题。先阐明中央政府与地方政府间存在着义务教育事权和支出责任划分法治化部分缺失、中央政府在义务教育事权和支出责任方面双重缺位、部分支出责任界定清晰的事权落实不到位等问题；再指出省以下政府间存在着义务教育事权与支出责任划分不合理、不清晰，"财权上收、事权下划"导致基层政府财力与支出责任不匹配，支出责任分担机制激励不足，以及义务教育保障经费及支出标准的差异加剧地区间教育资源分配不公平等问题。

第 8 章是国外义务教育事权和支出责任划分实践及经验启示。本书分析了韩国、美国（地方分权型）、日本（央地共担型）的政府间义务教育事权与支出责任，总结了值得借鉴的经验启示。主要包括制定义务教育管理的相关法律法规，推进义务教育支出责任主体上移，完善义务教育转移支付制度，强化特殊群体和特殊地区补偿机制，中小学教师纳入公务员管理，建立师资流动机制等。

第 9 章完善我国义务教育事权与支出责任划分的政策建议。为了推进我国政府间义务教育财政事权与支出责任划分改革，本书主要从基本思路、实现路径、具体政策建议和配套措施四个部分阐述了完善我国义务教育财政事权和支出责任划分的政策建议。

1.4.2　分析框架

本文以义务教育公共品政府间事权和支出责任划分为研究对象，在一般理论分析的基础上，分析我国义务教育财政管理体制历史沿革和现实情况，并量化分析了政府间义务教育事权和支出责任划分对义务教育产出效率的影响，最后吸取、借鉴国外义务教育事权和支出责任划分实践经验，对我国政府间义务教育事权和支出责任划分提出改进建议。具体的研究思路和分析框架如图 1－1 所示。

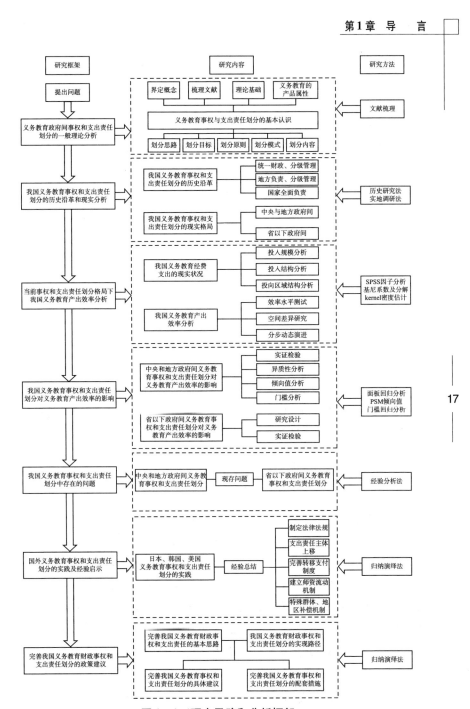

图1-1 研究思路和分析框架

1.5　研　究　方　法

本书选择义务教育公共品政府间事权和支出责任划分为研究对象，必然要遵循一定的研究方法探索义务教育产品供给的一般规律，探索义务教育领域，我国事权和支出责任的划分思路、实现路径，最终提出进一步完善划分的政策措施，以提升我国义务教育产品供给的有效程度。

1.5.1　历史分析法

"以史为鉴"，用发展变化的视角分析事物的历史根源和发展演变脉络，要求将事物视作有一个产生、发展和消亡的过程，并将该过程划分为若干阶段，通过对其不同发展阶段的比较来揭示其发展、演化所遵循的规律。本书中"我国义务教育财政事权和支出责任划分的历史沿革"部分，就是对我国义务教育管理体制的发展演变进行历史分析，从中可为我们在新的发展形势下，进一步完善义务教育事权和支出责任划分总结值得吸取的教训和应该借鉴的经验。

1.5.2　文献研究法

本书利用义务教育、财政事权、支出责任划分为关键词在中国知网检索、收集和整理了相关文献，在我国财政部、教育部、国家统计局等政府网站搜集相关的法律法规、政策文件和数据资料。在撰写过程中，对义务教育财政事权和支出责任的文献综述、理论分析部分，我国义务教育财政事权和支出责任划分的现实分析部分都采用了该方法，书中关于我国义务教育财政事权和支出责任划分基本思路以及进一步完善的政策建议也在一定程度上吸取、借鉴了已有文献的精华和合理成分。

1.5.3　数理统计法

本书对我国义务教育的经费投入、义务教育阶段学校校舍、师资、教学设施规模、义务教育产出等相关指标，运用数理统计技术进行定量分析。具体表现在：运用 SPSS 因子分析法和数据包络分析 SBM 模型对我国义务教育产出效率水平进行测度，利用 Dagum 基尼系数方法分解为区域内差异的贡献、区域间净值差异的贡献和超变密度的贡献分析了义务教育产出的空间差异，运用 Kernel 密度非参数估计方法考察义务教育产出效率的分布动态演进，并就现有的义务教育事权和支出责任划分格局对义务教育产出效率的影响进行了回归分析。

1.5.4　实地调研法

本书通过对山东省潍坊、烟台、菏泽等部分县市进行实地调研，同当地财政部门、教育部门的工作人员和中小学校长进行了座谈、访谈和实地调查，并实地走访了相关地区的部分中小学学校。在实地调研的数据和内容整理分析中，发现并总结山东省省以下义务教育财政事权和支出责任划分中存在的现实问题。

1.6　创新点和不足之处

1.6.1　创新点

目前，关于义务教育财政事权与支出责任划分的研究呈现多学科融合的研究态势，本文基于已有研究成果，以期能对我国义务教育供给事权划分做些补充和完善工作，可能的创新点如下。

在理论分析方面，归纳提出并进一步阐释了新的观点：一是主张义务教育供给事权与义务教育产品有效供给需纳入一个理论分析框架，不能就事权论事权，不能就划分论划分，要研究义务教育事权和支出责任划分对其有效供给的影响；二是在传统的政府间事权和支出责任划分思路（即立足于既定的政府级次设置对其负责提供的公共产品和服务进行划分）的基础上，立足于义务教育公共品的自身性质，去选择、设计合适的供给主体，在吸取、借鉴"FOCJ"（功能覆盖型竞争性辖区）理论的基础上，提出划分我国义务教育事权和支出责任的新思路，即在"FOCJ"视阈下，基于义务教育产品性质，探索多中心供给义务教育产品，以期实现义务教育产品事权和支出责任划分两种思路的有机结合。

在实证研究方面，本书利用数理统计和计量研究的方法分析义务教育财政事权和支出责任划分，可能实现的创新体现在：一是本书利用SPSS从三个维度出发构建义务教育产出指标体系，相对现有文献大多采用单指标衡量义务教育供给水平，能够更科学、合理地衡量义务教育产出水平；二是本书在运用数据包络SBM模型、Dagum基尼系数等方法对义务教育产出效率进行测度的基础上，分析了义务教育产出效率的空间差异和动态演进，并就现有的义务教育事权和支出责任划分格局对义务教育产出效率的影响进行了回归分析。

1.6.2　不足之处

本书虽然在理论观点和实证研究方面取得了一定创新，但仍然在以下方面存在不足：一是受本人学术水平、理论功底的限制，对义务教育领域中政府间供给事权、支出责任和二者划分对供给效率影响的理论分析还有所欠缺，对义务教育公共品相对一般意义公共产品供给事权和支出责任划分所应遵循规律的特殊性还揭示得不够充分，对完善我国义务教育政府间事权和支出责任划分所提出的对策主要体现为基本的思路，还有必要在后续研究中逐步细化。二是囿于数据的可得性，本书关于义务教育供给事权、支出责任与其供给效率间相关性的实证研究还不够充分，特别是纵向维度上省以下地区的实证研究较少。因此，有待在后续研究中搜集整理到合适数据予以补充和完善。

第2章　义务教育政府间事权和支出责任划分的一般理论分析

2.1　基本概念的界定

要研究义务教育产品的财政事权和支出责任划分，首先要厘清几个基本的概念。

2.1.1　教育和义务教育

（1）教育的内涵。

什么是教育？"教育"一词最早见于《孟子·尽心上》，"得天下英才而教育之"。这里的教育是培养教导之意。《说文解字》中对其的解释是："教，上所施，下所效也"，"育，养子使作善也"。那么"教"所包含的就是言传身教，有上才有行，有上才可以被效仿。所以，"教"也可以理解是一种生命文化的传承。"育"是帮助孩子让其向善，体现出"育"的目的性。教育二字，在不同的历史时期有着不同的历史含义，它也随着时代的变迁而发展变化。

古希腊柏拉图对教育的解释为，"什么是教育？教育是为了以后的生活所进行的训练，它能使人变善，从而高尚地行动"。他把教育称为"心灵的转向"。杜威认为"教育即生活""教育即生长""教育即经验的改造"。斯宾塞认为"教育即为人的完美生活做准备"。W. 布列钦卡提出"看似很熟悉的概念实际上具有多义性和含糊性"以及"教育是人们尝试在任何一方面提升他人人格的行动"。"教育不能创造什么，但它能启发儿童创造力以从事于创造工作"陶行知先生如此阐释教育。"教育"就是传承培养孩子各种能力知识，让他们心中充满善和爱。

教育的含义随着历史发展也在不断演变，我国《教育大辞典》对教育的定义是"传递社会生活经验并培养人的社会活动"。广义的教育，包括影响人的知识、技能、身心健康、思想品质的形成和发展的所有活动。狭义的教育，一般仅指学校教育，即根据一定的社会要求和受教育者的发展需要，通过对受教育者有目的、有计划、有组织地施加影响，最终培养社会所需要的人的活动。本书中指的是狭义的教育。

（2）义务教育。

不同国家对义务教育的具体称谓可能有所不同，有的国家称之为公共教育或基础教育，大多数国家包括我国则称之为"义务教育"。通常而言，各国基础教育一般包含学前教育、小学教育、普通中学教育（初中、高中）几个教育阶段。我国实行九年制义务教育，包括小学、初中两个教育阶段。

义务教育是所有适龄儿童必须接受的一种基础教育，由国家负责组织实施。"义务"强调的是包括国家、社会、学校、家庭在内，所有人都有义务保障每一个适龄儿童平等接受教育的权利。义务教育是一种免费教育，《中华人民共和国义务教育法》中规定："国家对接受义务教育的学生免收学费"。义务教育的应有之义是免费教育，但国家经济实力才真正决定了能否实现免费，德国、美国等国家一直实行免费义务教育政策，一些发展中国家却只是免收学费与杂费，学生还是需要承担课本等费用。由于经济发展水平与国家财政实力的制约，我国直到2006年修订的《义务教育法》颁布实施后，国家建立了义务教育经费保障机制，才真正实现义务教育不收学费、杂费的免费教育。

2.1.2　事权和支出责任

（1）事权、政府事权和财政事权。

谈事权必然先谈财政体制。所谓财政体制是为了处理各级政府间财政事权划分、财权配置以及转移支付的上下平衡问题（李齐云，2012），财政体制包括三个基本要素，即财政事权、财权与转移支付。

国家通过税收等各种形式筹集到财政收入后，在中央和地方政府间进行初次分配，形成了中央和地方各级财政收入。再通过转移支付等形式进行二次分配形成各级政府的最终可支配财力。所以，财政事权、财权与财力通常视为财政体制三要素（如图 2-1 所示）。事权、财权和财力这三要素之间，从应然的角度，各级政府的财权要与其事权相匹配，根据事权安排财权；从实然的角度，各级政府的财力要与其事权相匹配。

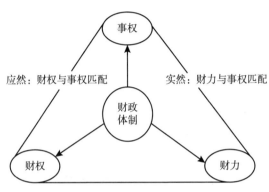

图 2-1　财政体制的要素构成

　　事权是一个中国式的概念，它是政府职能的体现。具体包括两层含义：一是每一级政府应该做哪些"事"；二是如果一级政府确定承担这些"事"，那么这级政府又应该拥有怎样的"权"。所以，"事权"是对政府承担的公共事务及拥有的相应权力的特有称谓，实际是指特定层级政府承担公共事务的职能、责任和权力（王浦劬，2016）。

　　事权的"权"，也应该是一个包涵多维度的概念，"事权"应该是由"决策权""支出权（筹资权）""管理权"和"监督权"四个维度组成。"决策权"是决定谁来干、怎么干这件事的权力；"支出权"是筹集调配资金的权力；"管理权"是管辖、处理怎么干这件事的权力；"监督权"是负责监督干这件事的权力。简单地说，事权就是由"谁决定—谁掏钱—谁干事—谁监督"组成的（倪红日，2012）。

　　供给公共产品和公共服务是市场经济体制下政府的应有职能，因此，政府事权的本质就是提供公共产品和公共服务。政府事权是一级政府提供公共产品和公共服务的任务和职责，以及因此而拥有的公共权力。政府事权体现在财政方面就是财政事权，财政事权是指一级政府运用公共财政资金提供基本公共产品和公共服务的任务和职责，以及所具有的对公共财政资金支配、使用和管理的权力。相应地，引申到教育领域就是教育财政事权，它是指各级政府运用公共财政资金提供公共教育产品和公共教育服务的任务和职责，以及由此而具有的对教育经费支配、使用和管理的权力。

（2）支出责任。

支出责任是一个与事权相对应的概念。各级政府所承担的、运用公共财政资金履行其事权、满足社会公共需要的财政支出义务就是支出责任。也就是政府为完成事权职责而需要履行的资金筹集、支付、使用、管理和监督的责任。教育领域的支出责任就是教育财政支出责任。

财政事权划分，就是研究政府供给事权如何在各供给主体之间的划分，包括纵向和横向的划分。事权的划分反映在财政支出的分担上就是支出责任。事权和支出责任二者是既相互联系又相互独立的。权利和义务或者责任是对等的，拥有什么样的权利就需要承担相应的义务或责任，从这一角度来说，事权和支出责任是一个问题的两个方面，二者本质上是统一的。但二者还是有一定差别的，事权更多地强调公共产品生产提供的管理权，强调公共产品和服务供给相关的"事"的问题，即由谁决定公共资金如何去使用，包括提供哪些种类的公共产品、由谁来提供、提供数量的多少、用哪种方式提供等问题。支出责任更多地强调完成一定事权所对应的"钱"的问题，即用于生产和提供公共产品和服务的费用和支出由谁来承担，如何把公共资金转化为公共产品和服务。

合理划分财政事权和支出责任是公共部门提供公共产品，实现其政府职责的前提和保障，是现代财政体制的重要组成部分，是深化社会全面改革、推动国家治理体系和治理能力现代化的客观需要。只有清晰、合理地划分政府间的事权和支出责任，各级政府才可能有效地提供本辖区公共产品和公共服务，满足本辖区的社会公共需求。

（3）财权和财力。

财权是公共财政资源在各级政府间配置的结果，是公共财政利益在各级政府间分配的体现。财力是一级政府可支配的公共财政资源。两者与财政事权、支出责任密切相关，两者区别主要体现在转移支付和税收返还。一级政府的可支配财力包括政府依靠自有财权所筹集的本级财政收入、上级政府的转移支付和税收返还等。

2.2　理论基础

　　义务教育财政事权与支出责任划分问题，涵盖了多个学科，既有经济学科也有政治学科。国家治理、财政分权、委托—代理、公共产品等理论从各自角度出发，从不同层面对这一问题进行了论述，为了更清晰地阐释义务教育权责划分这一基本问题，本书首先对涉及的相关理论基础进行梳理。

2.2.1　公共产品理论

　　在 19 世纪 70 年代的边际革命以后，奥意学者以效用价值论为基础，运用边际分析形成了早期的公共产品理论，随着生产社会化程度提高、公共产品供给范围拓宽、供给规模扩张，以及供给结构和供给方式的复杂化逐步发展成为公共部门经济学。

　　整个社会的产品可以分成公共产品和私人产品，两者是相对而言的，公共产品主要是用来满足社会公众在社会生活中所产生的那些不可分割的、共同的公共需要，而这些社会共同需要是无法像私人产品那样通过市场交换加以满足的，这就需要由特殊的部门，即公共部门来提供公共产品，以满足社会共同需要。保罗·萨缪尔森（Paul A. Samuelson）认为所谓纯粹的公共产品就是任何人消费这种物品都不会使其他人对这一物品的消费减少①。

　　（1）公共产品的特性。

　　公共产品具有收益的非排他性（non-excludability）、消费的非竞争性（non-rivalrousness）、效用的不可分割性（non-divisibility）的特点。公共产品的效用的不可分割性（non-divisibility）是指公共产品具有共同消费和共同受益的特点，其没有计量单位，效用为社会成员共同享有，不能将其分割为各个组成部分，否则其效用完全丧失。消费的非竞争性

---

　　①　保罗·萨缪尔森（Paul A. Samuelson，1954）在《公共支出的纯理论》中对公共产品进行了论述。

（non-rivalrousness），是指消费者的增加不引起生产成本的增加，即边际成本为零。收益的非排他性（non-excludability），是指一些人在消费公共产品时，不能把其他人排除在公共产品的收益范围之外。

（2）公共产品的供给。

公共产品的特性决定了它不能像私人产品那样由市场通过等价交换的方式来提供，换句话说，由市场来提供公共产品是无效的，即"市场失灵"（market failure）。这是因为，从公共产品的供给看，公共产品具有非竞争性，其边际成本为零就意味着，私人部门不愿意提供公共产品。从公共产品的消费看，公共产品一旦被提供，任何人都可以不付费地去消费它，作为理性经济人的每一个消费者都不想付费去消费，而在别人付费购买公共产品时搭便车。公共产品消费上的非排他性，无法把那些不付费的消费者排除在外溢效用的受益范围之外，这就导致了人人都想做"免费搭车者"（free rider）。

经济理论与实践证明，市场失灵导致了公共产品无法通过市场来供给，依靠市场交换和价格机制的市场无法在公共产品供给中有效地发挥作用，这就要求公共部门提供这类产品。如果政府不能提供这类产品，社会公共需求就不能得到满足。因此，就需要政府干预，需要政府介入市场失灵领域，由政府通过公共选择或政治程序来提供这类公共产品。公共产品特殊性质决定了应当由政府来供给公共产品。政府职能中包括明确的社会职能，即提供公共产品和服务以满足社会公众的公共需要。政府可以凭借政治权利强制地向社会成员征税，而税收可以作为补偿公共产品供给成本的最佳方式。从这个意义上，税收可以理解为消费公共产品所支付的价格。

政府供给公共产品一定要限制在市场失灵的范围内，如果政府干预过度就会产生"政府越位"，相反，如果政府没能足够的干预就会产生"政府缺位"。提供公共产品才是政府干预的范围，所以，提供公共产品就是政府为了弥补市场失灵而存在的主要职责。

关于如何使公共产品的供给最有效率，不同的模型，比如庇古模型、鲍温模型等提出了不同的关于公共产品均衡供给的最优解。个人对公共产品消费的边际效用等于纳税的边际负效用是庇古模型给出的公共产品需求的决定条件。庇古模型的假定条件是，每个人都从公共产品的消费中受益但边际效用是递减的；每个人必须为享受公共产品而纳税；

纳税产生负效用，即放弃私人产品消费的机会成本。在图2-2中E点，公共产品的边际效用等于纳税所带来的边际负效用的时候，公共产品的供给达到最优配置。

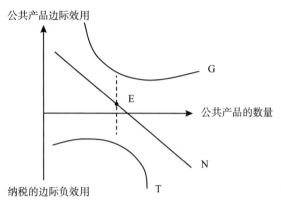

图2-2 公共产品供给的庇古模型

公共产品的最优供给。关于如何使公共产品的供给最有效率，不同的模型，比如庇古模型、鲍温模型等提出了不同的关于公共产品均衡供给的最优解。

按照鲍温模型的理论，从市场需求曲线看，私人产品和公共产品是不同的。私人产品市场上，如图2-3所示，通过个人需求曲线 D_A 和 D_B 横向相加可以获得市场需求曲线 D。公共产品如图2-4所示，个人需求曲线 D_A 和 D_B 纵向加总得到市场的需求曲线 D。

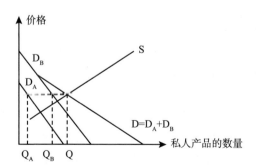

图2-3 私人产品的需求与供给

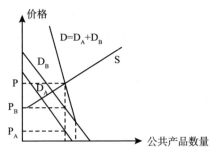

图 2-4 公共产品的需求与供给

消费者甲和乙所享用的公共产品数量和质量是相同的，而且消费者甲消费公共产品并不影响乙的消费。鉴于公共产品无法像私人产品一样，通过消费者所支付的价格来反应对产品的实际需求，所以，市场无法反应公共产品的实际需求信息。但纯公共产品的有效供给要满足三个条件：

$$\sum MP = MC$$

$$\sum MRS = MC$$

$$\sum MU = MC$$

其他公共产品的最优配置条件应为：$SMB = SMC = \sum_i MB_i$

其中，SMB 为社会边际收益，SMC 为社会边际成本，MB 为私人边际收益，$i = 1, 2, \cdots, n$。

私人产品不需要政府提供，而是由市场这只看不见的手进行有效配置。因为有一定的效用外溢性，准公共产品则应由政府参与提供，不能完全由市场提供。公共产品的属性决定了其必须由公共部门来提供。以公共产品理论为核心的公共财政学，明确地为政府教育投入特别是义务教育投入目标的选择和投入规模提供了理论基础。

（3）混合产品的供给。

混合产品的供给，可以由市场提供，或者公共部门提供，或者采用混合提供，即由市场和公共部门共同提供。具体地说，具有非竞争性和非排他性的混合产品可以由公共部门提供，通过征税弥补提供成本，免费使用；也可以由市场提供，通过收费弥补提供成本，这时就要考虑产品定价问题。具有不充分的非竞争性和非排他性的混合产品，往往是具有外部性的公共产品，可以根据外部性的大小来决定供给方式，如果外部效应较大，可以视同为纯公共产品由公共部门提供，但绝大多数混合产品采用混合提供方式。

2.2.2　财政分权理论

国际上对政府间财政关系的研究形成了财政分权理论，即政府职能如何在不同级次的政府间划分才能确保政府职能更有效率地履行。阿罗、马斯格雷夫（Richard A. Musgrave）和蒂布特（Tiebout）等在各自公共财政理论的基础上发展起来第一代财政分权理论。20 世纪 90 年代以后，以钱和温加斯特（Qian & Weingast, 1997）和温加斯特（Weingast, 1995）为代表，第二代财政分权理论开始逐步兴起。第二代财政分权理论的基本假设发生了根本变化，在理论研究的同时，与财政分权相关的实证研究也逐步发展起来。

（1）第一代财政分权理论。

起源于 20 世纪 50 年代的公共财政理论的第一代财政分权理论以蒂布特 1956 年发表的《地方支出的纯理论》为标志，布坎南、奥茨和马斯格雷夫等随后做出补充和发展。第一代财政分权理论的核心问题是，在存在地方性公共品的情况下政府应当如何应对市场失灵的效率损失。第一代财政分权理论依据公共产品的受益范围的层次性和不同级次政府的属性提出了政府间分权的目标模式和方式方法。其中代表性的有蒂布特（Tiebout, 1956）"用脚投票"理论、马斯格雷夫（Musgrave, 1959）分权理论、奥茨（Oates, 1972）"财政联邦主义"理论和布坎南的分权"俱乐部"理论。蒂布特指出由于社会成员在不同辖区间可以自由迁徙，地方政府在提供地方性公共产品时就会处于竞争状态进而提高供给效率。也就是说，分权使地方政府公共产品的供给构建起类似私人产品生产领域的竞争机制。马斯格雷夫提出中央政府主要承担配置职能，地方政府主要承担分配和稳定职能，并结合政府职能的分配对政府间税收收入做了划分。

根据公共财政理论，"市场失灵"的出现，导致市场在提供公共产品方面是没有效率的，理性的"经济人"都想"免费搭车"享受公共产品，"公共地悲剧"① 就是一个典型例子。因此，应当由政府提供公共产品，如果其自身无法解决问题，则通过制定公共政策来纠正公共产品的市场失灵。这一理论最基本的前提假设是政府是无条件的"公共利益保护者"。第一代财政分权理论充分肯定了中央和地方政府职责划分的重要性，明确了地方政府在资源配置问题上具有绝对优势，因此地方性公共产品只有交由地方政府负责，才能切实达到资源配置的帕累托最优状态。他们提出的政府间分权的方式和方法充分考虑了公共产品的具体性质以及不同级次政府的比较优势，因而体现了效率和公平原则的要求。

第一代财政分权理论也认识到信息问题对财政分权的影响，斯蒂格勒（Stigler）提出地方政府比中央政府更了解辖区居民的偏好，地方政府供给公共产品更有优势；特里西、奥茨也从地方政府在公共产品供给中具有的信息优势说明地方政府的比较优势，进而强调分权的必要性。

（2）第二代财政分权（财政联邦主义）理论。

第二代财政分权理论起源于"市场保护型"的财政分权理论，把公共选择学派的观点用于分析政府的财政关系。这一理论引入了微观经济学的机制设计理论（又称合同理论或契约理论），把政府当作利己的经济人，开始考虑地方官员行为的影响因素及其自身的激励问题，认为政策制定时也需要考虑政府官员的利益。第二代财政分权理论在信息经济学和委托代理理论基础上，阐明了通过构建合适的政府治理模式和激励机制，使中央和对方政府适当分权、各司其职、各负其责的必要性和实现方式。适当的财政分权意味着中央和地方政府相互独立、又彼此合作才能保证政府各项工作顺利有效地开展。

第二代财政分权理论将研究重点转移到地方政府行为及有效激励上，更多地侧重于制度研究，分析既定制度的后果以及如何权衡抉择通过制度的设计和改进以增进效率。区别于第一代财政分权理论，其认为政府作为理性经济主体介入市场，不再强调政府的中性特征和均质性特

---

① 公共地悲剧最初由哈定在 1968 年提出，哈定（Garrit Hadin）在《科学》杂志上发表《The Tragedy of the Commons》。公共地悲剧讲述了这样一个故事：一块草地为一个村社所共有，村社的每个成员都可以在上面自由地放牧。这时，每个人都觉得尽量多地放牧对自己是有利的；如果别人不这样做，自己就占了便宜；如果别人也这样做，自己也不会吃亏。结果不难想象，过度放牧会毁掉这块草地，甚至使之变成不毛之地。这就是公共的悲剧。

征，而是将不同层级政府的行为视为一个可变量。这一理论首次提出了政府官员是经济人的假设，同样以追逐预算规模最大化为最大目标，各部门政府官员所追求的薪金、晋升、名声、权力等利益目标都是部门财政支出规模的函数。因此，政府规模若没有加以限制，就会通过扩大自身规模来不断榨取社会经济资源，从而损害社会福利。由于"有限理性"和信息复杂性的原因，在政府的利己经济人前提假设下，不同级次政府间博弈的时候可能会出现，高层政府利用自身权力上的优势在某种程度上、在一定范围内侵犯下级政府的利益；基层政府则可能利用自身的信息优势采取一定行为或手段来实现自身利益最大化，甚至威胁到中央的集中统一领导。中央与地方政府间的目标和利益偏好都会呈现一定的差异性，因此激励相容问题是第二代财政分权理论关注的核心。在社会民众、政府以及不同级次政府间所构成的委托代理关系客观上需要通过制度构建和机制设计来协调彼此的利益关系，使不同行为主体的利益目标具有兼容性。所以，第二代财政分权更多地运用信息经济学理论、委托代理理论来研究政府间财政关系，强调激励机制对协调政府间财政关系和实现社会利益最大化的作用。

第二代财政分权理论分析了信息不对称所导致的机会主义行为。政府作为代理人在提供公共产品和服务时是具有信息优势的，如果社会民众没有对政府行为进行有效监督，那么作为委托人的社会民众的利益将难以得到有效保证。考虑到信息的对称性，基层政府辖区居民监督基层政府的行为是有效的，高层政府和基层政府间的互相监督则都是无效的，这也正是第二代财政分权理论强调分权的理由。

第二代财政分权理论重视研究现实中的政府间财政关系，他在尊重政府间上下级关系的同时，强调中央政府和地方政府地位的对等性，即任何一级政府都不拥有绝对的制定法规政策的垄断权，同时又在自己的权力范围内享有充分的自主权，制度性的地方自主权就是对中央政府任意权力的有效制约。在政府的规模问题上，第二代财政分权理论认为与地方政府更加关注财政支出的效率不同，中央政府注重公共产品分配的正义性和供给的公平性。二者在财政支出的倾向性和结构上会存在差别。地方政府在公共事务领域存在权力配置的组织松散和不透明问题，享有对地方资源配置的绝对权限，使得其不断增强规模扩张趋势，所以，第二代财政分权理论重点关注集权抑或分权是否有利于约束地方政府规模。第二代财政分权理论中有很多对财政联邦制实践经验的总结，对于优化财政分权有一定的实践意义。

2.2.3　国家治理理论

（1）治理的理论内涵。

"治理"一词最早出现在古希腊和拉丁语的文献中，其本意为引导、操控和指引。有段时期，"治理"几乎被学者所忽略，偶尔被当作"统治"（government）的代名词。始于世界银行 1989 年专题报告《撒哈拉以南：从危机到可持续发展》一文中出现的"治理危机"（Crisis in Governance）一词，开始在社会科学领域被广泛应用。后来"治理"被用于表述欠发达地区或原殖民地的政治面貌。随之，《国际社会科学杂志》发表了一期以"治理"为主题的专刊，世界政治领域开始大规模地研究"治理"问题。

学者们基于自身的学科基础和理论渊源，从不同视角对"治理"进行阐释。R. 罗茨（R. Rhodes）概括了最小国家、社会控制系统、公司管理、善治、新公共管理、自组织网络等不同层面的治理。保罗·赫斯特（Paul Hirst）提出了公司治理、善治、协调网络、合作关系和论坛治理、新公共管理战略和国际制度领域等治理"版本"。格里·斯托克（Gerry Stoker）归纳出五种主要治理概念观点：治理的主体是社会公共机构和行为者；治理存在着责任和界限方面的模糊性；治理肯定了权力依赖；治理意味着一个自主的网络；治理既不限于政府的权力，也不限于政府的运用权威或发号施令。

中国学者在西方研究的基础上概括了"治理"，治理于统治相对而言，是一种趋势，蕴含着国家（政府）—社会关系的调整。这种调整使更多的政府之外的力量参与进来以应对原先政治社会格局中的不可治理性，调整的结果可能出现国家、社会和市场新的组合来替代国家原来的中心地位，从这个意义上，治理也是对原有的国家——市场两分法的一种否定。

（2）国家治理的概念。

基于国家理论、治理理论而产生的"国家治理"概念包含以下四个方面内容：一是国家治理的核心在于"公共"。国家治理的逻辑起点就是处理公共事务、满足公共需要、应对公共问题。二是国家治理的根本目标是各社会主体之间如何合理分工、有效协作，最大化地实现公共利益。随着经济、社会的发展，国家治理的行动效率受到损害。三是治理包括诸多机制，如政府的、非政府的，正式的、非正式的，各种人群、各类组织等，治理范围的扩大需要借助各种机制满足各自的需要和愿望。国家治理的实现途径是正式制度与非正式机制、强制力与主动性、公共部门与私人部门、政府与非政府、国家与社会的合作。四是在一些正当公共权威缺失、基本国家能力不足的国家，国家治理的首要任务是着力改革公共部门，建设更有回应性、责任性和效率性的理性政府。

总之，基于现代国家和理性政府，通过政府、社会、市场之间的协作分工，公共事务得到有效治理，公共利益得以提升的过程与活动就是国家治理。

（3）国家治理体系。

这一概念在党的十八届三中全会之前鲜少出现在学术研究中，在党的十八届三中全会第二次全体会议上，"国家治理体系"的基本内涵首次出现在习近平讲话中。"国家治理体系和治理能力是一个国家制度和制度执行能力的集中体现"。[①]

国家治理体系是一整套紧密相连、相互协调的国家制度，是在党领导下管理国家的制度体系，既涵盖了党的建设、政治、经济、文化、生态文明、社会等各领域，又包括各领域的各种法律法规、体制机制的安排，由各种正式和非正式的制度、资源以及与这些内容密切相关的所有主体构成。一个国家运用国家制度，管理社会各方面事务的能力就是国家治理能力。两者相辅相成，是一个有机整体，有了良好的国家治理体系才可能提高国家治理能力，提升了国家治理能力就能建立更高效能的国家治理体系。

（4）国家治理能力和现代化。

所谓国家治理能力，是指一个国家通过提供服务、制定和实施规则，实现与社会"双赢"的能力。长期以来，理论研究集中于一个国家是否具有实现自治的"能力"、国家能力的差异等问题。国家治理能力具有以下特征：一是无论是国家治理能力还是国家能力都是部分的、

---

① 习近平. 切实把思想统一到党的十八届三中全会精神上来 [R]. http：//news. xinhua-net. com/politics/2013 - 12/31/c_118787463. htm.

特定的能力。二是国家治理体系的结构是国家治理能力的关键。三是本质上是一个国家有效利用、合理配置治理资源的能力。

提高国家治理能力的前提是政府实现中央和地方政府权责资源的相互匹配，实现信息、财力、人力资源的相互匹配，在紧急状态下有效调动国家和社会的一切相关资源。建立一个稳定、合理、可持续的现代国家运行体系是一国国家治理体制改革的根本目标，而建立一个信息、财力、人力、组织、中央和地方、国家和社会等治理资源相互匹配的政府体系，实现国家治理的可持续发展交互式资源配置系统是现代国家运行系统的基础。

国家治理现代化是国家治理体系和治理能力现代化的有机统一，是从"管理思维"到"治理思维"的转变。要推进国家治理体系的建设，既要加强国家能力建设，也要完善政治问责体系的建设。国家治理现代化要求政府部门与私人部门、宏观调控与市场运行、社会与个人的相互合作、互相制衡和互相协调。

国家治理与财政体制有着不可分割的关系。财政体制改革要定位于实现国家治理的现代化，并且财政体制逐步完善本身也依赖于国家治理的现代化。国家治理现代化要重视培养"纳税人"意识，纳税人在纳税的同时，有责任和义务参与国家管理，享受一定的政治权利，纳税人意识是财税体制改革的必然内容，也是财政体制改革和国家治理现代化的突破口。

2.2.4 委托代理理论

委托—代理理论在 20 世纪 60 年代由美国经济学家米恩斯和伯利提出，是新制度经济学中契约理论的重要内容。委托—代理关系是指一个或多个经济主体雇用或指定另一些经济主体为其服务，授予其一定权利，并据其提供的服务支付相应的报酬。授权者是委托人，被授权者是代理人。

产生代理问题是委托—代理理论的核心问题，即委托人通过将其所拥有的部分决策权授予代理人，从而达到实现自身效用最大化的目标。为了规范、约束、激励代理人的行为，减少代理问题，委托人需要一套有效的契约或者是制衡机制，达到降低代理成本，更好地实现自身利益的目的。

"委托—代理模型"经常被用来模式化中央和地方政府关系。传统的"委托—代理模型"中，地方政府通常作为中央政府的一个下属分支机构，并不"代表地方"，只具有相当有限的自主权，其主要职责是执行中央的决策，给地方提供公共产品和公共服务。基于现代的委托—代理理论，中央政府作为事实上事权的承担者，将政府间的交叉事权转化为中央政府在该事权领域的分权问题，具体而言通过下放部分权力给地方政府，委托地方政府履行特定的事权和职责以实现公共产品的最优供给。

各国实践中都会存在一定程度的委托—代理关系，例如中央将共同事权委托给地方政府，并通过转移支付方式给予补助，这也是一种委托—代理关系。地方政府具有"经济人"和"政治人"的双重属性，它一方面是在一个行政辖区中央政府的行政代理人，以追求政府绩效、实现政治功能为目标，另一方面也是大力发展地方经济的代理人，以追求地方经济利益为目标。地方政府的目标也有双重性，既要追求政绩最大化和政治目标，又要追求辖区经济发展目标，从而尽力提高辖区内居民的社会福利水平。

2.3　义务教育的产品属性

现实社会中，同时具备非排他性和非竞争性的纯公共产品并不是很多，更多的是只具备一部分公共产品属性，即这部分公共产品实际上同时具有公共产品和私人产品双重属性，因此通常被称为混合产品或准公共产品。教育的种类有很多，包括学前教育、基础教育、高等教育、职业教育以及特殊教育等。不同类型的教育产品的公共产品属性也各不相同，越是基础性的教育产品，其公共产品特征越强。高等教育不满足非排他性的条件，设置高额的学费就可以将不愿意付费的学生排除在外，高等教育是典型的准公共产品。就义务教育而言，它既具有非排他性又具有非竞争性，但是，当一所学校接纳的学生达到学校所能容纳的最大招生规模后，再增加学生就会影响教学的质量和学生的舒适度，义务教育是具有拥挤性的公共产品。所以，针对不同的教育产品也要具体分析其属性，以便根据特定教育产品的具体性质有针对性地明确划分政府间的事权与支出责任。因此，本书对义务教育产品属性的分析强调两个方面：一是义务教育产品相对于一般教育产品具有更多的公共产品属性；二是义务教育产品相对于一般教育产品具有鲜明的特点。

2.3.1　义务教育公共品属性

按照公共产品理论，公共产品具有效用的不可分割性、消费的非竞争性、收益的非排他性的特点。严格地讲，基础教育并不具备非竞争性的特点。因为对于一个地区而言，其基础教育资源是十分有限的，增加一个基础教育的接受者就意味着其他人会失去接受基础教育的机会，并且当一个班级学生数量很多而教师资源十分有限的时候，教学质量往往也会随之下降，显然基础教育具有一定的竞争性。但随着社会经济快速发展与义务教育的普及，义务教育消费的非竞争性与非排他性就显得十分突出。

（1）义务教育的非排他性。

教育产品具有一定的排他性，一旦采取收费的措施，便可以将没有支付教育费用的人拒之于门外。如果基础教育由私人部门提供，人们受教育的机会就会因为原生家庭的经济能力不同而存在差异。但是，义务教育作为公共事业，按相关的法律规定由政府来提供，作为国家负责提供的公共产品和服务的一种，国家提供义务教育产品时更多地考虑整个社会利益，而不是像私人产品那样仅仅从经济利益出发。政府依法向所有适龄公民强制地提供义务教育，所有符合条件的适龄公民都必须接受义务教育。此外，国家还会采取立法与行政手段促使那些拒绝参加义务教育的学生本人及其家长保证适龄子女及时接受义务教育，义务教育具有强制性的特点。

在义务教育不断发展与普及的背景下，越来越多的适龄儿童可以享受到平等的义务教育服务，且新增一个义务教育服务对象既不会减少其他人接受义务教育的机会，也不会影响其接受义务教育的质量。为保证义务教育的公平性与普及性，世界各国普遍对义务教育服务采取免费提供的做法，确保社会公众即使由于种种原因无力支付义务教育的费用仍可以享受到相同的义务教育服务，使义务教育原本所具有的排他性特点转变为非排他性，同时这也使义务教育服务具有消费的非竞争性特征。王善迈（1996）认为，既然义务教育服务具有"强迫"性质，因此其不可能再同时具有排他性和竞争性。

（2）义务教育消费的非竞争性。

具体到某一个社区、某一所学校，它在特定时间能用于提供义务教育服务的资源总是有限的，在它所能容纳的招生规模范围之内，它是非竞争的；当消费人数超过一定的限度时，如超出了它所容纳的学生数量，义务教育又是竞争性的，每增加一个享受义务教育的学生，就会影响其他学生所能接受的义务教育服务的质量。因此，在接受教育的人数没有超过一定阈值时，义务教育消费上会呈现出一定的非竞争性。

我国《义务教育法》规定，国家实施义务教育，义务教育服务不得以任何形式收取学杂费，国家通过特定的经费保障机制来保证义务教育事业的正常发展。义务教育的免费性使得学费不再成为制约一部分人接受教育的因素，学校也不得以任何理由拒绝学生进入校园，凸显出了义务教育作为公共产品的非竞争性。所以，义务教育这种强制性、无偿性的特点使原本具有竞争性的义务教育变成了明显的非竞争性，所有的适龄儿童和少年都能自由平等地接受义务教育服务。

虽然国家为了降低义务教育服务供给过程中可能出现的竞争性，不断制定和出台新的政策和法规，比如：推进义务教育学校免试就近入学；统一审批管理民办学校义务教育招生程序，与公办学校同步招生；推行小班制，控制班级人数，以保证学生的受教育质量等。但是，现实中不同地区教育资源丰裕程度不一样，即使是同一个地区的不同学校教育资源也不尽相同。人们对于重点学校、优秀教师等优质教育资源竞相追逐，趋之若鹜，导致了"天价"学区房的出现，十几万元一平方米的学区房在北、上、广等一线城市并不少见。重点学校在教育设施、经费投入、教学理念和管理模式、师资等教育资源上的优势，增加了对受教育者的吸引力，择校热的兴起在一定程度上减弱了义务教育的非竞争性。但是，这仅仅表明义务教育属于拥挤性公共产品范畴，从整体上讲，义务教育服务在消费上还是具有较为明显的非竞争性特征。

2.3.2　义务教育公共品特点

义务教育与其他阶段的教育相比，除整体上具有较为明显的公共产品属性外，从其构成考察，相对其他形式的教育还具有以下特点。

（1）接受义务教育主体的特殊性。

一般来讲，理论界通常把 6 至 15 岁的儿童和青少年定义为接受义务教育的主体，这个年龄段的儿童和青少年，生理的发育、个体的认知能力和心理的发展都有其特殊性。6 至 15 岁的儿童和青少年离不开家庭的照顾和培养，家庭教育在受教育主体的这一阶段的成长中发挥着至关重要的作用，这就决定了义务教育只能在接受义务教育的主体居住地附近的社区就近提供，而不能像高等教育那样跨区域提供。而地方政府对管辖范围内的接受义务教育主体的数量、辖区内配套学校的选址和学校的数量、辖区内学校的规模、学校师资的配备等教育资源的配置有着先天的信息优势，所以，这一特点决定了由地方政府来提供义务教育产品更符合效率的原则。

（2）强制性。

义务教育是一种强制性教育，它实质上是一种依照国家法律规定对适龄范围内的所有少年儿童强制实施的教育。一旦青少年儿童到达了法定年龄，就必须按规定接受相应的基础教育，且社会各界都应当给予少年儿童教育必要的关注与支持。具体来看，义务教育的强制性从以下三个层面表现出来：第一，作为提供义务教育的主体，国家应当为义务教育提供财力保障，并且对拒绝让子女接受义务教育的家庭采取相应的处罚措施；第二，学校必须无偿地满足所有符合义务教育条件儿童和青少年的教育需求，并无差别地为其提供教育资源；第三，无论家庭收入、财产状况如何，学生家庭都必须依法适时地接受义务教育。各个国家大都出台《义务教育法》，通过立法保护义务教育的强制性。我国《义务教育法》明确规定，具有中华人民共和国国籍的儿童与青少年一旦达到了法定年龄，无论性别、种族、民族、宗教信仰与家庭背景的差别，都依法享有接受义务教育服务的权利，同时也必须依法履行相应义务。所以，接受义务教育是适龄儿童和青少年的基本权利，同时也是其必须履行的义务，任何人都不得剥夺适龄儿童和青少年接受并完成义务教育的权利。

（3）无偿性。

义务教育是一种无偿教育，接受义务教育服务的对象并不需要为享受义务教育服务而支付费用。在实践中，无偿性体现在所有接受义务教育的少年儿童在其受教育期间可以免除一切学杂费，因此无偿性也是义务教育能够做到普惠大众的基本条件。尽管义务教育无偿性从形式上表现为不需缴纳任何学费，但能否实现真正的无偿，与一个国家整体的经济实力存在重要的相关性。在一些经济实力比较弱的国家，虽然义务教育服务不收取学费，但通过直接或间接的途径、手段收取费用的现象并没有完全避免。只有一个国家有足够的经济实力负担义务教育的相关费用，才能真正地实现义务教育的无偿性。

（4）外部性。

义务教育具有正外部性。正外部效应，也称正外部性，指的是将利益外溢给了社会或其他经济主体的那类行为与活动。教育是一个国家进步的基础，而义务教育正是由于其受众范围的广泛性，进而具备正外部性的特点。从表面来看，义务教育受益者是学生本人，而潜在受益者则是学生家庭乃至整个社会，二者都能因为个人所接受的良好义务教育而受益。

义务教育的外部性体现在如下几个方面：第一，接受义务教育人群的普及型以及义务教育所传授知识的基础性决定了义务教育可以帮助社会公众培养良好的道德规范、形成严格的行为准则，由此可以降低社会活动中的交易成本，有助于提高国民的整体知识水平与社会的文明进步程度，从而有助于营造良好的社会环境；第二，义务教育无偿性在一定程度上实现了收入的再分配，相对地增加了低收入者可支配收入，缓解了社会阶级矛盾，不仅提升了国民的整体素质，也增强了我国的民族凝聚力与竞争力；第三，对企业而言，义务教育的普及大大减少了企业搜寻人才与培训的成本。因此可以看出义务教育具有较强的正外部性，若依靠私人部门提供该产品，则很容易出现义务教育产品供给缺乏的状况，因此一般都是由各国的政府部门统一提供义务教育产品。

（5）效益外溢性。

所谓外溢性是指地方政府提供的公共产品，其受益范围超出了地方政府辖区，使其他地方政府辖区在不承担任何费用的情况下也获得了公共产品供给所带来的好处。义务教育产品在空间上的外溢性主要体现为间接外溢而不是直接外溢。义务教育的对象大多为 6 至 15 岁少年儿童，其生理和心理发展的特点决定了通常只能在居住地就近接受义务教育。接受义务教育的学生中，有一部分会在该辖区内居住和就业，从这个角度讲，地方政府提供的义务教育提高了当地劳动工作者的素质，促进区域经济快速发展，这并没有产生效益外溢。但是，由于国内市场具有高度开放性，地方政府无法保证本辖区受过良好义务教育的学生不流动到其他辖区。随着现代社会地区间、国际间一体化程度的提高，包括人力资源在内的各种生产要素跨地区流动必然成为一种趋势，这些在某一辖区内接受过良好义务教育的人将来很有可能流动到其他辖区。特别是发展相对滞后的地方政府，在其辖区内接受了义务教育的主体，接受的教育程度越高，越可能流动到其他辖区，尤其是到经济发达的辖区就业和居住，这就导致了义务教育外溢的效益从欠发达地区流向发达地区。这种效益外溢显然是一种间接外溢而不是直接外溢，即从义务教育服务对象而言，地方政府提供的义务教育服务基本都是服务于辖区居民，谈不上效益外溢；但是从义务教育服务供给主体而言，其提供的义务教育服务由于教育对象在接受义务教育后所具有的流动性而导致效益的间接外溢。

2.4 义务教育事权和支出责任划分的基本认识

如前所述，义务教育具有公共产品的基本属性，由此决定应当由政府在义务教育资源配置中发挥基础性作用，这构成我们进一步研究义务教育事权和支出责任划分的逻辑起点。由于现实中的政府都是级次化的，从中央到地方划分为若干级次的政府，因此义务教育事权和支出责任客观上需要在不同级次政府间合理划分，以便能发挥不同级次政府的比较优势，同时这也是推进义务教育事业高质量发展的基础和前提。所以，有必要在对我国义务教育事权和支出责任划分进行经验分析之前，对义务教育事权和支出责任划分进行一般意义上的理论分析。

2.4.1 义务教育事权和支出责任划分思路

研究义务教育事权和支出责任划分思路非常重要，思路正确，事半功倍；思路错误，事倍功半。就已有文献看，结合我国具体国情对义务教育事权和支出责任划分进行具体研究的成果并不鲜见，但是专门研究义务教育事权和支出责任划分思路的文献并不多见。这并不意味着研究者研究义务教育事权和支出责任划分没有思路，只不过没有专门针对思路进行研究，也没有在成果中把自己事实上所采用的思路明确表述出来而已。本书总结已有文献，把其所隐含的研究思路概括如下：

（1）按部门单位的行政隶属关系划分义务教育事权和支出责任。

一级政府通常包含若干部门，每个部门又包含若干单位，从而形成了单位隶属于部门、部门隶属于特定级次政府的行政隶属关系。从中央到地方，教育部门都是政府的重要职能部门，都从属于特定级次的政府。这在客观上为按照行政隶属关系划分政府间义务教育事权和支出责任提供了有利条件。这种方法操作相当简单，只需要明确一级政府财政需要负责安排本级政府所属的教育部门和教育事业单位的支出即可。对每一级政府财政而言，都可以很清晰地界定自己的财政支出范围和方向，所以，至少从形式上明晰地划分政府间义务教育事权和支出责任问题已经解决。此外，这也与公共财政预算的编制程序和编制方法吻合，一级政府的本级预算是其所属各个部门包括教育部门预算的汇总，而部门预算又是其所属各个单位预算的汇总。但是，由此导致的问题是，不同级次政府的教育部门都在向社会提供义务教育这种公共产品，如何划清不同级次政府的教育部门在提供义务教育公共品时的事权及支出责任就变得较为棘手。因此，本书认为，按行政隶属关系划分政府间的事权和支出责任这一通常思路，实际上只不过从财政支出角度明确了一级政府财政的支出范围和方向。从公共产品供给角度看，义务教育事业单位都从属于特定的教育部门，进而从属于某一特定级次的政府，都能得到不同级次政府的财政部门拨付的教育经费，不同级次政府财政的支出范围和方向是明确的，但不同级次政府间义务教育事权和支出责任的划分却是非常不明晰的（见图2-5）。

总之，如果按照行政隶属关系方法划分政府间义务教育事权和支出责任，支出责任相对容易明确，但事权划分问题仍然难以解决。换言之，这种划分方法有助于在事权没有划分清楚的条件下先明确各级政府的支出责任，这是该方法的优点，实际上这也是该方法在实践中被长期应用的根本原因，但也同时具有难以克服的缺点。

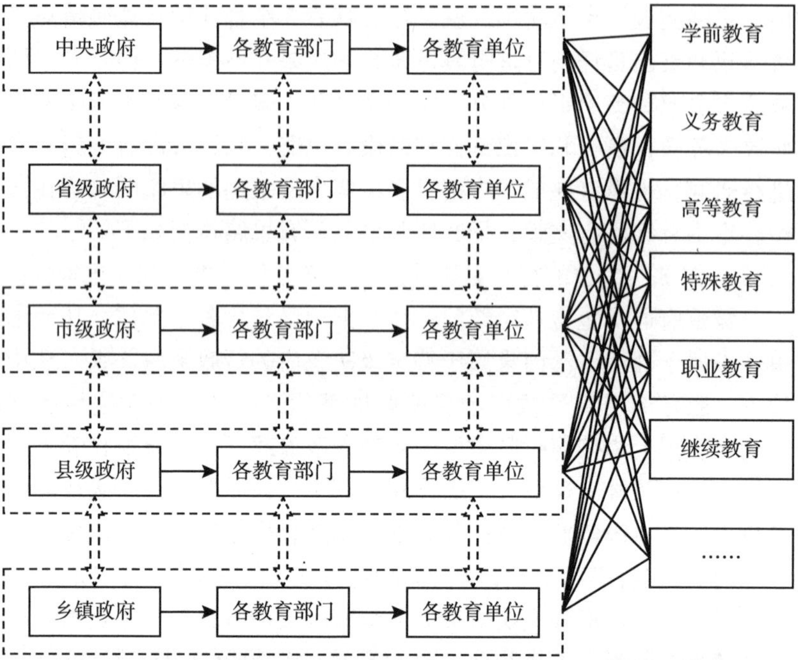

图2-5 按照部门单位的行政隶属关系划分政府间义务教育事权

（2）按公共产品的受益范围划分义务教育事权和支出责任。

从理论上讲，若公共产品的受益范围与某级政府的管辖范围完全重合，那么该级政府便理所应当地承担提供此类公共产品的事权与支出责任，这体现为该级政府的专属事权。首先，从效率原则考量，无论由其上级政府或是下级政府提供该公共产品都难以充分体现效率原则。对其上级政府来说，该公共产品的受益范围只涵盖了其辖区范围的一部分，由于上级政府辖区内不同地区对公共产品需求的种类、数量及供给方式等偏好不同，而上级政府难以充分掌握辖区内不同地区的偏好信息，由上级政府集中决策会导致效率损失。对其下级政府来说，该公共产品的受益范围超出其辖区范围，存在着效益外溢，如果由其下级政府负责提供会导致该公共产品供给不足进而产生效率损失。其次，从公平原则分析，无论由其上级政府或者是下级政府提供都难以充分体现公平原则。对其上级政府来说，该公共产品的受益范围仅涵盖其辖区的一部分，如果由上级政府在整个辖区范围分担成本显然有失公平，该公共产品所带来的利益与其成本分担难以实现平衡。如果根据该公共产品在辖区内的具体效益分布状况来分摊成本，虽然理论上可以做到公平，但却要付出巨大的信息搜集整理成本，成本高到一定程度就意味着这种方法在经济上不可行。对其下级政府来说，在该公共产品的受益范围超出辖区范围的情况下，若由辖区民众负担全部成本显然不符合公平原则，如果根据效益外溢情况与邻近地区进行谈判交易，通过协商要求临近地区共同分担成本的话，理论上虽然可行，但实践中会因为交易成本过高的制约而事实上难以做到。

如果公共产品的受益范围能够与各级政府的辖区大小相吻合，那么按照公共产品的受益范围划分政府间的事权与支出责任，就能够达到一个较为理想的状态。但现实中，公共产品的受益范围并不是总与地方政府的辖区范围一致，而是呈现多样性的特点，其与有限的政府级次的矛盾对这种划分方式的运用产生了较大的阻碍作用。实践中，这种事权和支出责任划分思路的实施必然会受到公共产品受益范围多样性与政府有限级次间矛盾的制约（李森，2017）。如果采取增加政府级次的方式，理论上可以实现政府辖区范围与公共产品受益范围的匹配，但高昂的纵向管理成本使得这种方式难以实现。对于应当如何划分那些受益范围与政府辖区间存在偏差的公共产品在不同级次间的事权与支出责任呢？一个简单可行的办法就是在最优实现不了的情况下采取次优选择，遵循"就近一致"原则来划分该公共产品的事权和支出责任，即分析考察该公共产品的受益范围与哪一级政府的管辖范围更为接近，那么该级政府就应承担提供这类公共产品的事权与支出责任（见图 2-6）①。

对义务教育而言，如果按照受益范围划分政府间事权和支出责任必然会受到义务教育产品受益范围难以准确界定的影响。考虑到义务教育对象是少年儿童等未成年人，其对于原生家庭的依附较强，通常只能在家庭所在地附近接受义务教育，这意味着地方基层政府提供的义务教育服务的受益范围通常会局限在当地政府的辖区，因此按照公共产品受益范围划分政府间事权和支出责任时，义务教育事权和支出责任无疑就应当由地方基层政府承担。义务教育对象虽然在接受义务教育阶段流动性很差，通常不会超出地方基层政府辖区，但是在其成年后，特别是在义务教育的基础上再接受高等教育后，其流动性就会大大增强，往往会离

① 李森，彭田田. 政府间事权划分思路的比较与综合：基于中国现实的分析 [J]. 财政研究，2021（1）.

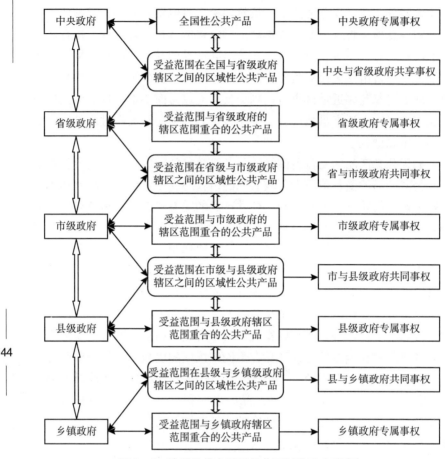

图2-6 按照公共产品受益范围划分政府间事权

开其接受义务教育的地方政府辖区到其他地方工作生活，这对提供义务教育服务的地方政府而言，就出现了严重的效益外溢，或者说义务教育公共品的受益范围并不仅仅局限于地方基层政府辖区，其受益范围事实上覆盖到其他地方政府辖区乃至全国，甚至随着人口国际化流动趋势加快而使其受益范围超出了国界。这意味着按照受益范围划分义务教育事权和支出责任存在很大局限。

（3）按事权和支出责任的构成要素划分义务教育事权和支出责任。

从理论上讲，无论是事权还是支出责任都不是一个简单的整体，其作为一个体系也可以划分为不同的组成部分。政府事权按构成要素可以分为决策权、执行权和监督权：决策权对政府来说是决定"做什么"及"如何做"，即确定做的内容以及做的方式、方法的权力；执行权对政府来说是在确定了"做什么"和"如何做"以后"具体去做"的权力；监督权与决策权有直接关系，是决策主体考察、了解、掌握执行主体工作开展的具体情况的权力。支出责任可以分为筹资责任、资金使用责任和监督责任，一般来说，掌握事权的决策权往往要承担筹资责任和监督责任，掌握事权的执行权要承担资金使用责任。根据事权和支出责任构成要素对中央与地方政府间事权和支出责任进行划分时，从理论上可以分为三种类型①。

第一种类型为中央政府和地方政府分别承担事权和支出责任的特定构成部分。具体可体现为中央政府掌握决策权、承担筹资责任和监督责任，与之对应的是地方政府掌握执行权、承担资金使用责任，典型例子如中央委托地方政府办理的事务；也可体现为地方政府掌握决策权、承担筹资责任和监督责任，与之对应的是中央掌握执行权、承担资金使用责任，典型的例子是地方政府委托中央办理的事务。虽然从形式上看，事权和支出责任是由中央和地方政府共担，但从事权和支出责任的构成角度分析却做到了清晰划分。

第二种类型为事权和支出责任的每个构成部分都由中央政府和地方政府共同承担。事权中的决策权、执行权，支出责任的筹资责任、资金使用责任、监督责任都由中央和地方共担。一般来说，对这种中央与地方共担事权和支出责任的划分，需要具体问题具体分析，可以根据某一类公共产品的具体性质逐步细分决策权、执行权、筹资责任、资金使用责任、监督责任，以进一步明确中央政府和地方政府所应承担的事权和支出责任。

第三种类型为事权和支出责任的各个构成部分中的某些部分分别由中央和地方政府承担，其余部分则由双方共同分担，比如事权的决策权和执行权分别由中央和地方政府承担，支出责任中的筹资责任由双方共同分担。

具体到义务教育事权，则可以按照构成要素分为决策权、执行权、监督权和支出权，如图 2-7 所示。义务教育决策权就是各级政府和教

---

① 李森，彭田田. 政府间事权划分思路的比较与综合：基于中国现实的分析 [J]. 财政研究，2021（1）.

育部门决定义务教育产品的供给应当"做什么"及"如何做",即确定义务教育产品供给的内容以及供给方式、方法的权力;义务教育执行权就是在确定了"做什么"和"如何做"以后各级政府和教育部门"具体去做"的权力,这一般由地方基层政府承担;义务教育的监督权则是义务教育的决策主体考察、了解、掌握义务教育执行主体工作开展的具体情况的权力,一般由中央政府或地方高层政府承担。义务教育支出权是筹集到的义务教育经费的具体如何使用和支配的权力。

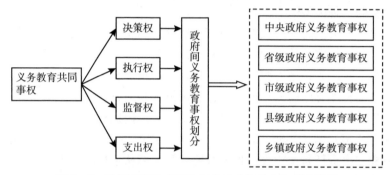

图 2-7 按照事权构成要素划分政府间的义务教育事权

义务教育支出责任可以具体地分为义务教育的筹资责任、义务教育资金使用责任和监督责任。如图 2-8 所示,一般来说,掌握义务教育事权决策权的往往要承担义务教育支出责任中的筹资责任和监督责任,这一般由中央政府或地方高层政府承担;掌握义务教育事权执行性的则要承担义务教育资金使用责任,地方基层政府在这方面具有天然的信息

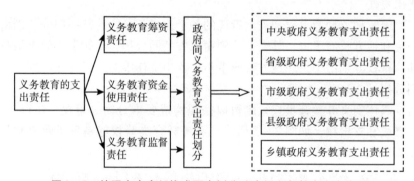

图 2-8 按照支出责任构成要素划分政府间义务教育支出责任

优势，而义务教育支出责任中的筹资责任和义务教育资金的使用责任是可以分离的。这些义务教育事权和支出责任要在中央政府、省、市、县和乡镇各级政府进行具体的划分。

一般而言，受益范围覆盖全国的公共产品供给的事权与支出责任完全应由中央承担，受益范围覆盖地方政府辖区的地方性公共产品供给的事权与支出责任完全应由地方政府承担，这样划分政府间事权和支出责任既符合效率原则，也符合公平原则。像义务教育这种受益具有明显外溢性的地方公共产品，其事权与支出责任完全由中央政府或者完全由地方政府承担都是缺乏效率的。合适的选择应是由不同级次政府共同承担事权和支出责任，从这个角度讲，按事权和支出责任的构成要素对政府间义务教育事权和支出责任进行划分就是合适的。

其中，义务教育事权中的决策权主要应由中央政府承担，义务教育是一种基本公共产品，政府在提供基本公共产品和公共服务时要在全国范围内实现基本均等化供给。义务教育的对象、教育年限、教育内容以及教育所要达到的基本目标要求等，在全国范围内是需要保持统一的，而不宜由地方政府制定各自不同的标准。但事权决策权中的较为具体的部分则更适合由地方政府掌握，由于义务教育对象的未成年性决定了义务教育服务必须在居住地附近提供，所以，提供义务教育服务的学校会根据全国各地人口分布情况而分散在全国各地，学校的数量会极其庞大，学校的规模却不会太大，由于地区差异的客观存在，义务教育服务的具体事权显然需要由地方政府掌握，义务教育学校的具体位置、规模、师资配备等显然不能由中央政府做出"一刀切"的规定，而是需要由地方政府因地制宜地规划和确定，与事权决策权相对应的执行权显然应由地方政府掌握。就支出责任划分而言，由于义务教育存在明显的效益外溢，中央政府需要承担一定比例的筹资责任。如果人口流动性强，那么中央政府或地方高层政府应承担更大比例的筹资责任。由于接受义务教育服务的主体总有一部分会在地方政府辖区内工作生活，对这部分人来说，地方基层政府提供的义务教育服务效益外溢并不明显，因此，地方基层政府也需要承担一定比例的筹资责任。支出责任中的资金使用责任，即义务教育经费应当如何安排使用，显然主要应由地方基层政府承担，这是由地方政府在义务教育服务提供过程中所具有的信息优势所决定。而支出责任中的监督责任，显然更需要由中央政府或地方高层政府履行。

　　总之，按照事权和支出责任构成要素分析，即使地方政府不存在财政困难问题，义务教育事权与支出责任完全由中央承担或完全由地方政府承担均不是有效率的，合理的政府间义务教育事权与支出责任划分应由各级政府共同分担。

2.4.2　义务教育事权和支出责任划分目标

　　明确义务教育事权和支出责任划分的目标，便于确定义务教育事权和支出责任划分努力的方向，同时也可以根据目标实现程度来判断财政实践中义务教育事权和支出划分的科学化、合理化程度。从理论上讲，不同国家或同一国家的不同历史发展阶段，义务教育事权和支出责任划分的目标会具有鲜明的个性特征，但是共性寓于个性之中，从这些具有鲜明个性差异的义务教育事权和支出责任划分目标中，我们仍然可以抽象出一般意义上的义务教育事权和支出责任划分目标。

　　（1）直接目标。

　　义务教育作为教育服务的一项重要内容，其事权和支出责任划分从属于教育事权和支出责任划分，而教育事权和支出责任划分又是政府财政事权和支出责任划分的一项重要内容，因此义务教育事权和支出责任划分的直接目标可概括为完成政府间事权和支出责任划分这一总任务的一项具体的分任务，主要体现在以下方面。一是明晰划分义务教育政府间事权和支出责任，要避免落入大的原则能讲清楚，但一具体就"剪不断、理还乱"的窠臼；二是发挥不同级次政府的比较优势，中央政府和地方高层政府能有效地缩小义务教育服务地区差距，更能体现公平原则，但由于没有信息优势而容易导致义务教育产品供求脱节或者供给不足，从而难以体现效率原则；地方基层政府拥有信息优势，更了解辖区民众对公共产品和公共服务的需求偏好，因而更有利于实现义务教育服务供求均衡，从而体现效率原则，但容易导致义务教育服务地区差距拉大，从而难以体现公平原则。因此，义务教育事权和支出责任划分要实现发挥不同级次政府比较优势的直接目标。

　　（2）最终目标。

　　义务教育作为一种教育公共产品，是整个公共产品体系的重要组成部分。而所有的公共产品现象都可概括为财政现象。从这个角度讲，义务教育事权和支出责任划分作为财政实践或财政改革的一项重要内容，其最终目标要从属于财政活动的最终目标，而财政活动的最终目标则又从属于经济活动的最终目标。众所周知，所有的经济活动归根结底要处理好两方面的关系：一是人与物的关系，为此要遵循效率原则；二是人与人的关系，为此要遵循公平原则。因此，义务教育事权和支出责任划分要实现的最终目标可从效率和公平两个方面予以概括。一方面，义务教育事权和支出责任划分要实现效率目标，依据帕累托最优标准，要求义务教育事权和支出责任划分的任何重新调整，要做到已经不可能在不减少任何一个经济主体福利的情况下去增加其他经济主体的福利，这显然要求与义务教育公共品的最优供给相对应。另一方面，义务教育事权和支出责任的划分要实现公平目标，具体说就是义务教育事权和支出责任的划分要做到"同等情况、同等对待；不同情况、不同对待"，即所谓的横向公平和纵向公平。毕竟对地方政府来说，同一级次地方政府的数目少则几十个多则过万，为此义务教育事权和支出责任划分需要在同一级次不同地方政府间兼顾横向公平和纵向公平；同样，在不同级次政府间划分义务教育事权和支出责任时也需要做到兼顾横向公平与纵向公平。

2.4.3　义务教育事权和支出责任划分原则

无论中国还是其他国家，政府间义务教育事权和支出责任的划分都是在摸索与尝试中不断发展的。判断政府间事权与支出责任的划分是否达到帕累托最优状态，一般要考虑：提供义务教育公共品的边际变动是否能够提高义务教育公共品供给的数量与质量；是否能对经济增长产生正向影响；是否能够激励制度创新等。除了经济因素，还需考虑到政府的社会职能和政治责任。尽管各国义务教育事权和支出责任的划分五花八门，但共性寓于个性之中，从各国义务教育事权和支出责任划分实践中仍然可以抽象出所需要遵循的基本原则。

（1）效率与公平相结合。

划分政府间义务教育事权和支出责任的效率体现为，在特定事权和支出责任划分方式下，各级政府所能提供的义务教育公共品的数量、质量及供给方式在资源配置、使用方面的有效程度。若一种事权和支出责任的划分可以在配置的财政资源数量一定的条件下，提供更多数量、更高质量的义务教育公共品，而且供给方式更加合理，那么这种划分就体现了效率原则。通常用"帕累托最优"作为衡量资源配置是否有效的基本标准，它是指资源配置达到了这样一种状态，即无论如何调整资源配置状态，都不可能在不减少一个人福利的情况下去增加另外一个人的福利。若目前的资源配置状态可以在不减少一个人福利的情况下去增加另外一个人的福利，则符合"帕累托增进标准"，但同时表明目前的资源配置状态肯定不符合"帕累托最优"。按照"帕累托最优"衡量政府间义务教育事权和支出责任划分效率，其理想状态应该是事权和支出责任划分的任何重新调整，已经不可能再增加义务教育公共品的供给数量、提高义务教育供给质量和改进供给方式。这里的有效率不仅是公共产品供给要有效率，最大限度满足公众的公共需求和偏好，也要考虑行政效率的高低。考虑到信息可及性，那些信息处理成本高、易产生信息不对称情况的义务教育事权，通常由地方政府来承担。

划分政府间义务教育事权和支出责任的公平可从不同角度考察：第一，从政府与民众关系角度考察，其体现为公共产品利益获取和成本分担的对应程度。从这个角度讲，若义务教育产品的受益范围与某一政府辖区范围重合，由其在辖区内根据受益程度分担成本就体现了公平原则；若义务教育产品的受益范围并不在某一政府的辖区范围内，却由该辖区分担成本，或者受益范围只是涵盖其辖区范围的一部分，而由该辖区分担与受益程度不成比例的成本，则体现为不公平。第二，从政府间关系角度考察，对不同的地方政府应该做到"同等情况，同等对待；不同情况，不同对待"，即如果下级政府的各方面情况都相同，上级政府在划分事权与支出责任时应采用相同的制度安排；反之，如果下级政府的各方面情况都不相同，那么划分事权与支出责任的制度安排也应有所区别。最终要保证义务教育服务均等化供给，使不同地方政府辖区居民都能获得大致均等的义务教育服务。

义务教育产品的外溢性决定了效率与公平原则的结合，要求政府间划分义务教育事权与支出责任要充分考虑地区间效益外溢情况，处理好不同级次政府间的权力划分关系。一方面，随着教育财政分权度的提高，地方政府可以掌握更多的义务教育产品的供给事权，由于地方政府对于辖区内居民偏好信息的掌握具有优势，因此能提高义务教育产品供给效率，更好地满足辖区内社会公众对义务教育公共品的需求。另一方面，由于义务教育产品在辖区间会产生效益外溢，即存在正外部性，因此过度分权会导致基层政府的义务教育公共品供给出现不足。从理论上讲，如果一种公共产品受益范围与一个政府的辖区范围完全重合，那么就应该由该政府承担相应的事权和支出责任。这符合外部性原则（若一项活动的外部性只能让一个地方受损，或让一个地方获益，那么这项活动就交给该地来管理）、信息处理的复杂性原则（信息处理成本越高、越容易造成信息不对称的活动，应当交由地方政府管理，因为他们对基层信息掌握得更加充分，相比中央政府而言，能够更加灵活地识别信息不对称）和激励相容原则（即便该政府按照自身利益最大化去管理，也会使得整体利益最大化），从而能保持较高的效率水平。由其在辖区内分担成本也能体现利益获取和成本分担相对称的公平原则，同时对不同地方政府来说，也能做到横向公平和纵向公平。

（2）集权与分权相结合。

政府间义务教育事权和支出责任划分的集权与分权可以从多个角度考察：一是从事权和支出责任划分办法的决定权归属考察，如果事权与支出责任的划分由中央政府来决定，便是集权；如果事权和支出责任划分由中央与地方共同协商来确定，则为分权。二是从事权与支出责任决策权的归属考察，若通过事权和支出责任划分，义务教育产品供给中，事权与支出责任的决策权更多地掌握在中央政府或高层政府中，则体现为集权；若事权与支出责任的决策权更多地掌握在地方政府或基层政府中，则体现为分权。

集权有集权的优势，这集中体现为高层政府或中央政府在提供较大受益范围，特别是受益范围覆盖全国的公共产品和服务方面有比较优势，有助于实现规模经济，降低公共产品和服务生产提供的平均成本。同时由高层政府或中央政府根据受益范围在全国或者较大范围内分担成本也符合利益获取和成本分担对称的公平原则。但集权也有集权的劣势，这主要体现在提供较小受益范围的公共产品和服务时，集权会因信息的不充分、不对称导致决策失误，进而导致公共产品供求脱节的可能性加大。

同样，分权也是瑕瑜互见的，分权的优势集中体现为其可以弥补和纠正集权的劣势。在提供小受益范围的公共产品和服务时，地方政府或基层政府由于可以掌握相对更为充分的信息，从而有助于实现公共产品的供求均衡进而提高公共产品的供给效率。其劣势体现在提供较大受益范围的公共产品，特别是全国性公共产品时效率相对低下。因为对于辖区范围较小的地方政府来说，单独提供这类公共产品难以实现规模收益并且效益会严重外溢。根据外部性理论，效益外溢时资源配置的边际收益会大于边际成本而导致效率损失；如果由多个地方政府协商提供则会产生巨大的交易成本，导致效率降低。

因此，政府间义务教育事权和支出责任的划分需要做到集权与分权相结合，发挥高层政府和基层政府的比较优势，回避二者的比较劣势，该集权的集权，该分权的分权，实现集权与分权的边际收益相等应是理想的制度安排。

（3）规范性与灵活性相结合。

划分政府间义务教育事权和支出责任的规范性体现在以下几点：第一，政府间义务教育事权和支出责任的划分要与国际惯例接轨。市场经济国家划分政府间义务教育事权和支出责任时，所体现的共性规律要求的做法和经验是值得吸取和借鉴的。虽然不同国家国情不同，划分政府间事权和支出责任的制度不可盲目照抄照搬，但是毕竟共性寓于个性之中，不同的国家抽象掉个性差异，总是可以找到共性的。我国与西方国家在经济运行的制度基础、经济发展水平、历史背景、文化传统等各方面都存在明显差异，但我国在体制转轨后实行中国特色的社会主义同样遵循着市场经济国家划分政府间义务教育事权和支出责任所需遵循的共性规律，因此，我国需要吸取、借鉴西方国家这些能体现共性规律要求的划分政府间义务教育事权和支出责任的做法。第二，政府间义务教育事权和支出责任的划分要保持相对稳定，在不同级次政府间形成稳定的制度安排，以便各级政府都能产生稳定的预期。一般来说，相对稳定的制度是产生相对稳定预期的必要条件，频繁的制度调整会促使不同级次的政府产生短期行为。第三，政府间义务教育事权和支出责任的划分需要通过法律的形式确定下来，成为各级政府都必须严格遵循的行为规则。不管是中央政府还是地方政府，高层政府还是基层政府都不能也不应随意调整、更改规则，这也是体现政府间义务教育事权和支出责任划分严肃性、规范性、权威性的客观要求。

与之对应，划分政府间义务教育事权和支出责任的灵活性体现在：第一，在与国际惯例接轨的同时，可以在体制设计上保持一定的本国特色。由于国情差异的客观存在，在一个国家合适的政府间义务教育事权和支出责任划分办法放到另外一个国家就不一定合适。同样是市场经济国家，有的国家偏于集权，有的偏于分权，这是由不同国家的具体的政治和经济体制所决定的。严格说来，在世界范围内难以找到两个国家，其政府间义务教育事权和支出责任划分的办法完全相同。我国虽然已初步完成向市场体制的转轨，但与其他市场经济国家相比，还是具有本国国情的特殊性，因此政府间义务教育事权和支出责任的划分没有必要盲目借鉴甚至照抄其他国家的做法。第二，政府间义务教育事权和支出责任的划分在保持相对稳定的同时，要对一些明显不合理、不合适的做法进行必要的、动态的调整。随着社会经济的不断发展，总会出现新的问题和新的情况，针对这些问题所提出的可行的解决办法，就需要及时地修正与调整目前政府间事权和支出责任的划分方式，不断完善政府间义务教育事权和支出责任划分的不适当做法。第三，虽然最好通过法律形式固定下来政府间义务教育事权和支出责任，但在条件不成熟的情况下，以条例、通知、规定等作为政府间义务教育事权和支出责任划分的体现形式也是可行的。因为政府间义务教育事权和支出责任的划分是处于不断改革完善中的，还有很多实际问题没有解决。在这样的背景下，贸然通过法律的形式来划分政府间的义务教育事权和支出责任，容易使目前存在的问题固化而得不到及时解决。因此，划分政府间义务教育事权和支出责任应强调规范性和灵活性相结合。

（4）权、责、利相统一原则。

责、权、利统一，既包含事权与财权相统一，也包括财政事权和支出责任相统一的原则。有一定的财政事权就要有相应的财权，在中央统一部署下，要上划适合由中央政府承担的义务教育事权的决策权，以加强中央政府统一领导；还要下放适宜由地方政府承担的义务教育事权的具体决策权和执行权，避免中央部门较多地代地方决策甚至执行，保障地方政府可以有效地处理辖区内各项义务教育事务。同时，要明确中央与地方在义务教育公共品供给中各自承担的职责，在中央与地方政府间合理安排履行义务教育事权所涉及的战略规划、政策决定、执行实施、监管评价等各个环节，实现义务教育事权履行的权责明确、覆盖全过程。义务教育事权的履行既是一个完整系统，也可以划分成几个相关联的环节，为了保证有效地履行义务教育事权，按照委托代理理论中央政府可以将其中的一个或者几个环节委托给地方政府，以保证义务教育公共品的最优供给。

划分了中央和地方政府的义务教育事权后，还要落实中央和各级地方政府相对应的支出责任。属于中央且适宜由中央组织实施的义务教育事权，原则上应当由中央政府承担支出责任；属于地方且适宜由地方政府组织实施的义务教育事权，原则上应当由地方政府承担支出责任；属于由中央与地方共享的义务教育事权，根据义务教育服务的受益范围、外部性及其所产生的影响，具体分析以确定中央和地方政府各自应承担的支出责任及具体承担方式。

2.4.4 义务教育事权与支出责任划分模式

义务教育事权的划分依据主要是义务教育产品的具体性质以及不同级次政府的比较优势，要协调不同级次的政府间关于义务教育产品供给的管理权限划分，研究如何进行划分才能充分发挥不同级次政府的比较优势。义务教育支出责任划分依据主要是公共产品的受益范围和政府辖区范围的关系，要协调义务教育产品供给主体和受益群体的关系，研究在划分义务教育支出责任时如何才能使得受益群体的利益获得与公共产品供给主体的成本分担相对称。所以，在义务教育事权和支出责任划分时有以下几种模式可供参考。

（1）集权模式。

义务教育事权和支出责任划分的集权模式是指义务教育事权和支出责任更多地由中央政府和地方高层政府承担。集权模式有助于发挥中央政府和地方高层政府的积极性、主动性，便于缩小义务教育的地区差距，实现义务教育产品供给的均等化，从而更有利于体现公平原则。但是由于中央政府和地方高层政府在义务教育服务的供给过程中，并不具有信息优势，集权模式容易导致义务教育产品供给的规模、方式与民众对义务教育的需求脱节，从而导致公共产品供给不足而引起效率损失，难以充分体现效率原则。

一般来说，对于地区差异并不明显的国家，义务教育事权和支出责任划分采用集权模式可以取得相对理想的效果，但对于存在明显地区差异的大国，采用集权模式划分义务教育事权和支出责任会带来严重的效率损失。

（2）分权模式。

义务教育事权和支出责任划分的分权模式是指义务教育事权和支出责任更多地由地方基层政府承担。分权模式有助于调动地方基层政府的积极性、主动性，发挥地方基层政府的比较优势。地方基层政府辖区面积较小，辖区人口规模较小，相对中央政府和地方高层政府，其在了解辖区民众偏好方面具有信息优势，由其更多地承担义务教育产品供给的事权和支出责任，会更好地满足辖区民众对义务教育产品的需求，实现供求均衡，从而更有利于体现效率原则。但是在采用分权模式提供义务教育产品的过程中，中央政府和地方高层政府的积极性、主动性会被抑制，其统一领导地位无从体现；地方基层政府各自为政，容易导致义务教育产品供给的地区差异拉大，民众可能由于其所生活的地方政府辖区不同而难以享受到均等化的义务教育服务，从而难以充分体现公平原则。

一般来说，对于存在明显地区差异的大国，采用分权模式划分义务教育事权和支出责任会取得相对理想的效果；对于地区差异并不明显的国家，义务教育事权和支出责任划分采用分权模式会带来较为严重的效率损失。

（3）集权与分权相结合模式。

集权与分权相结合模式是指义务教育事权和支出责任在不同级次政府间得到合理划分及配置的模式。作为一种较为理想的义务教育事权和支出责任划分模式，一方面，可以避免义务教育事权和支出责任划分过于向中央政府和地方高层政府倾斜，从而避免了在发挥中央政府和地方高层政府积极性、主动性的同时却抑制了地方政府的积极性、主动性，避免了在体现公平原则的同时忽视效率原则；另一方面，可以避免义务教育事权和支出责任划分过于向地方基层政府倾斜，从而避免了在发挥地方基层政府积极性、主动性的同时却抑制了中央政府和地方高层政府的积极性、主动性，避免了在体现效率原则的同时忽视公平原则。构建集权与分权相结合的义务教育事权和支出责任划分模式，按照公共产品种类来划分政府间事权和支出责任会受到较大局限，因为义务教育本身已经是教育公共产品的一个具体类别，很难再以种类细分来划分政府间事权和支出责任。按照公共产品受益范围划分政府间事权和支出责任则受到受益范围多样性与政府级次有限性矛盾的制约。按照行政隶属关系划分政府间事权和支出责任，可以明确政府公共财政的支出范围和方向，但是却无助于划分政府间的事权和支出责任。所以，较为可行的办法是按照事权和支出责任的构成要素，将事权中的决策权、执行权、管理权和监督权以及支出责任中的筹资责任、使用责任及监督责任等在不同级次政府间合理划分，以便发挥不同级次政府的比较优势，做到兼顾公平与效率原则。

2.4.5 义务教育事权和支出责任划分内容

要研究政府间义务教育事权和支出责任划分，就要明确义务教育事权和支出责任作为一组权力和一组责任所包括的具体内容，可以从宏观、中观和微观三个层次来分析。首先，从宏观层次考察，需要研究义务教育事权和支出责任在政府和市场二者之间的划分关系；其次，从中观层次考察，需要研究义务教育事权在中央与地方以及地方各级政府间的划分关系；最后，从微观层次考察，需要研究同一政府级次不同机构、单位间义务教育事权和支出责任划分关系。

（1）宏观层次义务教育事权和支出责任划分。

从宏观层次考察，需要明确界定政府作为整体，在义务教育产品供给过程中所应承担的事权和支出责任。从宏观层次划分义务教育的事权和支出责任就是要明确在市场经济条件下义务教育产品和服务的供给中，到底哪些事情应该由政府来做，哪些事情应该由市场来做，从理论上讲，这是在不同级次政府间划分义务教育供给事权和支出责任的基础和前提。在如何处理市场与政府关系方面，传统的观点认为应该发挥二者的比较优势，"凡是能由市场形成价格的都交给市场"①，政府只在市场失灵（market failure）领域发挥作用。具体来说就是市场应在私人产品生产提供过程中发挥基础性作用，政府应在公共产品生产提供过程中

---

① 2013 年 11 月 12 日，中国共产党第十八届中央委员会第三次全体会议通过了《中共中央关于全面深化改革若干重大问题的决定》。《决定》提出，完善主要由市场决定价格的机制，凡是能由市场形成价格的都交给市场，政府不进行不当干预。

发挥基础性作用，看起来似乎可以在二者之间划分清晰的界限。但是，由于大部分产品兼具公共产品和私人产品双重属性，所以市场与政府关系的处理与协调问题一直难以彻底解决。这对义务教育政府间事权和支出责任划分的可能产生一些影响，如果义务教育产品供给中市场与政府关系没有理顺，政府作为整体所应承担的义务教育事权和支出责任就难以明确，政府间义务教育事权和支出责任划分就会缺少基础和前提。

由于义务教育具有公共品的属性，同时又具有一定的自身特点，比如，强制性、无偿性、外部性、效益的空间外溢性以及接受义务教育主体的特殊性等，这就决定了义务教育事权和支出责任在市场和政府间进行划分的特殊性。在财政体制改革实践和理论研究中，如果把政府应该承担义务教育公共品供给的全部事权和支出责任作为既定的前提，由此在事实上导致了政府对义务教育产品供给的垄断，排除和否定了非政府部门在义务教育公共品供给中应有的地位和作用，这不仅降低了义务教育公共品供给的效率，而且事实上加大了义务教育事权和支出责任在不同级次政府间划分的难度。与此同时，考虑到社会公众对义务教育等教育产品和服务需求的多样性，在宏观层面上，即在政府和市场间划分义务教育产品的事权和支出责任时，政府应当承担主体责任，承担绝大部分义务教育产品的供给；市场私人部门适当地补充，以满足现代社会公众对初级教育产品的不同层次的需求。

（2）中观层次义务教育事权和支出责任划分。

从中观层次考察，义务教育事权和支出责任需要在中央政府与地方政府以及各级地方政府之间合理划分，发挥不同级次政府的比较优势以便更好地提供义务教育产品。在这一层次上，就是要明确由政府负责提供的义务教育产品和服务中，到底哪些应当由中央政府负责来提供，哪些应当由哪一级地方政府负责来提供，哪些应当由中央政府和地方政府共同负责来提供，如果由中央和地方政府共同提供的义务教育产品和服务的话，二者各自承担的支出比例是多少。

若把政府视作一种公共产品供给过程中降低交易成本的手段和方式，按照经济学的逻辑，政府间管理权限的划分应以"自下而上"授权为特征，但现实中的政府间管理权限划分大多是以"自上而下"分权为特征。如果政府是利他的，两种划分模式可以实现相同的均衡，但是如果政府是利己的，以"自下而上"分权相对于以"自上而下"分权更能提高效率水平（李森，2017）。因此，研究政府间义务教育事权和支出责任划分需要在不同效率水平之间权衡，同时还需考虑对公平实现程度的影响。

（3）微观层次义务教育事权和支出责任划分。

从微观层次考察，义务教育事权和支出责任需要在同一级次政府的不同机构和单位之间合理划分。按照三级标准来确定义务教育事权内容，根据财政事权与支出责任的对应关系，参考公共财政部门预算的分类标准，我国五级政府架构中的义务教育机构和单位大致可划分为三类：一是政府教育主管部门，包括中央政府的教育部、省级的教育厅、市县级的教育局以及乡镇级的教委；二是义务教育教学研究与业务指导机构，包括各级政府教育主管部门下属的教科所、教研室；三是由教育主管部门统一管理的具体提供义务教育服务的机构，包括义务教育阶段的小学和初中。这三类机构都是各级政府独立的预算单位，其中，教育管理部门为学校提供行政管理和经费管理服务，教育教学研究与业务指导机构通过开展教育教学研究为学校提供业务指导，同时对学校教育教学质量进行监测。

首先，根据中央和地方教育机构设置及其职责划分可以把义务教育事权分为教育行政管理事权、学校经费管理事权和教育教学研究与业务指导事权三个一级事权。其次，把一级事权进一步具体细化为二级事权，其中，教育行政管理事权包括教育规划布局、办学标准、规范办学行为和管理教育教学四个二级事权；学校经费管理事权包括人员经费、公用经费、基本建设经费、学生资助经费和教材经费管理五个二级事权；教育教学研究与指导事权包括教育教学研究、业务指导和质量监督三个二级事权。最后，把二级事权进一步具体细化为23项三级事权。具体的义务教育事权分类框架见表2-1。

义务教育支出责任也可以具体地划分为支出的筹资责任、决策责任、执行责任、监督责任四类支出责任，其中的每一项责任还可以进一步的细化。所以，在政府间划分义务教育的事权和支出责任，客观上需要根据事权和支出责任的具体构成内容逐项划分，并在此基础上进一步明确不同层级政府的财政分担比例。这显然是一项系统而繁琐的工作，不是"一刀切"的制度安排，也不可能一蹴而就。

表 2-1　　　　　　我国义务教育事权的分类框架表

一级事权	二级事权	三级事权
教育行政管理事权	教育规划布局	教育事业发展规划
		学校布局规划
	办学条件标准	建设用地标准
		校舍建设标准
		装备配置标准
		师资配备标准
	办学行为规范	招生行为规范
		教育教学行为规范
		学校安全卫生管理规范
		收费行为规范
		学籍管理规范
	教学内容管理	课程设置
		教学计划、大纲编制
		教材编写、审定
学校经费管理事权	人员经费管理	基本工资
		绩效工资
	公用经费管理	
	基本建设经费管理	校舍新建、改扩建与维修
		教学生活设施设备购置
	学生资助经费管理	家庭困难寄宿生补助
		农村义务教育营养餐改善计划
		校车补助经费
	教材经费管理	国家教材经费
		地方教材经费
教育教学研究与指导事权	教育教学研究	
	教育教学业务指导	
	教育教学质量监测	

59

第3章　我国义务教育事权和支出责任划分的历史沿革和现实分析

义务教育事权和支出责任的划分并不是一成不变的，在国家政治体制"不变"的前提下，随着国家经济社会发展目标的变动而处于动态变化中。本章主要对我国教育财政管理体制变迁进行分析，来研究义务教育的供给事权和支出责任划分的变化历史轨迹，总结教育事权和支出责任演变的一般规律，同时也关注教育财政体制变迁中出现的现实问题。

3.1　我国义务教育事权和支出责任划分的历史沿革

我国财政体制经历了"统收统支、三级管理"（1978年以前）、"划分收支、分级包干"的"分灶吃饭"包干制，再到"分税制"（1994年以后）三个阶段的发展，教育财政管理体制也随着财政体制的变动经历"统一财政、分级管理"（1980年以前）、"地方负责、分级管理"（1980~2005年）、再到"免费义务教育"（2006年以后）三个阶段的发展。在教育财政管理体制的不同阶段，中央和地方政府的事权和支出责任的划分也是随着时代不断变动的。

3.1.1　统一财政、分级管理阶段

1949年到1978年期间，集权体制下政府间事权和支出责任划分基本上是按行政隶属关系进行划分，部门、单位隶属于哪一级政府就由该

级政府承担支出责任所需经费，但不同层级的政府间的事权和支出责任实际上是一个整体，即由中央政府统一掌握事权，地方政府并不真正地掌握事权和支出责任，地方的事权和支出责任都是由中央核定，地方支出范围、支出规模、支出结构以及资金使用方式都要中央政府核定。具体到教育的事权和支出责任又可以分为如下两个阶段。

（1）统一财政，三级管理（1950～1957 年）。

新中国成立之初，我国实行高度集中的计划经济体制，相应地建立了"统收统支、三级管理"财政体制。为与财政体制相适应，全国所有的中小学基础教育投资支出一律按照统一标准纳入由中央到各地市的财政预算中，财政部统一审核并逐级拨付基础教育投资费用。这与当时高度集权的事责财权关系是一致的，收入和支出双集权，即地方政府筹集的财政收入逐级上解全部集中到中央，地方所需的支出包括教育经费支出则由中央自上而下核拨，就是典型的"收支两条线，全国一盘棋"体制。大行政区、省（市）负责县级及以上的中学教育费用。城市小学教育经费靠征收城市附加教育事业费解决，乡村通过征收地方附加公粮解决，与国家公粮征收时间一致，并且不能超过国家公粮的 15%。[①]

财政体制的三级是指中央、大行政区、省（市）的行政区域等级划分，按照学校在三个行政级别的隶属关系，其教育经费也由这三级行政分别投入和管理。故此形成"统一财政，分级管理"的教育投入格局。教育经费的征收和预算权统一在中央以及大行政区域，自此往下，不管是省级、市级、县级乃至村办小学的教育经费投入必须首先经由所属的大行政区或者中央管辖区批准，中央备案后才能进行征收或拨付。省、市、县可以提出预算建议，并执行相关预算决定，并不具备完全的财政能力。教育部规定小学教育经费可以"两条腿走路"，农村地区采取政府统筹与群众办学相结合方式，城市则由政府与所在单位，比如工厂、采矿企业、机关事业单位共举办学。当时，我国是付费教育与免费教育并存，中小学教育收费极低，各种奖助金也可以起到很大的助学作用，农村地区更是不断减免各项学费，尽量让不同家庭背景的适龄儿童和青少年都能够接受教育。

61

[①] 1958 年我国出台了第一部全国统一的农业税法——《中华人民共和国农业税条例》，其中规定我国农业税采用地区差别比例税率，规定全国平均税率为常年产量的 15.5%，最高不得超过 25%。而农业税就是通常俗称的"公粮"。

随着 1953 年大行政区建制撤销，财政体制也由原来的三级体制改为"划分收支、分级管理、侧重集中"。中央、省、县成为新三级教育经费管理体制，各中小学按其所属的行政区划，由所在行政单位负责相关的财权和事权，教育管理开始实行垂直管理模式。但预算管理权等主要权利依旧归属中央，中央制定教育系统的人员编制以及薪酬标准等框架设计问题，再依次向省和县下达；省级与县级政府具有一定的预算管理权但十分有限，可以支配的资金也很少。所以，全国各级行政区划的教育发展依旧由中央统一负责管理、制定规划，上级政府对下级政府具有监督和管理的责任。这种中央高度集权的教育发展模式在一定程度上限制了地方政府发展教育的积极性和能动性，造成地方教育事业发展活力不足。这一时期也是国家第一个五年计划的实施阶段，教育经费财政保障的框架开始初步建立起来。

（2）"条块"结合、"块块"为主（1958～1979 年）。

这一阶段的财政体制仍然是集权模式，虽然地方政府筹集的财政收入不用再全部上解中央，而是根据中央核定的地方支出指标，将地方筹集收入超过中央核定的地方支出的部分上解中央；如果收不抵支，中央财政则根据资金缺口安排补助财政资金。此时的地方政府的财政支出指标依然由中央政府核定，但从原来的一年内分次核定转变成一年集中核定一次。中央政府掌握着地方财政资金的决策权和支配权，财政资金用于什么项目、每个项目的资金规模、包括资金具体使用方式都由中央政府核定，地方政府只掌握资金的使用权。

基于教育发展由中央统一部署，地方缺乏自主权力的现实，我国开始了教育事业的改革探索，从计划经济下财政分权入手，尝试激发地方教育事业的发展活力和能动性。1957 年以后，中央确立并实行"条块结合、以块为主"，将基础教育管理权向地方下放，由地方财政负责基础教育的投资与管理；中央政府按照地方教育事业发展需要，进行单独计划部署，并将财政资金下拨给地方政府。

由于地方经济发展基础不足、行政管理和干部觉悟等问题，此时也出现了有的地方政府挪用教育经费的现象。为此，中央政府进行了相关管理规范条例的设计和完善，国务院专门下发文件要求各级政府下达经费预算指标、批准下级政府预算时，都要将教育经费单列。如果在教育经费按照各项标准支出后，依旧出现不足或者结余，则可以由本级政府进行余缺调剂。但是，当时的中小学教育杂费并没有列入国家预算管理，而是按预算外资金办法管理，由教育部门控制使用，所以这期间也经常出现乱收学杂费的情况。

这种教育经费管理体制一定程度上调动了地方发展教育事业的主动性并扩大了地方教育发展空间，但是受到计划经济体制"冒进"思想的影响，以及教育管理经验的限制，地方教育事业发展出现了盲目冒进、缺乏质量的混乱局面。1963 年起，中央连续三年对基础教育体制进行改革，把中小学财政管理权集中到县一级，高中和完中财政管理权收归省级政府。随着教育财政管理权限的集中上移，挪用教育经费等混乱现象得到遏制，教育事业费的管理得到进一步加强。

由于历史的原因，无法获得这一阶段中央和地方政府各自承担的教育经费数据，我们通过中央和地方财政支出的数据来分析此时政府间事权和支出责任划分的情况。表 3-1 反映了我国 1953~1979 年的中央财政和地方财政支出的情况，从中可以发现，这一阶段我国集权程度还是很高的，超过一半以上的财政支出都是由中央政府掌握，地方政府的平均支出只占到全国财政支出的 42%。地方的事权和支出责任来自中央的核定，地方政府更像是中央政府的派出机构，只是按照中央政府核定的支出从事指定的财政分配活动。

表 3-1 　　　　1953~1979 年中国中央财政和地方财政支出及所占比重

年份	全国财政支出 （亿元）	中央财政支出 （亿元）	地方财政支出 （亿元）	中央支出占比 （%）	地方支出占比 （%）
1953	219.21	162.05	57.16	73.92	26.08
1954	244.11	183.7	60.41	75.25	24.75
1955	262.73	201.05	61.68	76.52	23.48
1956	298.52	210.02	88.50	70.35	29.65
1957	295.95	210.03	85.92	70.97	29.03
1958	400.36	177.22	223.14	44.27	55.73
1959	543.17	249.34	293.83	45.90	54.10
1960	643.68	278.63	365.05	43.29	56.71
1961	356.09	160.32	195.77	45.02	54.98
1962	294.88	181.64	113.24	61.60	38.40

63

年份	全国财政支出（亿元）	中央财政支出（亿元）	地方财政支出（亿元）	中央支出占比（%）	地方支出占比（%）
1963	332.02	192.31	139.74	57.92	42.09
1964	393.79	224.86	168.93	57.10	42.90
1965	459.97	284.17	175.80	61.78	38.22
1966	537.65	339.11	198.54	63.07	36.93
1967	439.84	269.94	169.90	61.37	38.63
1968	357.84	219.49	138.35	61.34	38.66
1969	525.86	319.16	206.70	60.69	39.31
1970	649.41	382.37	267.04	58.88	41.12
1971	732.17	435.67	296.50	59.50	40.50
1972	765.86	431.40	334.46	56.33	43.67
1973	808.78	449.33	359.45	55.56	44.44
1974	790.25	397.84	392.41	50.34	49.66
1975	820.88	409.40	411.48	49.87	50.13
1976	806.20	377.63	428.57	46.84	53.16
1977	843.53	393.70	449.83	46.67	53.33
1978	1122.09	532.12	589.97	47.42	52.58
1979	1281.79	655.08	626.71	51.11	48.89
均值				57.52	42.49

注：表中的中央和地方的财政支出都是本级支出，支出数据不包括国内外债务还本付息支出。

资料来源：根据 1953~1979 年《中国统计年鉴》数据计算整理所得。

3.1.2　地方负责、分级管理阶段

（1）财政包干体制（1980~1993 年）。

1980 年，我国开始对财政管理体制进行大规模改革，《关于实行"划分收支、分级包干"财政经费保障机制改革的规定》对长期实行的"统收统支"国家财政管理体制进行变革，新的财政管理体制初步形成，即"划分收支、分级包干"的"分灶吃饭"体制，这也意味着我

国开始对财政分权进行初步探索和尝试。在这种分权体制下，地方政府的收支开始紧密地挂钩，地方政府多收就可以多支，少收则必须少支，自求收支平衡。而且，地方政府在自己的收入范围内可以自主安排支出。此时的事权和支出责任划分仍然沿用了高度集权体制下的做法，依然是按照行政隶属关系划分的。表 3 – 2 反映了 1979 ~ 1993 年间我国中央政府和地方政府财政支出的情况，这在一定程度上可以分析我国政府间事权和支出责任划分的状况。

表 3 – 2　　　　1979 ~ 1993 年中国中央财政和地方财政支出及所占比重

年份	全国财政支出 （亿元）	中央财政支出 （亿元）	地方财政支出 （亿元）	中央支出占比 （%）	地方支出占比 （%）
1979	1281. 79	655. 08	626. 71	51. 11	48. 89
1980	1228. 83	666. 81	562. 02	54. 26	45. 74
1981	1138. 41	625. 65	512. 76	54. 96	45. 04
1982	1229. 98	651. 81	578. 17	52. 99	47. 01
1983	1409. 52	759. 60	649. 92	53. 89	46. 11
1984	1701. 02	893. 33	807. 69	52. 52	47. 48
1985	2004. 25	795. 25	1209. 00	39. 68	60. 32
1986	2204. 91	836. 36	1368. 55	37. 93	62. 07
1987	2262. 18	845. 63	1416. 55	37. 38	62. 62
1988	2491. 21	845. 04	1646. 17	33. 92	66. 08
1989	2823. 78	888. 77	1935. 01	31. 47	68. 53
1990	3083. 59	1004. 47	2079. 12	32. 57	67. 43
1991	3386. 62	1090. 81	2295. 81	32. 21	67. 79
1992	3742. 2	1170. 44	2751. 76	31. 28	73. 53
1993	4642. 3	1312. 06	3330. 24	28. 26	71. 74
均值				41. 63	58. 69

注：表中的中央和地方的财政支出都是本级支出，支出数据不包括国内外债务还本付息支出。

资料来源：根据《中国统计年鉴》1979 ~ 1993 年数据计算整理所得。

包干制部分地明确了政府间事权和支出责任，在一定程度上理顺了政府间事责财权划分的对应关系，使各级政府特别是地方政府在自己的事责范围内享有决策权，充分地调动了地方政府的积极性，提高了地方资源配置的效率。但是，由于地方政府是利己的经济人，地方政府在掌握了财政收入征收管理权后，在中央财政收入的征缴要依靠地方政府上解的情况下，地方政府则想方设法地挤占中央收入，同时引起了预算外收入规模的急剧扩张（我国预算外收入从 1980 年的 557.4 亿元，增长到 1992 年的 3854.92 亿元，十年间，预算外收入占预算内收入的比重也从 51.4% 上升到 110.7%，可见预算外收入增长速度之快）。分析预算外收入的结构可以发现地方政府安排的预算外收入占了大部分。从理论上，本来是比较理想的划分政府间事权和支出责任关系的包干制的制度安排，但实践中，地方政府利用自身的信息优势挖掘、挤占中央收入的机会主义行为，导致中央财政收入并没有随着地方经济发展而相应提高，特别是"两个比重"持续下降，中央政府承受了巨大的财政压力，已经影响到中央政府职能顺利实现，我国这一时期财政体制的弊端逐步地显露出来。

同时，伴随财政管理体制的变革，教育管理体制改革也在有序推进。1985 年《中共中央关于教育体制改革的决定》，提出"义务教育由地方政府负责、分级管理"。要求地方财政拿一点、县乡财政筹一点用于教育支出，形成了"县、乡、村三级办学，县、乡两级管理"模式。但各级财政重点支持的教育阶段不同，实际是"县办高中、乡办初中、村办小学"，农村义务教育的支出责任落到了农民身上，由乡镇政府和村集体负责经费。

1986 年《义务教育法》提出义务教育实行"地方负责，分级管理"体制，明确规定了各级政府义务教育权利和责任。1992 年《义务教育法实施细则》发布，明确了分两阶段落实义务教育。义务教育的财政管理权主要集中在各级地方政府，特别是县乡两级政府。省级财政可以对资金进行合理分配，监督经费使用是否规范；市级财政承担城市中小学教育经费；县财政承担农村中小学教育经费。农村自筹经费负责农村中小学校舍修缮，中央财政只对贫困地区给予财政扶持。为保证足额的教育经费，各级政府可以多渠道筹集教育经费，各级地方政府允许中小学收取学杂费，可以在一定程度上把教育附加费用于义务教育支出。

　　这一时期义务教育财政管理体制的特点主要是：第一，义务教育阶段经费由各级政府财政和受教育者共同承担。由于我国各级政府财政紧张，而且财政支出中用于教育支出的比例不高，导致中小学义务教育阶段经费不足，国家允许学校相应地收取部分学杂费以补充教育经费，因此，实际上义务教育阶段经费由政府财政和受教育者共同承担。第二，城乡实行不同的义务教育经费管理体制。城市中小学由市辖区政府管理，小学基本建设支出由财政经费承担；农村义务教育由乡镇政府管理，小学基本建设费用主要靠自筹经费。第三，义务教育经费主要由地方政府负担为主。义务教育财政管理体制实施过程中，上级政府把义务教育管理责任依次向下级政府下放，农村义务教育阶段经费实际上由县乡两级政府共同筹措。这种财政负担与财政收入的不匹配实际上加重了基层政府财政负担，乡级政府财政收入规模较小，收入来源较为单一，农村义务教育经费投入不足，出现了学校拖欠教师工资等现象。

　　（2）分税制（1994~2000年）。

　　1994年分税制改革就是为了理顺中央和地方财政分配关系，科学、合理地划分中央和地方的财权与事权。分税制改革应当全面划分政府间财政管理权限，先对政府间事权和支出责任划分做出明确界定，据此确定各级政府的财政支出范围，再根据各自承担的事权合理划分政府间财权和收入。由于当时改革条件还不成熟，对事权和支出责任的划分基本沿袭了包干制，可以说1994年分税制仅仅是对政府间财权和收入进行调整的财政体制变革。当时的改革只是在不同政府间划分了税权和税收收入，并没有涉及非税收入的划分，所以，也不是完整意义上的财权和收入的改革。分税制改革从财权和收入改革入手，对政府间事权和支出责任仍是沿袭原有的划分，即按照行政隶属关系划分。1993年发布的《国务院关于实行分税制财政管理体制的决定》规定了中央政府承担国家安全、外交、中央国家机关运作所需经费，调整国民经济结构，协调地区发展、实施宏观调控所需支出以及由中央直接管理的事业发展支出等事权和支出责任。地方政府则承担本地区的政权机关运转所需支出以及本地区经济和各项事业发展支出等事权和支出责任。此次改革没有太多地涉及政府间事权和支出责任划分，准备日后以渐进式改革逐步推进。

分税制改革之后，我国财政"两个比重"增加，中央财政收入大幅提高，中央政府财权高度集中。地方政府财政收入则有所减少，地方政府财权与事权的不匹配促使地方更有动力发展地方经济，也千方百计地寻求其他的筹集财政收入的渠道和方式。此次分税制改革，税权和税收收入向中央集中，事权向地方政府下放，地方政府承受着较大的支出压力。表 3 - 3 反映了我国的国家财政支出中中央和地方各自的财政支出的比例，从中可以发现，从 1994 年分税制开始以后，我国地方财政支出占全国财政支出比例基本维持在 70% 左右，我国 70% 的公共支出都是由地方政府负责安排，所以地方政府承担了我国大部分的财政事权和支出责任。

表 3 - 3   1994 ~ 2005 年我国国家财政支出中央和地方财政支出各自比例

年份	国家财政支出（亿元）	中央财政支出（亿元）	地方财政支出（亿元）	中央财政支出占比（%）	地方财政支出占比（%）
1994	5792.62	1754.43	4038.19	30.29	69.71
1995	6823.72	1995.39	4828.33	29.24	70.76
1996	7937.55	2151.27	5786.28	27.10	72.90
1997	9233.56	2532.5	6701.06	27.43	72.57
1998	10798.18	3125.6	7672.58	28.95	71.05
1999	13187.67	4152.33	9035.34	31.49	68.51
2000	15886.5	5519.85	10366.65	34.75	65.25
2001	18902.58	5768.02	13134.56	30.51	69.49
2002	22053.15	6771.7	15281.45	30.71	69.29
2003	24649.95	7420.1	17229.85	30.10	69.90
2004	28486.89	7894.08	20592.81	27.71	72.29
2005	33930.28	8775.97	25154.31	25.86	74.14
均值				29.42	70.58

注：表中的中央和地方的财政支出都是本级支出，支出数据不包括国内外债务还本付息支出。

资料来源：根据《中国统计年鉴》1994 ~ 2005 年数据计算整理所得。

地方政府日益加重的财政事权和支出责任必然会增加地方财政的压

力，地方财政收支缺口的增大极易产生地方政府行为异化，特别是地方政府在筹集公共资金时容易产生扭曲行为，比如地方政府过度依赖非税收入、土地财政蓬勃发展、地方融资平台如雨后春笋般涌现。地方政府目前可以通过出让国有土地使用权获取土地出让金、可以通过地方融资平台获得债券收入以筹集地方财政收入，但这种收入筹集方式没有可持续性，通过巨额土地出让金和发行债务做大了地方财政支出基数后，一旦没有土地可以出让、面临巨大债务风险，地方政府必然会陷入更严重的困境。

此时的义务教育管理体制并未随之改革，原有教育管理体制出现了一些问题。第一，义务教育事权得不到相应的财力保障。实行分税制后，基本没有调整各级政府的事权，而地方政府财权却是大幅减少，尤其是县乡政府的财政收入难以负担各项财政支出，特别是义务教育阶段所需的刚性支出需求。第二，地方政府基本靠自筹经费满足各项教育事权的需要。中央给了地方政府较高的财政自主权，各级地方政府有动力去寻找多渠道筹措资金，结果导致了地区间财政收入出现很大差距。在经济发展水平较高的地区，地方政府更容易获得财政收入，也有更多的财政资金用于教育事业支出；而在经济发展水平低的地区，地方政府财政收入低，没有更多的资金用于教育事业支出，出现了教师工资拖欠，没钱修缮校舍等现象，义务教育财政体制急需改革。

（3）地方政府负责、分级管理、以县为主（2001～2005 年）。

2001 年开始实行"在国务院领导下，由地方政府负责、分级管理、以县为主"的农村义务教育管理新体制，简称"以县为主"。经过改革，义务教育的责任主体由"以乡镇为主"转到"以县为主"，新体制强化了县级政府的义务教育责任，既包括义务教育管理，也包括教育经费投入，县财政承担义务教育经费投入责任，负责中小学教师工资发放。乡镇政府财政负担有所减缓，乡（镇）政府只负责组织适龄儿童少年入学，控制义务教育阶段学生辍学等。

3.1.3　国家全面负责的免费义务教育阶段

分税制改革基本没有涉及政府间财政事权和支出责任的划分，而是沿袭了包干制下按照行政隶属关系处理政府间财政分配关系。我国各级

69

政府承担的财政事权和支出责任可以用各级政府承担的财政支出的比例来衡量，表3-4反映了2006年以来我国全部国家财政支出中分别由中央财政和地方财政各自承担的财政支出比例，从中可以发现，中央政府仅承担了17%的财政事权和支出责任，而地方政府则承担了83%的财政事权和支出责任，地方政府承担了绝大部分的事权和支出责任。

表3-4   2006~2020年我国国家财政支出中央和地方财政支出各自比例

年份	国家财政支出（亿元）	中央财政支出（亿元）	地方财政支出（亿元）	中央财政支出占比（%）	地方财政支出占比（%）
2006	40422.73	9991.4	30431.33	24.72	75.28
2007	49781.35	11442.06	38339.29	22.98	77.02
2008	62592.66	13344.17	49248.49	21.32	78.68
2009	76299.93	15255.79	61044.14	19.99	80.01
2010	89874.16	15989.73	73884.43	17.79	82.21
2011	109247.8	16514.11	92733.68	15.12	84.88
2012	125953	18764.63	107188.3	14.90	85.10
2013	140212.1	20471.76	119740.3	14.60	85.40
2014	151785.6	22570.07	129215.5	14.87	85.13
2015	175877.8	25542.15	150335.6	14.52	85.48
2016	187755.2	27403.85	160351.4	14.60	85.40
2017	203085.5	29857.15	173228.3	14.70	85.30
2018	220904.1	32707.81	188196.3	14.81	85.19
2019	238858.4	35115.15	203743.2	14.70	85.30
2020	245588	35095.57	210492.5	14.29	85.71
均值				16.93	83.07

注：表中的中央和地方的财政支出都是本级支出，支出数据不包括国内外债务还本付息支出。

资料来源：根据《中国统计年鉴》2006~2020年数据计算整理所得。

（1）农村义务教育经费保障机制。

农村地区实行"以县为主"体制，在很大程度上减缓了乡镇政府财政压力。通过中央财政支持，基本保障了农村中小学教师工资，乡镇中小学办学条件有所改善。但是，"以县为主"的义务教育也存在一定问题，例如，处于九年义务教育阶段的学生仍需交纳一定学杂费，这对于贫困农村地区家庭来说，负担依旧很重，造成了较高的贫困家庭的辍学率。各级政府的财政投入责任不明确、乡县教育资源配置不合理等问题普遍存在。

针对农村义务教育存在的问题，2006 年我国开始农村义务教育经费保障体制改革，逐渐实现将农村义务教育全面纳入公共财政保障范围。这次改革遵循"明确各级政府责任、中央地方共担、加大财政投入、提高保障水平、分步组织实施"的基本原则，在农村地区真正做到免费义务教育，同时明确规定中央及地方各级政府分担农村义务教育经费的比例。中央政府重点支持对西部地区的农村义务教育建设工作，同时适当兼顾中、东部部分贫困地区的农村义务教育建设。

这次改革涉及的具体内容包括以下几个方面：一是全部免除农村义务教育学杂费，提供免费教科书给农村贫困学生，对寄宿学生给予生活费补助。二是提高农村中小学公用经费。落实中央政府制定中小学生均公用经费拨款标准。三是农村中小学校舍维修改造长效机制。中央根据地方政府财力状况、中小学校舍维修改造情况实行奖补政策。四是农村中小学教师工资保障。此外，省级政府还加大对财力薄弱地区专项补助和经费支持，特别是农村贫困边远地区。

我国农村义务教育经费保障机制的改革基于农村税费改革的前提，从根本上解决了农村义务教育的经费保障问题。这次经费保障体制改革主要有以下几方面的特点：一是明确了中央和地方政府责任，规范经费分摊的保障制度。实行中央和地方政府分项目、分地区、按比例分摊，彻底改变长期以来中央和地方对农村义务教育责任不清的问题。二是教育经费管理实行省级政府统筹、县级政府管理。三是免除农村义务教育学杂费，免费给农村中小学生提供教科书，受惠面积大，进一步减轻农民教育负担。四是加大义务教育教育经费投入，义务教育经费保障水平明显提升。在保障农村教师工资的同时，全面提高了农村义务教育保障水平。此外，还设立专门的农村义务教育校舍的维修专项改造资金，改善农村义务教育硬件设施。

（2）完全免费义务教育。

2008 年国家开始全部免除城市义务教育公办学校学生的学杂费，

由省级政府统筹落实相关经费①，至此，我国进入全面免费义务教育阶段。同时，国家开始更多地关注特殊群体和特殊地区的义务教育问题，比如对进城务工人员随迁子女这一特殊群体的义务教育做出规定，由流入地的政府为主负责，按就近入学原则统筹安排在公办学校接受义务教育，对进城务工人员随迁子女免除学杂费，不收借读费。

3.1.4　小结

通过总结我国义务教育管理体制的发展变迁，可以发现它和我国财政体制改革息息相关，我国义务教育财政体制同样经历了由集权到分权的发展过程，从高度集中的统收统支到分级管理，再到后来全面免费义务教育（如图 3 – 1 所示）。我国一直以来沿用"自上而下"的分权思路，各项教育事权首先集中于中央，在中央政府认为必要的时候，才把包括义务教育在内的各项公共事权以各种方式下放给不同级次的地方政府。在这种集权的模式下，政府的管理权限更多地集中在高层政府特别是中央政府手中，既有助于集中决策、迅速决策，减少决策时滞性，又可以集中力量办大事，实现规模经济。

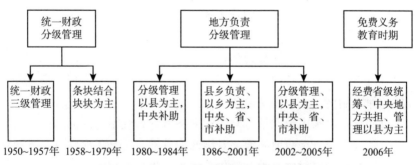

图 3 – 1　我国义务教育管理体制的发展变迁

中央政府负责义务教育等各项公共产品和公共服务供给体制的设计，教育资源的配置权完全掌握在中央政府手中，只有当中央政府配置

---

① 2008 年国务院发布《关于做好免除城市义务教育阶段学生学杂费工作的通知》推动义务教育均衡发展。

教育资源的某些方面或环节运行得达不到理想效果时，中央政府才会考虑把某些教育资源配置权划分给省级政府，省级政府也是以此类推，再依次往下一级的地方政府分权，最终形成了现在的义务教育事权和支出责任的划分格局。义务教育的这种"自上而下"的分权思路要求高层政府有充分信息能清晰地知道自身以及下级政府履行教育资源配置职能的效率的高低，这一点往往是难以实现的。

此外，政府作为利己的经济人，无论是中央政府还是省级政府都会倾向于掌握更多的财权和收入，而把事权和支出责任交给下一级的地方政府承担，这就会产生"财权上收、事权下划"，导致各级政府在划分财政分配关系时出现了事权和财权相脱节。当政府间事权和财权的分配关系的矛盾积累到一定程度时，中央政府就不得不开始分权改革，试图寻找不同级次政府间事权和财权分配的最佳平衡点，以实现中央政府和地方政府的最优博弈。换言之，我国历次的财政体制改革也是政府间财政分配关系不断博弈、不断协调，从次优走向最优的一种渐进的改革。但是，历次财政体制改革大都以财权和收入的划分为主，较少涉及政府间事权和支出责任划分，具体到义务教育事权和支出责任就少之更少，所以，我国义务教育事权和支出责任的改革还有很长的路要走。

财政体制改革可能推动，也可能制约着教育公共产品和服务供给的状况，教育事业的发展也在一定程度上折射出财政体制的问题和不足，这两者的辩证关系归根结底是经济基础和上层建筑间矛盾的发展与演化。我国义务教育改革依然处于不断探索之中，但目前义务教育资源配置不均衡、现有义务教育产品和服务无法满足社会公众日益提升的教育需求等问题确实存在，这些问题是由于从根本上义务教育事权和支出责任的划分就没有搞清楚所引起的。

3.2　我国义务教育事权和支出责任划分的现实分析

通过分析我国义务教育事权和支出责任的历史沿革，我国历次财政体制改革主要是对财权和收入的改革，对政府间事权和支出责任只做了原则性规定和概括性指导，我国包括义务教育产品在内的公共产品和服务的事权范围和支出职责并未做过较大的调整。目前，全面深化改革的关键和着手点就是深化财税体制改革，党的十九大报告明确提出"要加快建立现代财政制度，建立权责清晰、财力协调、区域均衡的中央和地方财政关系"。要建立财政事权与支出责任相匹配的财政体制，其核心问题就是要对各级政府的财政事权与支出责任进行明晰、合理的划分，这也是我国国家治理体系和治理能力现代化的必然要求。所以，本书首先考察我国现在义务教育财政事权和支出责任到底是如何在中央政府和地方政府之间，以及地方各级政府之间划分的。

3.2.1 中央和地方政府间义务教育事权和支出责任的现实划分

要分析国家财政支出中教育事权和支出责任的构成情况，中央财政和地方财政各自承担的支出比例可以在一定程度上反映我国中央和地方政府各自承担的教育财政事权和支出责任。图 3 – 2 是我国 1994～2019

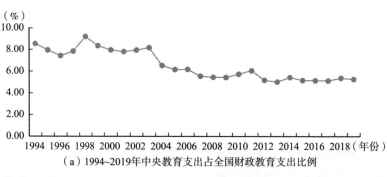

（a）1994~2019年中央教育支出占全国财政教育支出比例

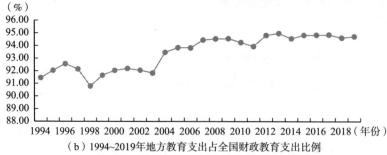

（b）1994~2019年地方教育支出占全国财政教育支出比例

图 3 – 2　中央政府和地方政府承担的教育财政支出

年国家财政支出中用于教育支出的情况，从中可以看出中央政府承担的教育财政支出比例并不高，即使是比例最高的 1998 年也仅仅占 9.21%，并且中央政府承担教育财政支出比重一直呈现下降趋势。相反，地方政府承担的教育财政支出比例一直都维持在较高水平——基本在 90% 以上，而且地方政府承担的教育财政支出呈现出逐年稳步增长的趋势。

　　具体分析我国义务教育经费来源可以发现我国义务教育经费是以国家财政性教育经费投入为主，图 3-3 反映了我国总体以及东、中、西部地区的义务教育经费中国家财政性教育经费的比重。从全国总体来看，各地义务教育经费有 70% 来源于国家财政性经费；从不同地区来看，中部地区的义务教育经费中国家财政性教育经费占比最高，达到 72%；西部地区占比最低，也达到 68%，由此可见国家财政性教育经费是整个义务教育经费的最主要的来源。

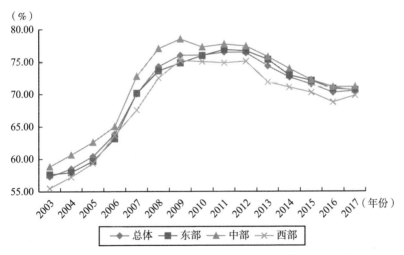

图 3-3　2003~2017 年义务教育经费中国家财政性教育经费比重

　　我国政府间事权和支出责任划分改革是从基本公共服务领域开始的，2016 年 8 月，国务院颁布实施了《关于推进中央与地方财政事权和支出责任划分改革的指导意见》，这是国务院首次比较系统地明确了政府公共权力在中央和地方政府间如何分配的问题，开始从事权和支出责任划分角度深化我国财税体制改革。随后，我国大部分省份，辽宁省、吉林省、黑龙江省、广东省、上海市、山东省、福建省、天津市、海南省、江苏省、浙江省等省级政府都根据中央部署，制定了本省关于推进省以下财政事权和支出责任划分的实施意见、改革方案或实施细则，对本省财政事权和支出责任划分改革进行了部署落实。不少省份还相继出台了教育领域的财政事权和支出责任划分改革方案，进一步明确中央与地方教育事权和支出责任划分。国家明确规定义务教育属于中央与地方共同财政事权，由中央和地方政府按比例、分地区、按项目分担义务教育支出责任，初步形成了我国中央和地方政府义务教育财政事权和支出责任的划分格局，如表 3-5 所示。

表 3-5   我国义务教育领域中央与地方财政事权及支出责任划分格局

	义务教育事权	义务教育事权具体内容	支出责任及分担方式
义务教育共同财政事权	公用经费保障	中央统一制定基准定额。在此基础上，继续按规定提高寄宿制学校等公用经费水平，并单独核定义务教育阶段特殊教育学校和随班就读残疾学生公用经费等	中央与地方按比例分担。第一档为 8:2，第二档为 6:4，其他为 5:5
	家庭经济困难学生生活补助	中央制定家庭经济困难寄宿生和人口较少民族寄宿生生活补助国家基础标准。中央按国家基础标准的一定比例核定家庭经济困难非寄宿生生活补助标准，各地可以结合实际分档确定非寄宿生具体生活补助标准	中央与地方按比例分担，各地区均为 5:5，对人口较少民族寄宿生增加安排生活补助所需经费，由中央财政承担
	校舍安全保障	中央制定农村公办学校校舍单位面积补助测算标准。地方制定城市公办学校校舍单位面积补助测算标准	农村公办学校校舍单位面积补助由中央与地方财政分档按比例分担，其中：第一档为 8:2，第二档为 6:4，第三档为 5:5，第四档为 3:7，第五档为 1:9。城市公办学校经费由地方财政承担
	贫困地区学生营养膳食补助	中央统一制定膳食补助国家基础标准	国家试点所需经费由中央财政承担；地方试点所需经费，由地方财政统筹安排，中央财政给予生均定额奖补
	其他经常性事项——免费提供教科书	中央制定免费提供国家规定课程教科书和免费为小学一年级新生提供正版学生字典补助标准，地方制定免费提供地方课程教科书补助标准	免费提供国家规定课程教科书和免费为小学一年级新生提供正版学生字典所需经费，由中央财政承担；免费提供地方课程教科书所需经费，由地方财政承担

续表

义务教育事权		义务教育事权具体内容	支出责任及分担方式
义务教育共同财政事权	其他经常性事项——农村教师特设岗位补助、集中连片特困地区乡村教师生活补助	农村义务教育阶段学校教师特设岗位计划教师补助、集中连片特困地区乡村教师生活补助等由地方负责	农村义务教育阶段学校教师特设岗位计划教师补助、集中连片特困地区乡村教师生活补助等所需经费由地方财政统筹安排，中央财政分别给予工资性补助和综合奖补
	阶段性任务和专项性工作——薄弱环节改善与能力提升	改善贫困地区薄弱学校基本办学条件由地方负责	所需经费由地方财政安排，中央财政通过相关转移支付给予支持
	教师培训专项工作补助	教师培训专项工作补助由地方负责	由地方财政统筹安排，中央财政通过相关转移支付给予支持
	阶段性、专项性工作——"三区"人才计划教师选派专项	中央制定边远贫困地区、边疆民族地区和革命老区人才计划教师选派专项工作补助标准	由中央与地方财政分档按比例分担，第一档由中央财政承担，第二档由中央与省级财政按5:5比例分担，其他由省级财政承担

我国义务教育财政事权包括两大类项目。第一，义务教育领域的经常性事项。涉及的义务教育经常性事项包括家庭经济困难学生生活补助、公用经费保障、免费提供教科书、校舍安全保障、贫困地区学生营养膳食补助等。这类经常性事项一般由中央政府制定全国统一的国家基础标准，所需经费由中央与地方财政按地区分档、按比例共同分担经费，中央财政通过转移支付安排支出。第二，义务教育领域专项性工作和阶段性任务。现有义务教育专项事权一般包括针对农村贫困地区的薄弱环节改善与能力提升、教师培训专项工作补助、"三区"人才计划教师选派专项补助等。这些专项事权一般属于地方政府的义务教育事权范围，地方政府承担相关教育经费支出，中央财政通过专项转移支付予以支持。

在中央和地方政府之间的划分时，我国具体的各项义务教育事权一般按照一定的规定和标准执行，详见表3-5所示。

（1）义务教育公用经费保障。由中央政府制定全国统一的生均公用经费基准定额，核定特殊教育中小学学校、随班就读残疾学生等的公用经费标准，按规定提高寄宿制学校等公用经费水平。义务教育公用经费的支出责任由中央与地方财政按地区、按比例分档承担：中央财政按80%比例承担第一档地区的公用经费；按60%比例承担第二档地区的公用经费；按50%比例承担第三档、第四档、第五档地区的公用经费。我国各省市的分档情况如表3-6所示。

表3-6 我国义务教育财政事权和支出责任按比例分档地区表

档次	涵盖地区
第一档	内蒙古、广西、重庆、四川、贵州、云南、西藏、陕西、甘肃、青海、宁夏、新疆共12个省（自治区、直辖市）
第二档	河北、山西、吉林、黑龙江、安徽、江西、河南、湖北、湖南、海南共10个省
第三档	辽宁、福建、山东共3个省（不含计划单列市）
第四档	天津、江苏、浙江、广东共4个省（直辖市）及大连、宁波、厦门、青岛、深圳5个计划单列市
第五档	北京、上海2个直辖市。党中央、国务院明确规定比照享受相关区域政策的地区按相关规定执行

（2）家庭经济困难学生的生活补助。该项义务教育事权最初是为家庭经济困难的寄宿制义务教育阶段学生提供生活补助的，从2019年扩大为所有家庭经济困难的中小学学生。其中，中央政府负责制定补助的标准、按比例核定家庭经济困难的非寄宿生的生活补助标准；省级政府可以根据本地实际情况，在国家标准基础上分档、分地区确定本省非寄宿生的生活补助标准。中央与地方财政各承担一半的困难学生的生活补助，此外中央财政还要全额承担人口较少民族的寄宿生的生活补助。

（3）校舍安全保障。农村和城市义务教育阶段的校舍安全保障的规定不同。对农村公办学校来说，中央政府统一制定农村公办学校补助测算标准。农村公办学校的校舍安全保障经费由中央与地方政府分地区、分比例、分档承担，其中，中央财政按80%比例分担第一档地区的校舍安全保障经费；按60%比例分担第二档地区的校舍安全保障经费；中央政府原来是通过奖补政策支持第三档、第四档、第五档地区，从2019年调整为按50%比例分担第三档地区的校舍安全保障经费，按30%比例分担第四档地区的校舍安全保障经费，按10%比例分担第五档地区的校舍安全保障经费。对城市公办学校来说，地方政府负责制定城市公办学校校舍安全方面的相关标准，地方财政承担全部的城市公办学校的校舍安全保障经费。

（4）贫困地区的学生营养膳食补助。我国专门为农村贫困地区的义务教育阶段学生提供营养膳食补助。中央政府负责制定贫困地区膳食补助的国家标准。中央财政承担国家试点贫困地区的补助经费，主要是集中连片的特困地区县。地方财政承担地方试点贫困地区的补助经费，地方试点范围包括省级扶贫开发工作重点县、革命老区县、其他国家扶贫开发工作重点县、边境县、民族县等。当然，贫困地区试点范围会随着国家扶贫事业的发展和扶贫政策的变动动态调整。

（5）其他经常性事项。一是免费提供教科书。根据"三免一补"政策，中央政府负责为小学一年级新生免费提供正版学生字典、免费提供国家规定课程教科书，中央财政承担全部经费；地方政府负责免费提供地方课程教科书，地方财政承担全部相关经费支出。二是部分地方政府还要承担特定地区、特殊项目的相关事权，比如，集中连片特困地区乡村教师补助、农村中小学教师特设岗位计划等；地方财政负责相关经费支出，中央财政通过转移支付给予地方一部分综合奖补和工资性补助。

（6）专项性工作和阶段性任务。义务教育事权除了经常性事项外，还有一些阶段性任务或专项事权，我国对此类事权和支出责任也做了划分。一是薄弱环节改善与能力提升专项，目前主要为实现教育公平、提升贫困地区义务教育财力保障、提高薄弱地区中小学学校的基本办学条件。地方政府负责相应事权和部分支出责任，中央财政以专项转移支付方式给予一定支持。二是教师培训专项工作补助，地方政府负责该项工作，中央财政以专项转移支付给予支持。三是"三区"人才计划教师选派专项工作补助，这里仅指边远贫困地区、边疆民族地区和革命老区三类地区。中央政府负责制定专项补助的基础标准，中央与地方财政分比例、分档承担有关支出责任：第一档地区的经费由中央财政全额承担，第二档地区的经费由中央与省级财政各分担一半，其他第三、第四、第五档地区的经费支出则由省级财政统筹。

（7）义务教育教师的工资。地方政府，主要是县级政府负责该项事权和支出责任，中央财政通过一般性转移支付给予一定支持。

3.2.2　省以下政府间义务教育事权和支出责任的现实划分——以山东省为例

山东省作为一个经济发展实力较强的教育大省，地方政府一直十分重视地方教育事业发展，山东省地方财政支出中教育支出的份额可以反映地方政府提供教育产品的能力和水平。近十年来，山东省地方教育支出占当年 GDP 比例平均达到 3.4%，2019 年更是达到了 4.08%。图 3-4 反映了山东省 2013~2019 年地方财政支出中预算内教育支出所占的比重，从地区来看，鲁中和鲁南地区财政支出中用于教育支出的比重较高，这两个地区平均比例都在 21% 以上；鲁北地区地方财政中用于教育的财政支出相对较少。从城市来看，潍坊市、临沂市和济宁市教育支出占本地财政支出的比例分别是 25.54%、23.84% 和 22.48%，位于山东省前三位；而省会城市济南教育财政支出占当地财政支出年均比例只有 16.65%，是全省最低水平。

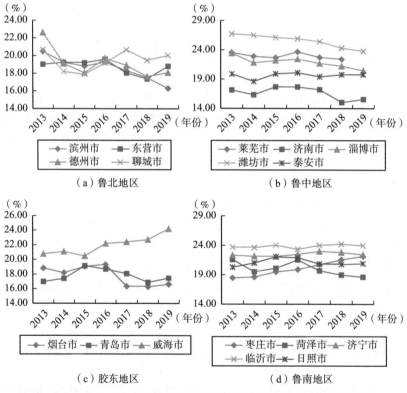

图 3-4 2013~2019 年山东省预算内教育支出占地方财政支出比重

但是，山东省本级政府承担的事权和支出责任的比例并不高，2019 年山东省全省教育经费收入 2900.13 亿元，其中省级政府教育经费收入

为 495.46 亿元，仅占全省教育经费收入的 17.08%。图 3-5 反映了
2013~2019 年间省本级政府教育经费收入占全省教育经费收入的比例，
这个比重虽略有增长，但占全省教育经费收入的比例基本维持在 15% 左
右，由此可见省级政府在教育财政事权和支出责任承担的比重并不高。

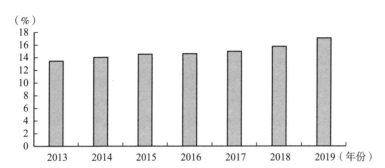

图 3-5 2013~2019 年山东省省本级教育经费收入占全省教育经费比例

资料来源：根据《山东省统计年鉴》《山东省教育年鉴》和《山东省教育经费年度报告》
整理所得。

81

山东省为了更好地发展本省教育事业，专门建立了山东教育专项
资金管理平台，以规范和加强全省教育资金管理。图 3-6 反映了
2016~2019 年山东省教育专项资金的构成情况，从中可以看出全省义
务教育支出责任分别由哪一级承担的，以及中央、省、市和县四级政
府各自承担的比例，这也客观地反映了各级政府义务教育事权和支出
责任的划分。

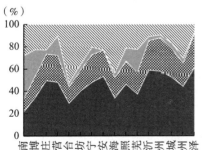

（a）2016年山东省义务教育专项经费

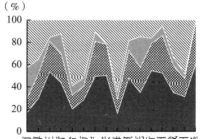

（b）2017年山东省义务教育专项经费

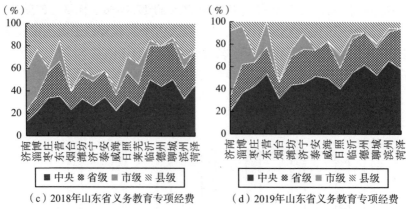

（c）2018年山东省义务教育专项经费　　　　（d）2019年山东省义务教育专项经费

图3-6　2016~2019年山东省义务教育专项经费中各级政府承担的比例

由于各地方发展水平不同，各地政府承担义务教育事权和支出责任也有很大差异，以2019年为例，各地区义务教育专项经费的主要承担者并不一样，滨州、德州、菏泽、临沂、东营、聊城和泰安等地是由中央政府承担50%以上义务教育专项资金，除了济南是20%以外，其他地市源于中央的义务教育专项资金都在30%以上；济南市则是市本级政府承担了主要的支出责任，济南市政府承担了本地区59%义务教育专项资金；烟台市却是县级政府承担了53%义务教育专项资金。除了个别经济发展较好的地市，如济南、烟台和日照的比例在10%左右外，省级政府承担义务教育专项经费比例大都在20%~30%。从县级政府承担义务教育专项经费比例来看，两极分化现象严重，东营、滨州、菏泽、淄博等地县级政府承担的比例在5%左右，其他地方则在20%~30%左右。烟台、泰安、威海、德州、菏泽等地市级政府几乎没有承担义务教育专项资金。

分税制改革以来，山东省一直致力于理顺省、市、县、乡各级财政分配关系，2016年对省以下财政体制做出较大调整，逐步完善了义务教育经费保障机制，初步划分了省以下各级政府义务教育财政事权和支出责任。经过几轮财政体制改革，山东省逐步形成了目前省、市、县、乡四级的财政事权和支出责任的划分格局，义务教育为省与市县共同财政事权，按具体义务教育事项分项目、分比例、分地区细化支出责任。具体来说，家庭经济困难学生生活补助、免费提供教科书、义务教育公用经费保障这三项事权，由省级政府根据国家标准确定山东省的基础标准，由省与市县财政分档、分比例负担教育经费支出责任，省级财政利用转移支付统筹安排。专项性工作和阶段性任务的具体事权交给基层政府确定，相关专项资金分配权交给各级财政部门，市县财政负责经费支出，省级财政以专项转移支付形式给予支持。山东省的省、市、县、乡义务教育财政事权和支出责任的划分格局详见表 3-7 所示。

表 3-7　　　　山东省义务教育领域财政事权与支出责任划分

层级	义务教育具体事权	义务教育事权内容	支出责任及其分担比例
省与市县政府义务教育财政事权	生均公用经费	城乡义务教育经费保障——普通小学每生每年 710 元、普通初中每生每年 910 元的国家基础标准拨付义务教育学校生均日常公用经费	省级对 16 市（不含青岛市）补助比例分为 40%、50%、60%、70%、80% 五档，对省财政直管县分为 70%、80%、90% 三档
	家庭经济困难学生生活补助	重点资助对象是建档立卡学生、非建档立卡家庭经济困难残疾学生、农村低保家庭学生、农村特困救助供养学生等 4 类学生，资助标准为小学每生每年 500 元、初中每生每年 625 元，资助面为在校非寄宿生的 8%	所需经费由省与市县分档按比例分担，省级对 16 市（不含青岛市）补助比例分为 40%、50%、60%、70%、80% 五档，对省财政直管县分为 70%、80%、90% 三档
	免费教科书	省级政府负责免费提供城乡义务教育阶段地方规定课程的教科书	地方规定课程使用的教科书由省级财政承担
	义务教育学校校舍安全保障长效机制	市县级政府负责农村公办学校校舍安全保障，包括学校维修改造、抗震加固、改扩建校舍及其附属设施；市级政府负责城市公办义务教育学校校舍安全	农村公办学校校舍安全保障所需经费由市县财政承担，省级财政通过相关转移支付给予支持；城市公办义务教育学校校舍安全保障经费由各市承担
	薄弱环节改善与能力提升工程（全面改薄）	各地义务教育学生规模、乡村小规模学校、乡镇寄宿制学校数量、绩效管理等因素分配各市县，改善乡村学校办学条件	省级专项转移支付资金
	解决城镇普通中小学大班额问题	省级政府负责政策制定及业务管理。要求控制小学班级人数不超过 45 人，初高中班级人数不超过 50 人	省级专项奖补资金。省财政安排 20 亿元，补助部分占 80%，按基础因素分配；奖励部分占 20%，按照奖励因素、管理因素分配

层级	义务教育具体事权	义务教育事权内容	支出责任及其分担比例
省与市县政府义务教育财政事权	"三区"人才支持计划教师专项计划	选派教师到"三区"农村学校对口支教,支援落后地区教育事业发展。省级政府承担选派教师支教补助(每人每年2万元)	义务教育阶段教师补助经费由省级财政负担
县级政府义务教育事权	城乡义务教育教师工资	巩固落实城乡义务教育教师工资政策	县级财政统筹安排,中央财政通过一般性转移支付给予支持

(1)义务教育公用经费。

省教育部门负责确定全省中小学生均公用经费基准定额,适当提高规模较小的学校、寄宿制学校、特殊教育学校的补助水平,由省、市、县各级财政按地区分档、分比例分担经费支出。同时鼓励各地适当提高补助标准,各市县可制定不低于基准定额的地区标准,由地方本级财政自行解决多出部分所需的经费,如济南市就按照小学生均810元/年、普通初中生均1010元/年的标准拨付义务教育公用经费,分别比山东省基础标准多出100元。

(2)统一城乡义务教育"两免一补"。

一是免除义务教育学杂费标准执行全省的生均基准定额。二是中央财政承担免除的国家课程教科书的经费,省级财政承担免除的地方课程教科书的经费。三是原来实行"家庭经济困难寄宿生补助生活费",2019年以后改为"家庭经济困难学生生活补助"。对家庭经济困难学生的生活补助支出由省以下地方各级财政分档、按比例分别承担。山东省按中小学在校寄宿生人数30%的比例提供生活补助,其中初中生按每生每年1250元、小学生每生每年1000元的标准补助。贫困生生活补助所需经费由省和市县政府共同负担,省级财政对不同地区承担经费比例不同,分别按40%、50%、60%、70%、80%五档对省内16市(不含青岛市)予以补助,按70%、80%、90%三档对41个省财政直管县予以补助。此外,还适当提高了城乡公办寄宿制学校保障水平。

（3）农村义务教育校舍安全保障。

山东省政府负责保障及改善各地乡村小规模学校、乡镇寄宿制学校、落后地区和贫困地区义务教育阶段学校的基本办学条件，负责对农村公办义务教育学校改扩建校舍、抗震加固、维修改造等。市级政府负责城市公办义务教育学校的校舍安全保障，市财政承担相关经费支出。县级财政负责承担农村公办学校校舍安全保障所需经费，中央、省财政通过专项校舍维修改造资金补助给予支持。

（4）薄弱环节改善与能力提升。

市县财政负责薄弱环节改善与能力提升的支出责任，省级财政通过相关转移支付给予支持。山东省2014年启动了改善贫困地区义务教育学校办学条件的"全面改薄"工程，省级财政不断加大支持力度，结合中央专项资金支持，截至2017年年底，累计投入资金484.53亿元，竣工面积2121.34万平方米，占规划面积的99.15%，显著地改善了农村贫困地区义务教育办学条件。①

（5）解决城镇普通中小学大班额问题。

山东省在2015年率先提出解决城镇普通中小学大班额问题，这类专项、阶段性义务教育事权全部由省级政府承担支出责任。山东省财政负责解决大班额政府奖补资金的拨付和分配，省财政安排省级以奖代补资金20亿元，其中补助部分16亿元按基础因素分配，各地3年补助总额一次确定、分年拨付；其余资金为奖励部分，按照奖励因素、管理因素分配拨付。截至2017年9月底，山东省各地累计完成投资1074亿元，新建、改扩建中小学校2427所，新增教学班4.12万个、学位189.19万个，有效地解决城镇普通中小学大班额问题。②

（6）"三区"人才支持计划教师专项计划。

按照中央统一部署，山东省自2013年开始实施"边远贫困地区、边疆民族地区和革命老区"教师专项计划，选派教师到"三区"农村学校支援当地义务教育建设。财政部门按每人每年2万元标准对选派教师发放支教补助，其中义务教育阶段教师补助经费由省级财政负担。

---

①② 山东省财政厅官方网站，2018年3月8日题为《山东：义务教育向"优质均衡"全面迈进》的文章中公布的相关数据，http://czt.shandong.gov.cn/art/2018/3/7/art_21859_4157477.html。

2017年山东省财政下达"三区"人才支持计划教师专项计划资金就达到2000万元。[①]

（7）城乡义务教育教师工资。

县级政府负责本辖区义务教育教师工资发放，县财政依法统筹本级财力和均衡性转移支付资金用于支付教师工资费用。省级财政通过均衡性转移支付、县级基本财力保障等给予补助，特别要保障边远、贫困落后地区和农村地区等特殊地区的教师工资发放。

综上所述，各级政府出台的一系列相关改革方案和实施意见对我国政府间义务教育的财政事权和支出责任予以规定，甚至给出具体分担比例，初步形成了我国中央政府和地方政府间、省以下地方政府间义务教育事权和支出责任的划分格局。

但是，这些规定仅仅是把实际的政府间义务教育财政事权和支出责任划分情况予以合法化和数字化，并没有改变和解决目前划分格局中存在的问题。

3.2.3 小结

通过对我国义务教育事权和支出责任划分历史的和现实的分析，可以看出现有义务教育事权和支出责任的划分只是在技术角度研究政府间事权和支出责任划分问题，而忽视了制度因素对体制设计和运行的影响。按照财政联邦主义提出的维护市场的联邦主义必备的条件，我国实行分税制的制度基础并不完备。在我国，中央政府对地方政府，高层地方政府对下级地方政府有实质性控制力，中央政府对体制的设计和运行起着主导作用。政治高度集权下形成了特殊的政府间权力划分关系，使政府间的财政管理权限的划分难以形成稳定的制度安排。由于中央政府和地方高层政府可以利用自己权力上的优势地位修改规则，使体制不断朝着对自身有利的方向调整，财政体制总处于不断调整中。我国财政体制发展就经历了"集权——分权——集权"的道路，教育事权和支出责任的划分始终在集权和分权之间震荡，而没有在不同的政府级次间形成稳定的权力划分关系。在最初的体制设计时，中央政府会选择相对集

---

① 人民网2017年5月12日发表的题为《山东财政安排2000万元支持"三区"教师支教》文章，https://www.sohu.com/a/139997182_114731。

权的体制，但这必然会抑制地方政府的积极性，一旦地方政府的积极性严重受挫，中央政府的利益也受到损失进而承受一定的财政压力；"财政压力决定改革的起因"，中央政府为了缓解自身所面临的压力，则会下放一部分权力以调动地方政府积极性；当中央政府的压力减轻到一定程度，原来促使中央分权的因素已不复存在的时候，中央就会通过体制的再度调整重新走向集权。

第4章　当前事权和支出责任划分格局下 我国义务教育产出效率分析

4.1　我国义务教育经费支出的现实状况

研究我国义务教育财政事权和支出责任划分，首先要选取合适的标准衡量目前的政府间义务教育财政事权和支出责任的划分状况以及产出效率。通常来说，各级政府承担义务教育经费支出在一定程度上可以反映本级政府所承担的义务教育支出责任。这是因为财政支出是一国政府为了履行其国家职能，将其所筹集的各种公共财政资金支配和使用的过程，各级政府的财政支出可以代表各级政府在该项公共事务领域承担的事权和支出责任，所以，本章通过分析义务教育经费来研究中央、省、市、县和乡级政府各自承担的义务教育事权和支出责任的情况。

国家的教育经费总收入包括国家财政性教育经费、民办学校中举办者投入、捐赠收入、事业收入（主要是学费）和其他教育经费。从全国教育经费收入的构成来看，国家财政性教育经费平均所占比例高达73.56%，也就是说我国教育经费主要还是来自国家财政性资金，国家财政性教育经费是其主要来源。国家财政性教育经费具体包括以下几项内容：一般公共预算安排的教育经费、政府性基金预算安排的教育经费、校办产业和社会服务收入用于教育的经费、企业办学中的企业拨款和其他属于国家财政性教育经费等。

4.1.1　我国义务教育经费的投入规模分析

我国一直比较重视义务教育发展，20多年来全国义务教育经费的整体投入一直都持续稳步增长。表 4 - 1 反映了我国 1996 ~ 2017 年全国义务教育经费的变动和构成情况，从中可以看出义务教育经费从 1996 年的 1205.371 亿元增长到 2017 年的 19207.077 亿元，20 年间增长了 15.93 倍。虽然义务教育经费年均增长率略低于同期全国教育经费年均增长率 1 个百分点，但义务教育经费年均增长率也达到了 14.36%。特别是 2006 年修订的《义务教育法》颁布实施后，随着我国义务教育保障经费机制的建立，从 2007 年起义务教育经费的增长速度开始高于全国教育经费的增速，基本保持在 15% 以上，其中 2007 年义务教育经费的增速更是高达 42.36%。

表 4 - 1　1996 ~ 2017 年全国义务教育经费和国家财政性义务教育经费汇总表

年份	义务教育经费总额（亿元）	义务教育经费增长率（%）	全国教育经费增长率（%）	义务教育占全国教育经费比例（%）	全国财政预算内教育经费支出总计（亿元）	全国财政预算内教育经费支出增长比例（%）
1996	1205.371		20.47	53.28	1268.867	39.77
1997	1306.560	8.39	11.91	51.61	1433.982	13.01
1998	1332.167	1.96	16.48	45.17	2668.890	86.12
1999	1445.626	8.52	13.56	43.17	3046.814	14.16
2000	1587.601	9.82	14.93	41.25	3524.196	15.67
2001	1883.949	18.67	20.49	40.62	4259.655	20.87
2002	2165.547	14.95	18.16	39.52	5047.878	18.50
2003	2370.248	9.45	13.29	38.18	5733.578	13.58
2004	2731.092	15.22	16.66	37.71	6668.640	16.31
2005	3134.567	14.77	16.24	37.23	7672.437	15.05
2006	3514.403	12.12	16.59	35.81	8688.641	13.24
2007	5003.026	42.36	23.77	41.18	11668.391	34.29
2008	6072.460	21.38	19.37	41.88	13985.662	19.86
2009	7200.911	18.58	13.81	43.63	15923.403	13.86
2010	8300.221	15.27	18.54	42.43	18796.132	18.04
2011	10178.438	22.63	22.02	42.64	23085.784	22.82
2012	12210.467	19.96	20.05	42.61	27633.351	19.70
2013	13107.537	7.35	5.97	43.17	29430.659	6.50
2014	14141.229	7.89	8.04	43.11	31017.842	5.39

年份	义务教育经费总额（亿元）	义务教育经费增长率（%）	全国教育经费增长率（%）	义务教育占全国教育经费比例（%）	全国财政预算内教育经费支出总计（亿元）	全国财政预算内教育经费支出增长比例（%）
2015	15916.145	12.55	10.13	44.05	34497.386	11.22
2016	17468.160	9.75	7.64	44.92	37444.692	8.54
2017	19207.077	9.95	9.45	45.13	41211.717	10.06
均值		14.36	15.34	42.65		38.56

资料来源：主要根据《中国统计年鉴》《中国教育统计年鉴》和《中国教育经费统计年鉴》相关数据计算整理所得。

图 4-1 反映了我国 1996～2017 年全国义务教育经费投入规模和增长变动情况，并和同期的全国教育经费进行了对比。义务教育经费投入和全国教育经费基本保持了相同的变动趋势，除 2007～2009 年、2011 年、2013 年、2015～2016 年等个别年份是略高于全国教育经费增速外，大部分年份义务教育的增速是低于全国教育经费增速的。

90

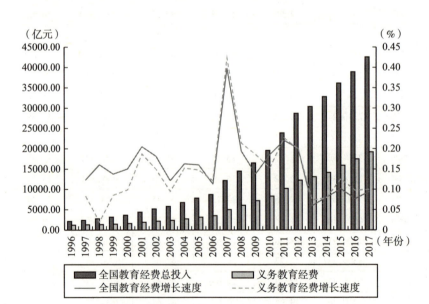

图 4-1　1996～2017 年全国教育经费和义务教育经费投入及增长情况

资料来源：主要根据《中国统计年鉴》《中国教育统计年鉴》和《中国教育经费统计年鉴》相关数据计算整理所得。

　　我国义务教育经费总体投入规模较大，也保持着较高增长速度，但从相对量上看，义务教育经费投入并不是很多。众所周知，国家财政性教育经费占国内生产总值的比重是世界通用的衡量各国教育水平的基础线，世界平均水平为 7% 左右，其中发达国家为 9%，经济欠发达国家为 4.1%。图 4 - 2 反映了我国 1996～2017 年国家财政性教育经费投入占 GDP 比例，虽然我国提出了到 2000 年实现国家财政性教育经费占 GDP 4% 的目标，但实际在 2006 年之前，我国国家财政性教育经费占 GDP 比例一直在 2% 左右，直到 2012 年才真正实现了占 GDP 4% 的目标。而且，即使比重最高的 2012 年也只有 4.3%。所以，与其他国家相比我国教育经费相对规模并不大。

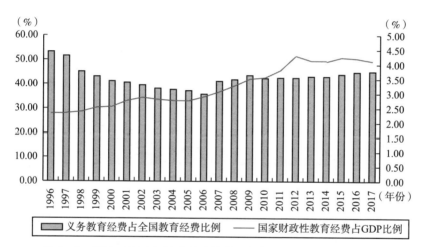

图 4 - 2　1991～2017 年国家财政性教育经费投入及占 GDP 的比例

资料来源：主要根据《中国统计年鉴》《中国教育统计年鉴》和《中国教育经费统计年鉴》相关数据计算整理所得。

　　从全国教育经费的内部结构来看，相对于高等教育、学前教育、特殊教育等其他阶段的教育经费投入来说，我国义务教育经费的投入比例又是比较高的。从图 4 - 2 可以发现，近 20 年来，我国投向义务教育领域的教育经费平均占到全国教育经费的 42.65%，国家近一半教育经费投到了义务教育领域，尤其是 1996 年义务教育经费占比高达 53.28%，占全国教育经费一半以上。从变动趋势上看，义务教育经费占全国教育经费的比例呈现一种正 U 形趋势。从 1996～2006 年的十年间，义务教育经费占全国教育经费的比例呈现明显的下降趋势，2006年义务教育经费占比达到最低点35.81%，也就是说，国家教育经费整体增速是高于义务教育增速的。2007年起，义务教育经费保障机制的建立使得义务教育经费占比缓慢增长，到2017年增长到45.13%。

4.1.2　我国义务教育经费的投入结构分析

从义务教育经费投向的角度分析。义务教育包括初中和小学两个阶段，我们从义务教育经费投向来分析义务教育经费的结构构成。图4－3反映了1996～2007年间我国义务教育经费在初中和小学阶段的分布情况。

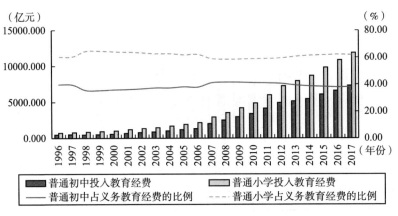

图4－3　1996～2017年全国义务教育经费投入初中和小学的情况

资料来源：主要根据《中国统计年鉴》《中国教育统计年鉴》和《中国教育经费统计年鉴》相关数据计算整理所得。

从表4－2可以看出，投向普通小学的义务教育经费从1996年的726.034亿元增长到2017年的11887.970亿元，20年间增长16.37倍；投向普通初中的义务教育经费从1996年的479.336亿元增长到2017年的7319.106亿元，20年间增长15.27倍。义务教育经费中的绝大部分投向了普通小学，小学阶段教育经费占2/3左右，20多年来小学阶段义务教育经费平均占比为61.44%；初中阶段教育经费平均占比为38.56%。

表4－2　　　　　1996～2017年全国义务教育经费的构成情况

年份	义务教育经费总额（亿元）	普通初中教育经费（亿元）	普通初中所占义务教育经费比例（%）	普通小学教育经费（亿元）	普通小学占义务教育经费比例（%）
1996	1205.371	479.336	39.77	726.034	60.23
1997	1306.560	517.199	39.58	789.360	60.42
1998	1332.167	472.432	35.46	859.735	64.54
1999	1445.626	511.446	35.38	934.180	64.62
2000	1587.601	569.958	35.90	1017.643	64.10
2001	1883.949	681.167	36.16	1202.783	63.84
2002	2165.547	793.850	36.66	1371.697	63.34
2003	2370.248	884.502	37.32	1485.746	62.68
2004	2731.092	1018.401	37.29	1712.691	62.71
2005	3134.567	1194.340	38.10	1940.226	61.90
2006	3514.403	1331.239	37.88	2183.164	62.12
2007	5003.026	2054.728	41.07	2948.297	58.93
2008	6072.460	2521.756	41.53	3550.704	58.47
2009	7200.911	2983.987	41.44	4216.924	58.56
2010	8300.221	3413.150	41.12	4887.072	58.88
2011	10178.438	4166.354	40.93	6012.084	59.07
2012	12210.467	4947.362	40.52	7263.104	59.48
2013	13107.537	5156.643	39.34	7950.894	60.66
2014	14141.229	5460.593	38.61	8680.636	61.39
2015	15916.145	6089.302	38.26	9826.843	61.74
2016	17468.160	6613.472	37.86	10854.688	62.14
2017	19207.077	7319.106	38.11	11887.971	61.89
均值			38.56		61.44

资料来源：主要根据《中国统计年鉴》《中国教育统计年鉴》和《中国教育经费统计年鉴》相关数据计算整理所得。

从义务教育经费来源的角度分析，预算内义务教育经费支出几乎全部由地方政府承担，中央政府承担的义务教育经费支出比例非常低。表

4-3 反映了我国中央财政和地方财政预算内义务教育经费支出情况，预算内的义务教育经费支出几乎 99% 以上都是由地方财政承担的。当然，这里的统计数据只是预算内财政支出，并没有包含转移支付金额。实际上，中央政府也承担了一部分义务教育事权和支出责任，中央政府负责制定义务教育的整体发展规划、完善义务教育管理的法律和规章制度、制定义务教育国家的基础标准等诸多事权；同时中央政府也承担了部分义务教育的支出责任，中央政府所承担的义务教育经费支出大多是通过专项转移支付的方式下达地方，并没有纳入统计范围。

表 4-3   1996~2017 年中央财政和地方财政义务教育经费支出汇总

年份	全国财政预算内教育经费支出总计（亿元）	义务教育经费支出总额（亿元）	中央财政预算内义务教育经费支出（亿元）	地方财政预算内义务教育经费支出（亿元）	地方财政承担义务教育经费比例（%）
1996	1268.867	664.249	0.278	663.971	99.96
1997	1433.982	743.836	0.010	743.826	100.00
1998	2668.890	1299.557	0.256	1299.301	99.98
1999	3046.814	1417.839	0.551	1417.287	99.96
2000	3524.196	1563.251	0.582	1562.669	99.96
2001	4259.655	1856.988	0.561	1856.427	99.97
2002	5047.878	2143.136	0.674	2142.462	99.97
2003	5733.578	2343.483	0.493	2342.990	99.98
2004	6668.640	2708.189	0.647	2707.542	99.98
2005	7672.437	3100.856	0.927	3099.929	99.97
2006	8688.641	3514.403	0.945	3513.458	99.97
2007	11668.391	4981.024	21.301	4959.723	99.57
2008	13985.662	6069.884	24.622	6045.262	99.59
2009	15923.403	7205.132	27.023	7178.109	99.62
2010	18796.132	8288.139	35.401	8252.738	99.57
2011	23085.784	10083.836	62.219	10021.617	99.38
2012	27633.351	12029.471	44.238	11968.185	99.49
2013	29430.659	12974.060	62.995	12911.065	99.51

续表

年份	全国财政预算内教育经费支出总计（亿元）	义务教育经费支出总额（亿元）	中央财政预算内义务教育经费支出（亿元）	地方财政预算内义务教育经费支出（亿元）	地方财政承担义务教育经费比例（%）
2014	31017.842	14013.078	51.899	13961.179	99.63
2015	34497.386	15766.681	63.392	15703.289	99.60
2016	37444.692	17408.331	63.318	17345.013	99.64
2017	41211.717	19141.373	51.426	19078.364	99.67

资料来源：主要根据《中国统计年鉴》《中国教育统计年鉴》和《中国教育经费统计年鉴》相关数据计算整理所得。

2006 年，我国进行了农村义务教育经费保障机制改革，把农村义务教育全面纳入公共财政保障范围，并对经费分担做出明确规定，中央和地方政府间分项目、分比例、分地区承担农村义务教育经费。但我国义务教育财政事权实际上主要由县级政府承担，义务教育支出责任也是以县级政府为主来承担，地方政府事实上承担了义务教育经费的绝大部分支出责任。

分析我国的中央预算内教育经费和地方预算内教育经费的支出构成，发现中央预算内教育经费主要用于高等教育领域，地方预算内教育经费主要投向义务教育领域。图 4-4 反映了我国中央教育经费、地方教育经费支出中分别用于义务教育和高等教育的比例。可以看出，中央预算内教育经费支出的绝大部分都投向了高等教育领域，其中 2006 年中央教育经费支出用于高等教育的比例高达 96.08%，即使比例最低的 1997 年，中央教育经费中用于高等教育的比例也达到 88.57%。中央教育经费中用于义务教育的支出比较少，在 2007 年之前，中央教育经费中用于义务教育的支出还不足 1%，即使所占比例最高的 2012 年，中央教育经费中用于义务教育支出的比例才 2.8%。

如图 4-5 所示，地方预算内教育经费支出的大部分都投向了义务教育领域，地方预算内教育经费中义务教育经费所占比例基本在 50% 左右，1997 年义务教育经费占比达到 59.74%，即使是义务教育占比最低的 2007 年也占到 45.22%。地方预算内教育经费中用于高等教育领域的支出大概在 10%~20%，所占比例最高的 2008 年，地方预算内教育经费中用于高等教育的支出才 24.22%；所占比例最低的 1999 年，地方预算内教育经费中用于高等教育的支出只有 10.96%。

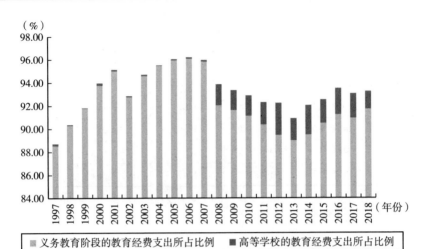

图 4 – 4 1997 ~ 2018 年中央教育经费支出中用于义务教育和高等教育的比例

资料来源：主要根据《中国统计年鉴》《中国教育统计年鉴》和《中国教育经费统计年鉴》相关数据计算整理所得。

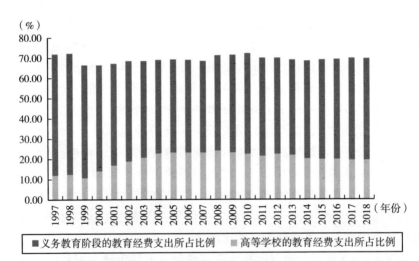

图 4 – 5 1997 ~ 2018 年地方教育经费支出中用于义务教育和高等教育的比例

资料来源：主要根据《中国统计年鉴》《中国教育统计年鉴》和《中国教育经费统计年鉴》相关数据计算整理所得。

4.1.3 我国义务教育经费投向区域结构分析

从我国义务教育经费的区域结构，即义务教育经费在城乡之间的分配看，义务教育的 2/3 都投向了农村，我国非常重视农村义务教育发展。图 4 - 6 反映了 1996～2017 年我国城乡义务教育经费情况。

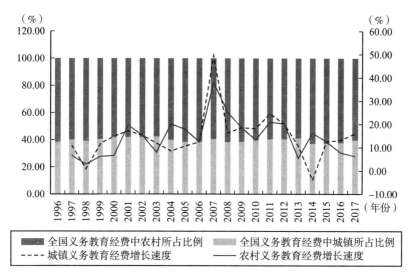

图 4 - 6　1996～2017 年义务教育经费城乡分配比例及增长速度

资料来源：主要根据《中国统计年鉴》《中国教育统计年鉴》和《中国教育经费统计年鉴》相关数据计算整理所得。

我国农村义务教育经费的投入是稳步增长的，2000 年前农村义务教育经费增长速度比较缓慢，2000 年后开始快速增长，20 年来保持着14.26% 的年均增长速度。但是，农村义务教育经费增速的波动较大，有些年份如 2004 年、2007 年、2008 年、2011 年、2012 年，农村义务教育经费增速都在 20% 以上，2007 年更是高达 38.40%；有些年份如 1997～2000 年、2003 年、2013 年、2016 年、2017 年，农村义务教育经费增速都在 10% 以下，由此可见农村义务教育经费收入受国家教育政策变动的影响较大。

表 4 - 4 反映了我国农村义务教育经费的规模、构成和变动情况。从我国义务教育经费在城乡间分配来看，农村的义务教育经费比重较大，投向农村的义务教育经费平均占全国义务教育经费的 60.37%。投向农村的义务教育经费从 1996 年的 738.947 亿元，增长到 2017 年的11528.650 亿元，保持着年均 14.26% 的增长。

表4－4 1996～2017年我国农村义务教育经费汇总

年份	农村义务教育经费收入（亿元）	农村义务教育经费增长速度（％）	农村占全国义务教育经费比例（％）	普通农村初中义务教育经费收入（亿元）	普通农村初中义务教育经费收入占比（％）	普通农村小学义务教育经费收入（亿元）	普通农村小学义务教育经费收入占比（％）
1996	738.947		61.30	260.949	35.31	477.998	64.69
1997	788.668	6.73	60.36	276.819	35.10	511.849	64.90
1998	811.988	2.96	60.95	273.874	33.73	538.115	66.27
1999	862.074	6.17	59.63	288.504	33.47	573.569	66.53
2000	919.978	6.72	57.95	306.033	33.27	613.945	66.73
2001	1102.269	19.81	58.51	368.875	33.47	733.394	66.53
2002	1266.039	14.86	58.46	427.056	33.73	838.983	66.27
2003	1365.258	7.84	57.60	468.614	34.32	896.644	65.68
2004	1644.774	20.47	60.22	574.390	34.92	1070.384	65.08
2005	1934.004	17.58	61.70	696.393	36.01	1237.611	63.99
2006	2158.773	11.62	61.43	777.061	36.00	1381.712	64.00
2007	2987.774	38.40	59.72	1104.307	36.96	1883.466	63.04
2008	3726.431	24.72	61.37	1428.239	38.33	2298.191	61.67
2009	4420.503	18.63	61.39	1697.503	38.40	2723.000	61.60
2010	5017.500	13.51	60.45	1900.918	37.89	3116.581	62.11
2011	6085.466	21.28	59.79	2287.962	37.60	3797.504	62.40
2012	7311.232	20.14	59.88	2719.884	37.20	4591.347	62.80
2013	7711.915	5.48	58.84	2777.801	36.02	4934.114	63.98
2014	8946.375	16.01	63.26	3303.736	36.93	5642.639	63.07
2015	10075.821	12.62	63.31	3679.470	36.52	6396.351	63.48
2016	10843.822	7.62	62.08	3927.624	36.22	6916.197	63.78
2017	11528.650	6.32	60.02	4214.315	36.56	7314.335	63.44
均值		14.26	60.37		35.82		64.18

资料来源：主要根据《中国统计年鉴》《中国教育统计年鉴》和《中国教育经费统计年鉴》相关数据计算整理所得。

从增长速度上看，我国农村义务教育经费的增速和城镇的增速基本保持同步增长，早期农村义务教育经费的增速是低于城镇义务教育经费增速的，比如，1999 年农村义务教育经费增速为 6.17%，远远低于城镇义务教育经费 12.18% 的增速；2016 年后城镇义务教育经费的增速开始快于农村的增速，这主要是受外在因素特别是政策性因素的影响。

从上述分析可以发现，我国把义务教育经费的 60% 都投向了农村地区，并保持着农村义务教育经费的匀速增长，由此可见，我国对农村义务教育事业发展的大力支持和倾斜。

4.2　我国义务教育产出效率分析

4.2.1　我国义务教育产出效率水平的测度

本章运用 SPSS 的因子分析法和数据包络分析 SBM 模型对中国 31 个省份的义务教育产出效率水平进行测度。首先，利用因子分析法将多维义务教育指标综合成单维的义务教育产出指数，分析我国义务教育的产出效率。其次，利用 SBM 模型分析义务教育产出效率。最后，对全国 31 个省份的义务教育产出效率水平进行测算，并对东部、中部、西部三大地区的义务教育产出效率水平进行比较。

4.2.1.1　因子分析法及我国义务教育产出效率

已有关于义务教育产出效率的研究，一般从三个角度展开：一是政府义务教育投入水平，如利用公共教育经费投入代替公共教育供给水平的度量；二是政府义务教育投入的中间产出，教育投入后所形成的中间载体的产出类指标，如学校数、师生比来衡量；三是用居民因消费最终公共产品而获得的福利改进加以度量。由于单一指标不足以有效地描述义务教育产出效率，本章利用 SPSS 因子分析法从上述三个角度构建义务教育产出指数这样一个综合指数来衡量义务教育产出效率，并对各地区义务教育产出综合得分进行分析，弥补了以往文献使用单指标衡量教育产出效率的不足。

（1）数据来源与研究方法。

①数据来源。SPSS 进行因子分析时，需要选择具有代表性的指标群进行分析，既要考虑地区间资源禀赋、社会环境、地区公共需求偏好差异，也要考虑指标在地区间的可比性。考虑数据的获得性，本章从义务教育最终产出、中间产出、政府投入三个维度，选取了 21 个代表性指标组成我国义务教育产出指标体系，如表 4-5 所示。指标体系中包含

表 4-5　　　　　　　　　我国义务教育产出指标体系

一级指标	二级指标		数据来源
义务教育经费投入维度（4）	地方教育经费占 GDP 比例	X01	中国教育经费年鉴
	财政性教育经费占地方财政支出比例	X02	
	初中生均预算教育经费	X03	
	小学生均预算教育经费	X04	
义务教育中间产出维度（14）	初中师生比	X05	中国统计年鉴
	小学师生比	X06	
	每十万人口初中平均在校学生数	X07	
	每十万人口小学平均在校生数	X08	
	每十万人口初中学校数	X09	
	每十万人口普通小学学校数	X10	
	初中教师研究生学历比重	X11	中国教育统计年鉴
	初中教师本科学历比重	X12	
	小学教师研究生学历比重	X13	
	小学教师本科学历比重	X14	
	初中生均图书藏量	X15	
	小学生均图书藏量	X16	
	初中生均校舍建筑面积	X17	
	小学生均校舍建筑面积	X18	
义务教育最终产出维度（3）	初中升学率	X19	中国统计年鉴
	15 岁及其以上（半）文盲率（识字率）	X20	
	人均受教育年限	X21	

了地方教育经费占 GDP 比例、地方财政性教育经费占地方财政支出比例、中小学的生均预算教育经费、师生比、每十万人口平均在校学生数、每十万人口学校数、教师研究生和本科学历比重、生均校舍建筑面积、生均图书藏量、初中升学率、15 岁及其以上（半）文盲率（识字率）和人均受教育年限。数据样本期间为 2004 ~ 2018 年，根据《中国统计年鉴》《中国教育统计年鉴》和《中国教育经费统计年鉴》相关数据进行了计算整理。

②因子分析法。本章拟用降维的思想，运用 SPSS 19.0 软件对义务教育产出测评体系中二级指标进行因子分析。首先剔除了部分地区（西藏）差异性数据，然后对生均预算教育经费等指标利用极值标准化方法进行无量纲化处理，标准化后的指标均处于 [0，1] 区间，各项指标更具有可比性。

$$z_i = \frac{x_i - \min(x_i)}{\max(x_i) - \min(x_i)} \qquad (4-1)$$

其中，x_i 是各项指标值，$\max(x_i)$ 代表 x_i 第 i 年所有指标的最大值，$\min(x_i)$ 代表第 i 年所有指标的最小值。

此外，像 15 岁及其以上（半）文盲率等逆指标的无量纲化公式为：

$$z_i = 1 - \frac{x_i - \min(x_i)}{\max(x_i) - \min(x_i)} = \frac{\max(x_i) - x_i}{\max(x_i) - \min(x_i)} \qquad (4-2)$$

（2）因子分析结果。

利用 SPSS 19.0，对经费投入、中间投入和最终产出三个维度 21 个指标进行因子分析，通过描述性分析得到的相关系数矩阵如表 4-6 所示，由于大多数的相关系数绝对值大于 0.3，所以，选取的各指标相关性较好。

因子分析的 KMO 和巴特利特检验如表 4-7 所示，从中可以看出本次 KMO 值为 0.834，KMO 统计量取值一般位于 [0，1] 之间，KMO 值越大，说明公因子对变量的解释效度越高，变量相关性越强，该组数据越适合因子分析。Bartlett 球形度检验中，P = 0.000，小于 0.05 的显著性水平，所以拒绝原假设，说明变量间存在相关关系，本组数据适合因子分析。

如表 4-8 所示，从方差贡献率可以看出本次因子分析最终提取 4 个因子，共解释了原有变量总方差的 77.05%，可以反映原有变量 77% 的信息，提取的公因子解释效果比较理想。4 个主成分因子特征值均大

表 4-6 相关系数矩阵

相关性	X01	X02	X03	X04	X05	X06	X07	X08	X09	X10	X11	X12	X13	X14	X15	X16	X17	X18	X19	X20	X21
X01	1.000	-0.059	0.050	0.085	-0.058	-0.077	0.003	0.049	-0.006	0.037	-0.021	0.119	-0.059	0.026	0.056	0.065	-0.010	-0.036	0.008	0.125	-0.086
X02	-0.059	1.000	-0.309	-0.362	0.217	0.146	0.201	0.097	0.088	0.046	-0.196	-0.248	-0.209	-0.184	-0.291	-0.171	-0.171	0.035	-0.267	-0.244	0.088
X03	0.050	-0.309	1.000	0.966	-0.694	-0.436	-0.719	-0.503	-0.582	-0.564	0.888	0.697	0.829	0.864	0.722	0.535	0.713	0.662	0.585	-0.190	0.567
X04	0.085	-0.362	0.966	1.000	-0.698	-0.483	-0.699	-0.498	-0.577	-0.560	0.790	0.737	0.718	0.846	0.755	0.635	0.711	0.647	0.593	-0.103	0.479
X05	-0.058	0.217	-0.694	-0.698	1.000	0.715	0.836	0.714	0.471	0.653	-0.542	-0.741	-0.478	-0.778	-0.723	-0.523	-0.743	-0.694	-0.672	0.411	-0.636
X06	-0.077	0.146	-0.436	-0.483	0.715	1.000	0.489	0.621	0.292	0.391	-0.338	-0.489	-0.275	-0.451	-0.357	-0.478	-0.421	-0.551	-0.454	0.264	-0.462
X07	0.003	0.201	-0.719	-0.699	0.836	0.489	1.000	0.823	0.719	0.754	-0.646	-0.714	-0.579	-0.774	-0.689	-0.485	-0.723	-0.732	-0.679	0.361	-0.651
X08	0.049	0.097	-0.503	-0.498	0.714	0.621	0.823	1.000	0.608	0.729	-0.511	-0.506	-0.462	-0.572	-0.454	-0.412	-0.580	-0.719	-0.539	0.467	-0.692
X09	-0.006	0.088	-0.582	-0.577	0.471	0.292	0.719	0.608	1.000	0.745	-0.533	-0.621	-0.464	-0.581	-0.531	-0.547	-0.489	-0.630	-0.511	0.145	-0.418
X10	0.037	0.046	-0.564	-0.560	0.653	0.391	0.754	0.729	0.745	1.000	-0.456	-0.662	-0.415	-0.658	-0.657	-0.445	-0.671	-0.644	-0.547	0.431	-0.597
X11	-0.021	-0.196	0.888	0.790	-0.542	-0.338	-0.646	-0.511	-0.533	-0.456	1.000	0.476	0.960	0.734	0.491	0.333	0.577	0.635	0.442	-0.258	0.630
X12	0.119	-0.248	0.697	0.737	-0.741	-0.489	-0.714	-0.506	-0.621	-0.662	0.476	1.000	0.408	0.852	0.769	0.606	0.733	0.666	0.698	-0.258	0.460
X13	-0.059	-0.209	0.829	0.718	-0.478	-0.275	-0.579	-0.462	-0.464	-0.415	0.960	0.408	1.000	0.667	0.474	0.249	0.580	0.564	0.377	-0.252	0.572
X14	0.026	-0.184	0.864	0.846	-0.778	-0.451	-0.774	-0.572	-0.581	-0.658	0.734	0.852	0.667	1.000	0.800	0.542	0.842	0.766	0.663	-0.370	0.645
X15	0.056	-0.291	0.722	0.755	-0.723	-0.357	-0.689	-0.454	-0.531	-0.657	0.491	0.769	0.474	0.800	1.000	0.656	0.857	0.598	0.513	-0.148	0.366
X16	0.065	-0.171	0.535	0.635	-0.523	-0.478	-0.485	-0.412	-0.547	-0.445	0.333	0.606	0.249	0.542	0.656	1.000	0.448	0.582	0.442	0.069	0.179
X17	-0.010	-0.171	0.713	0.711	-0.743	-0.421	-0.723	-0.580	-0.489	-0.671	0.577	0.733	0.580	0.842	0.857	0.448	1.000	0.802	0.577	-0.379	0.589
X18	-0.036	0.035	0.662	0.647	-0.694	-0.551	-0.732	-0.719	-0.630	-0.644	0.635	0.666	0.564	0.766	0.598	0.582	0.802	1.000	0.594	-0.391	0.689
X19	0.008	-0.267	0.585	0.593	-0.672	-0.454	-0.679	-0.539	-0.511	-0.547	0.442	0.698	0.377	0.663	0.513	0.442	0.577	0.594	1.000	-0.348	0.543
X20	0.125	-0.244	-0.190	-0.103	0.411	0.264	0.361	0.467	0.145	0.431	-0.258	-0.258	-0.252	-0.370	-0.148	0.069	-0.379	-0.391	-0.348	1.000	-0.831
X21	-0.086	0.088	0.567	0.479	-0.636	-0.462	-0.651	-0.692	-0.418	-0.597	0.630	0.460	0.572	0.645	0.366	0.179	0.589	0.689	0.543	-0.831	1.000

表4-7   **KMO和巴特利特检验**

KMO取样适切性量数		0.834
巴特利特球形度检验	近似卡方	12665.884
	自由度	210
	显著性	0.000

表4-8   **总方差解释**

成分	初始特征值			旋转载荷平方和		
	因子特征值（总计）	方差百分比	累积（%）	因子特征值（总计）	方差百分比	累积（%）
1	11.587	55.175	55.175	6.850	32.620	32.620
2	2.057	9.795	64.970	4.308	20.515	53.135
3	1.497	7.130	72.101	3.589	17.092	70.227
4	1.038	4.945	77.045	1.432	6.818	77.045

于1，累计方差百分比为77.05%，即约77.05%的总方差可以通过提取的4个公因子加以解释。

利用凯撒正态化最大方差法旋转，可以得出原有指标在公因子上新的因子载荷，如表4-9所示。

表4-9   **旋转后的成分矩阵[a]**

指标	成分			
	1	2	3	4
Zscore（X16）	0.813	0.095	-0.105	0.166
Zscore（X12）	0.783	0.271	0.215	0.242
Zscore（X15）	0.783	0.367	0.047	0.159
Zscore（X09）	-0.762	-0.267	-0.103	0.224
Zscore（X10）	-0.743	-0.176	-0.401	0.163
Zscore（X07）	-0.697	-0.385	-0.424	-0.050
Zscore（X18）	0.663	0.345	0.459	-0.064

指标	成分			
	1	2	3	4
Zscore（X14）	0.651	0.569	0.320	0.114
Zscore（X17）	0.647	0.437	0.345	0.069
Zscore（X05）	-0.634	-0.288	-0.513	-0.333
Zscore（X19）	0.572	0.244	0.385	0.237
Zscore（X13）	0.199	0.914	0.217	-0.055
Zscore（X11）	0.274	0.896	0.246	-0.021
Zscore（X03）	0.522	0.792	0.152	0.161
Zscore（X04）	0.611	0.688	0.075	0.248
Zscore（X20）	-0.017	-0.086	-0.893	0.165
Zscore（X21）	0.242	0.402	0.837	-0.092
Zscore（X08）	-0.563	-0.187	-0.613	-0.007
Zscore（X06）	-0.423	-0.056	-0.498	-0.461
Zscore（X01）	-0.014	-0.073	-0.022	0.633
Zscore（X02）	-0.134	-0.338	0.275	-0.560

旋转方法：凯撒正态化最大方差法。a. 旋转在 5 次迭代后已收敛。

旋转后 X05、X07、X09、X10、X12、X14、X15、X16、X17、X18、X19 这 11 个变量在第 1 个因子上有较高的载荷，即第 1 个因子对初中师生比、每十万人口初中平均在校学生数、每十万人口学校数、教师中本科学历比重、生均图书藏量、生均校舍建筑面积、初中升学率等变量的解释力较强，将其归纳为教学条件因子。各地区的适龄学生数量、教师数量、中小学学校数量、校舍规模和图书等硬件设施的状况都成为影响该因子的因素。

成分矩阵中变量 X03、X04、X11、X13 在第 2 个提取因子上载荷较高，即第 2 个公因子在解释生均预算教育经费和研究生学历的教师比重这两类变量的效果最好，这个因子可以归纳为教育师资因子。高水平教师、优质教师资源以及生均教育资源等人力资本因素影响着该因子。

成分矩阵中变量 X20、X21、X08，对第 3 个因子上解释度较高，即第3个公因子对人均受教育年限、文盲率（识字率）、每十万人口小学平均在校生数这三个变量解释能力较强，这个因子可以归纳为教育产出因子。父母受教育程度、义务教育的升学率、辖区教育观念和教育环境等因素影响着该因子。

成分矩阵中X01、X02、X06这3个变量在第4个因子上有较高的载荷，即第4个因子对地方教育经费占GDP比例、财政性教育经费占地方财政支出比例、小学师生比这三个变量解释能力较强，可以归纳为教育经费因子。政府对教育的重视程度、地方政府的公共教育资源规模、地方经济发展水平、地区教育环境等因素都影响着该因子。

因子分析从原有21个指标中提取出四个公因子，分别是教育经费、教学条件、教育产出、教育师资。利用成分得分系数矩阵（如表4-10所示），可以构建FAC1、FAC2、FAC3、FAC4公因子的方程式如下所示：

表4-10　　　　　　　　　成分得分系数矩阵

指标	成分			
	1	2	3	4
Zscore（X01）	-0.090	-0.054	0.082	0.526
Zscore（X02）	0.072	-0.141	0.113	-0.392
Zscore（X03）	-0.041	0.251	-0.072	0.037
Zscore（X04）	0.018	0.181	-0.105	0.087
Zscore（X05）	-0.028	0.066	-0.149	-0.227
Zscore（X06）	0.017	0.135	-0.218	-0.375
Zscore（X07）	-0.094	0.015	-0.049	0.033
Zscore（X08）	-0.062	0.097	-0.176	0.015
Zscore（X09）	-0.253	0.051	0.144	0.310
Zscore（X10）	-0.202	0.121	-0.019	0.213
Zscore（X11）	-0.150	0.361	-0.014	-0.063
Zscore（X12）	0.161	-0.081	-0.033	0.087
Zscore（X13）	-0.173	0.392	-0.021	-0.083
Zscore（X14）	0.040	0.095	-0.001	0.007
Zscore（X15）	0.183	-0.015	-0.133	-0.007

指标	成分			
	1	2	3	4
Zscore（X16）	0. 288	− 0. 145	− 0. 187	− 0. 017
Zscore（X17）	0. 073	0. 030	0. 018	− 0. 022
Zscore（X18）	0. 103	− 0. 026	0. 060	− 0. 116
Zscore（X19）	0. 055	− 0. 058	0. 090	0. 143
Zscore（X20）	0. 151	0. 035	− 0. 399	0. 024
Zscore（X21）	− 0. 141	0. 072	0. 311	− 0. 020

$$
\begin{aligned}
FAC1 = &-0.09 \times X01 - 0.072 \times X02 - 0.041 \times X03 + 0.018 \times X04 - 0.028 \\
&\times X05 - 0.017 \times X06 - 0.094 \times X07 - 0.062 \times X08 - 0.253 \\
&\times X09 - 0.202 \times X10 - 0.15 \times X11 + 0.161 \times X12 - 0.173 \\
&\times X13 + 0.04 \times X14 + 0.183 \times X15 + 0.288 \\
&\times X16 + 0.073 \times X17 + 0.103 \times X18 + 0.055 \\
&\times X19 + 0.151 \times X20 - 0.141 \times X21 \quad\quad (4-3)
\end{aligned}
$$

$$
\begin{aligned}
FAC2 = &-0.054 \times X01 - 0.141 \times X02 + 0.251 \times X03 + 0.181 \times X04 + 0.066 \\
&\times X05 + 0.135 \times X06 + 0.015 \times X07 + 0.097 \times X08 + 0.051 \\
&\times X09 + 0.121 \times X10 + 0.361 \times X11 - 0.081 \times X12 + 0.392 \\
&\times X13 + 0.095 \times X14 - 0.015 \times X15 - 0.145 \\
&\times X16 + 0.03 \times X17 - 0.026 \times X18 - 0.058 \\
&\times X19 + 0.035 \times X20 + 0.072 \times X21 \quad\quad (4-4)
\end{aligned}
$$

$$
\begin{aligned}
FAC3 = &0.082 \times X01 + 0.113 \times X02 - 0.072 \times X03 - 0.105 \times X04 - 0.149 \\
&\times X05 - 0.218 \times X06 - 0.049 \times X07 - 0.176 \times X08 + 0.144 \\
&\times X09 - 0.019 \times X10 - 0.014 \times X11 - 0.033 \times X12 - 0.021 \\
&\times X13 - 0.001 \times X14 - 0.133 \times X15 - 0.187 \\
&\times X16 + 0.018 \times X17 + 0.06 \times X18 + 0.009 \\
&\times X19 - 0.399 \times X20 + 0.311 \times X21 \quad\quad (4-5)
\end{aligned}
$$

$$
\begin{aligned}
FAC4 = &0.526 \times X01 - 0.392 \times X02 + 0.037 \times X03 + 0.087 \times X04 - 0.227 \\
&\times X05 - 0.375 \times X06 + 0.033 \times X07 + 0.015 \times X08 + 0.31 \\
&\times X09 + 0.213 \times X10 - 0.063 \times X11 + 0.087 \times X12 - 0.083 \\
&\times X13 + 0.007 \times X14 - 0.007 \times X15 - 0.017
\end{aligned}
$$

$$\times X16 - 0.022 \times X17 - 0.116 \times X18 + 0.143$$
$$\times X19 + 0.024 \times X20 - 0.002 \times X21 \qquad (4-6)$$

（3）综合评价指标体系得分表

利用 SPSS 生成的方差百分比、公因子方程式以及最终的累计方差，得出如下的综合得分公式 FAC。

$$FAC = (0.3262 \times FAC1 + 0.2052 \times FAC2 + 0.1709$$
$$\times FAC3 + 0.0682 \times FAC4) \div 0.7705 \qquad (4-7)$$

通过综合得分公式（4-7），可以得到我国义务教育产出效率的综合得分，表4-11反映了除黑龙江、内蒙古、吉林（因为数据缺失）外，我国义务教育产出效率的综合得分情况。从综合得分发现，分值最高和最低的两个地区，即北京和贵州得分相差 1.68 分，由此可见我国不同地区之间的教育产出效率还是有较大差距的。

表 4-11　　　我国义务教育产出水平综合评价指标体系得分表

省份	F1	排名	F2	排名	F3	排名	F4	排名	总分	排名
安徽	-0.4178	21	-0.1383	15	-0.2234	22	-0.1890	16	-0.2800	23
北京	0.7934	5	1.7779	1	1.3671	1	-0.5101	21	1.0680	1
福建	0.6640	6	-0.8034	28	0.2400	11	-0.5164	22	0.0733	9
甘肃	-0.8735	26	-0.0387	11	-0.1537	18	1.0535	5	-0.3207	26
广东	0.1797	11	-0.0357	10	-0.1862	20	-1.3024	27	-0.0893	16
广西	-0.2193	16	-0.2902	23	-0.2023	21	-0.5557	23	-0.2653	22
贵州	-1.0602	28	0.1688	5	-0.8712	27	-0.1278	13	-0.6093	28
海南	-0.5558	22	-0.2203	19	0.0427	13	0.2649	9	-0.2607	21
河北	0.0375	12	-0.4358	27	0.5671	7	-0.3351	20	-0.0033	11
河南	-0.8386	25	0.0312	7	-0.0630	16	-0.6447	24	-0.4173	27
湖北	0.4962	7	-0.3652	26	0.0234	14	-0.1535	15	0.1040	7
湖南	-0.0481	14	-0.2708	21	0.2596	10	-0.0173	12	-0.0360	12
江苏	0.9326	3	-0.1273	14	0.1869	12	-0.7569	26	0.3353	4
江西	-0.6724	23	-0.0276	9	-0.0526	15	-0.1935	17	-0.3207	25
辽宁	0.0103	13	-0.0905	13	1.0617	3	0.3570	8	0.2467	6
宁夏	-0.3692	20	0.1100	6	-0.4556	24	0.5335	6	-0.1800	19

107

省份	F1	排名	F2	排名	F3	排名	F4	排名	总分	排名
青海	-0.3306	19	0.3999	4	-0.7081	25	1.4173	2	-0.0647	14
山东	0.3207	9	-0.2348	20	0.3711	9	-0.6735	25	0.0967	8
山西	-0.9342	27	-0.1980	17	0.8593	4	1.1449	3	-0.1573	18
陕西	-0.2616	18	-0.0511	12	0.4600	8	0.4379	7	0.0153	10
上海	0.8755	4	1.4388	2	0.7460	5	0.0372	11	0.9220	2
四川	-0.2502	17	-0.2029	18	-0.1472	17	-0.1474	14	-0.2060	20
天津	0.3858	8	0.6487	3	1.2402	2	0.2050	10	0.6293	3
西藏	1.5811	1	0.0218	8	-3.8247	28	1.4637	1	-0.0433	13
新疆	-0.8215	24	-0.1458	16	0.7161	6	1.0565	4	-0.1340	17
云南	-0.0982	15	-0.3013	24	-0.7429	26	-0.2392	19	-0.3080	24
浙江	1.2370	2	-0.2853	22	-0.1742	19	-1.3843	28	0.2853	5
重庆	0.2371	10	-0.3338	25	-0.3361	23	-0.2247	18	-0.0833	15

资料来源：本表数据主要根据 SPSS 测算结果整理所得。

从全国整体来看，综合得分位于前 20% 的地区分别是北京、上海、天津、江苏、浙江、辽宁，它们都位于我国东部沿海地区或环渤海、长三角、珠三角经济带。这些地区经济发达，地方政府财力充沛，地区对外开放度高，有充足的理由吸引着高级人才聚集于此，不论是地方政府还是当地居民都比较重视教育和人才培养，也都有足够的支出意愿和相当财力投入义务教育领域，相应地这些地区的义务教育的产出水平较高，义务教育产出更有效率。

综合排名位于后 20% 的地区分别为安徽、云南、江西、甘肃、河南、贵州等地，这些地区大多是经济欠发达地区、少数民族地区，地区的经济基础、自然禀赋、人文环境、发展理念等制约了当地经济和教育的发展。由于地方财力的制约，当地政府无法提供充足的义务教育财力保障。在基本公共服务均等化目标下，国家大力地扶植西部地区教育事业包括义务教育事业的发展，像西藏自治区排名第 13 位，新疆维吾尔自治区排名第 17 位，这些地区经济发展虽然相对滞后，但是义务教育产出的综合得分依然较高，这表明经济发展水平并非影响义务教育产出效率的唯一因素。

从东、中、西部地区分地区来看，表 4 – 12 反映了我国东、中、西部地区的义务教育产出的综合得分情况。东部地区无论是总分排名，还是从教学条件、教育师资、教育产出等单个因子的排名都是最高，东部地区的义务教育产出效率明显高于中西部地区。西部地区虽然总分排名最低，即整体的义务教育产出水平低于东部地区和中部地区，但是西部地区因教育经费因子带来的产出效率却是最高的，也就是说，国家加大对西部地区的义务教育经费投入还是带来了西部地区较高的义务教育产出。

表 4 – 12 　　　　　　分地区的义务教育产出水平综合评价指标体系得分表

地区	FAC1	排名	FAC2	排名	FAC3	排名	FAC4	排名	FZ	排名
东部	0.3885	1	0.1118	1	0.4383	1	– 0.4309	3	0.2532	1
中部	– 0.4025	3	– 0.1615	3	0.1339	2	– 0.0088	2	– 0.1846	2
西部	– 0.2247	2	– 0.0373	2	– 0.6063	3	0.5223	1	– 0.1934	3

4.2.1.2　SBM 模型及我国义务教育产出效率

（1）SBM 模型。

为克服传统 DEA 模型的缺陷，托恩（Tone，2001）提出了基于松弛变量的效率测度模型即 SBM 模型。假设存在 I 个决策单元（Decision Making Unit，DMU），每个 DMU 对应 N 种投入 x_n（n = 1，2，…，N）、M 种产出 y_m（m = 1，2，…，M），则本章将测度义务教育产出效率的 SBM 模型设定如下：

$$\sigma = \min \frac{1 - \dfrac{1}{N}\sum_{n=1}^{N}\dfrac{s_n^x}{x_{kn}}}{1 + \dfrac{1}{M}\sum_{m=1}^{M}\dfrac{s_m^y}{y_{km}}}$$

$$\text{s. t.} \begin{cases} x_k = X\lambda + s^x \\ y_k = Y\lambda - s^y \\ \lambda,\ s^x,\ s^y \geq 0 \end{cases} \quad (4-8)$$

其中，λ 表示决策单元的线性组合系数，(x_k, y_k) 为第 k 个决策单元投入产出数据的真实值，(s^x, s^y) 分别为投入产出变量的松弛值。

σ 为义务教育产出效率，其取值范围为 [0，1]。当 σ=1 时，说明被评价 DMU 是有效率的；当 0<σ<1 时，说明被评价 DMU 存在效率改进空间，可以通过优化投入产出配置来提高义务教育产出效率。

（2）义务教育产出效率评价指标体系。

借鉴韩仁月和常世旺（2009）、亓寿伟等（2016）的研究，将上述义务教育经费投入、义务教育中间产出、义务教育最终产出三个维度的 21 个指标构建 2004～2018 年义务教育产出效率评价指标体系。此外，考虑到 DEA 模型对投入产出变量个数的设定条件，本章运用熵值法分别将义务教育中间产出 12 项指标和最终产出 3 项指标合成为两类产出指数。根据《中国统计年鉴》《中国教育统计年鉴》和《中国教育经费统计年鉴》相关数据进行了计算整理。

（3）义务教育产出效率水平测度。

根据上述构建的指标体系和测算方法，本章测算了 2004～2018 年中国 31 个省级行政区的义务教育产出效率水平，具体演变趋势如图 4－7 所示。义务教育产出效率水平大体呈现逐年递减的趋势，但各省份情况存在明显的差异。从全国层面来看，2004 年河北、山东、河南、江西、内蒙古、甘肃、贵州和青海的义务教育产出效率值达到 1，2018 年所有省市的义务教育产出效率均未达到前沿面，最低的新疆维吾尔自治区仅为 0.3214，说明我国义务教育产出效率尚有较大的提升空间。

就三大地区而言，东、中、西部地区的义务教育产出效率水平略有差异，但均呈逐年递减趋势。从东部地区来看，2004～2005 年其义务教育产出效率水平有所下降，2005～2007 年逐年上升，2007～2013 年在波动中略有下降且于 2013 年降至最低点，此后则经历了先上升后下降的变化趋势。从中部地区来看，2004～2012 年义务教育产出效率水平不断降低，于 2012～2016 年有所回升，此后再次回落。从西部地区来看，样本期内义务教育产出效率水平的下降趋势最为显著，2004～2006 年逐年小幅下降，2007 年略有上升之后转而呈逐年下降趋势。此外，2004 年东、中、西部地区的义务教育产出效率排名为中部＞西部＞东部，而在 2018 年该排名转变为东部＞中部＞西部，由此可见，应着重提升我国中西部地区的义务教育产出效率。

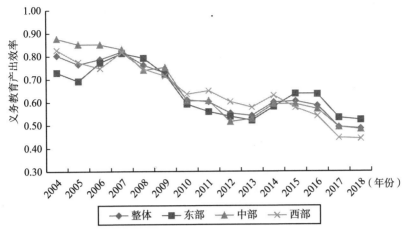

图 4 - 7　全国及三大地区义务教育产出效率水平演变趋势

4.2.2　我国义务教育产出效率空间差异研究

4.2.2.1　Dagum 基尼系数方法介绍

为了更好地解决样本数据的交叉重叠，在考虑子样本分布状况的基础上，达戈（Dagum，1997）提出按子群分解。将总体基尼系数分解为区域间净值差异的贡献、超变密度的贡献和区域内差异的贡献。Dagum基尼系数计算公式如下。

公式（4-9）计算了总体基尼系数（G）。其中 y_{ji}（y_{hr}）是第 $j(h)$ 个地区任一省市的义务教育产出效率，μ 是所有省市义务教育产出效率的平均值，样本个数为 n，区域个数是 k，第 $j(h)$ 个地区内省市个数表示为 $n_j(n_h)$。所有省市义务教育产出效率的相对差异通过总体基尼系数反映，利用三大地区产出效率均值可以对区域产出效率排序。

$$G = \frac{\sum_{j=1}^{k} \sum_{h=1}^{k} \sum_{i=1}^{n_j} \sum_{r=1}^{n_h} |y_{ji} - y_{hr}|}{2n^2 \mu} \qquad (4-9)$$

$$\mu_h \leqslant \cdots \mu_j \leqslant \cdots \leqslant \mu_k \qquad (4-10)$$

$$G_{jj} = \frac{\frac{1}{2\mu_j} \sum_{i=1}^{n_j} \sum_{r=1}^{n_j} |y_{ji} - y_{jr}|}{n_j^2} \qquad (4-11)$$

$$G_w = \sum_{j=1}^{k} G_{jj} p_j s_j \qquad (4-12)$$

$$G_{jh} = \frac{\sum_{i=1}^{n_j} \sum_{r=1}^{n_h} |y_{ji} - y_{hr}|}{n_j n_h (\mu_j + \mu_h)} \qquad (4-13)$$

$$G_{nb} = \sum_{j=2}^{k} \sum_{h=1}^{j-1} G_{jh} (p_j s_h + p_h s_j) D_{jh} \qquad (4-14)$$

$$G_t = \sum_{j=2}^{k} \sum_{h=1}^{j-1} G_{jh} (p_j s_h + p_h s_j)(1 - D_{jh}) \qquad (4-15)$$

$$D_{jh} = \frac{d_{jh} - p_{jh}}{d_{jh} + p_{jh}} \qquad (4-16)$$

$$d_{jh} = \int_0^{\infty} dF_j(y) \int_0^y (y-x) dF_h(x) \qquad (4-17)$$

$$p_{jh} = \int_0^{\infty} dF_h(y) \int_0^y (y-x) dF_j(y) \qquad (4-18)$$

按照 Dagum 的方法，超变密度贡献 G_t 区、域内差异贡献 G_w，区域间净值差异贡献 G_{nb} 共同构成了总体基尼系数，公式（4-12）~公式（4-15）分别给出了 G_w、G_{nb}、G_t 的计算方法，即 $G = G_w + G_{nb} + G_t$。第 j 个区域的基尼系数 G_{jj} 通过公式（4-11）获得，第 j 个、第 h 个区域的区域间基尼系数 G_{jh} 可以用公式（4-13）表示，其中 $p_j = n_j/n$，$s_j = n_j \mu_j /(n\mu)$，$j = 1, 2, \cdots, k$。$F_j(F_h)$ 分别为第 $j(h)$ 个区域的累积密度分布函数。

4.2.2.2 义务教育产出效率的空间差异特征

图 4-8（a）反映了我国义务教育产出效率总体的、区域内差异的演变趋势。分析总体基尼系数发现，中国义务教育产出效率的总体基尼系数均值为 0.1300，考察期内总体基尼系数呈现上升趋势，年均递增率为 0.62%。从演变趋势来看，中国义务教育产出效率在 2004~2018 年呈波动上升趋势，2016 年以后逐渐降低。分析区域内基尼系数方面，如表 4-13 所示西部地区内差异相对较大，其基尼系数均值为 0.1428，东、中部地区内差异依次降低，其基尼系数均值分别为 0.1128 和 0.1095。考察期内义务教育产出效率的空间差异得到有效改善，其区域内基尼系数年均递减率为 1.58%，中、西部地区内基尼系数有不同程

度的提升，其年均增长率分别为 2.71% 和 1.75%。从演变趋势来看，东部地区内基尼系数呈现出"下降——上升——下降"演变趋势；中部地区在 2006～2010 年先上升后下降，2011 年以后逐渐超越东部地区，其区域内非均衡程度仅次于西部地区；西部地区内基尼系数在 2006～2008 年呈平稳波动趋势，2009～2018 年波动幅度较大且显著高于东、中部地区。

图 4-8（b）反映了中国义务教育产出效率区域间差异的演变趋势。东西部地区间差异最明显，中西部地区的差异排在第二位，东部与中部地区的差异是最不明显的。考察期内东部与中部地区间非均衡性逐渐改善，其区域间基尼系数年均递减率为 7.84%，东部与西部、中部与西部地区间基尼系数在波动中均呈上升趋势，年均增长率分别为 7.04% 和 2.55%。从演变趋势来看，东部与中部地区间差异在 2006～2018 年呈现出"U"型波动趋势，此后逐年降低；东部与西部、中部与西部地区间基尼系数曲线交错波动，其差值呈"发散——收敛——发散"态势。

图 4-8（c）反映了中国义务教育产出效率差异来源贡献的演变趋势。从表 4-14 中发现，超变密度贡献率均值高达 47.27%，区域间和区域内贡献率依次降低，贡献率分别为 21.19% 和 31.54%，这说明超变密度是中国义务教育产出效率空间差异的主要来源。考察期内区域内贡献率和区域间贡献率总体呈下降趋势，年均递减率分别为 0.08% 和 1.23%；超变密度贡献率波动上升，年均增长率为 1.16%。从演变趋势来看，区域间贡献率曲线呈现平稳波动态势，而区域间贡献率和超变密度贡献率曲线走势却出现明显上下波动。对区域内贡献率进行分解可以发现东部、西部和中部地区的贡献率依次降低，东部地区贡献率呈下降趋势，年均递减率为 0.97%，中部和西部贡献率呈上升趋势，年均增长率分别为 1.42% 和 2.53%。对区域间贡献率进行分解可以看出东部与西部地区间贡献率远高于东部与中部、中部与西部，其平均贡献率分别为 9.26%、6.81% 和 5.12%。考察期内东部与中部地区间贡献率呈下降趋势，年均递减率为 6.08%，东部与西部、中部与西部地区间贡献率呈上升趋势，年均增长率分别为 1.69% 和 1.56%。

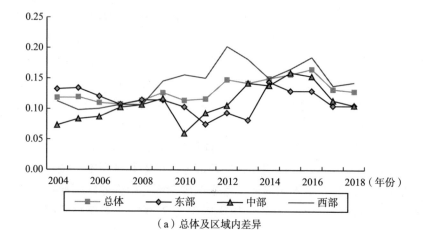

（a）总体及区域内差异

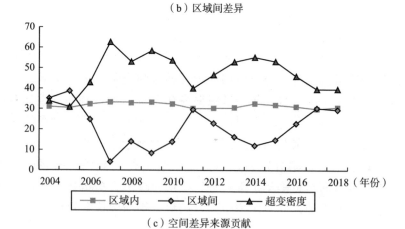

（b）区域间差异

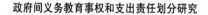

（c）空间差异来源贡献

图 4-8 义务教育产出效率空间差异大小及贡献率

表 4 - 13 义务教育产出效率的基尼系数

年份	总体	区域内基尼系数			区域间基尼系数		
		东部	中部	西部	东部与中部	东部与西部	中部与西部
2004	0.1183	0.1323	0.0729	0.1125	0.1291	0.1374	0.0975
2005	0.1194	0.1341	0.0833	0.0982	0.1380	0.1312	0.1023
2006	0.1101	0.1206	0.0869	0.1003	0.1124	0.1143	0.1102
2007	0.1077	0.1072	0.1026	0.1071	0.1094	0.1082	0.1081
2008	0.1138	0.1146	0.1068	0.1063	0.1171	0.1171	0.1119
2009	0.1268	0.1146	0.1173	0.1455	0.1179	0.1324	0.1338
2010	0.1141	0.1034	0.0598	0.1558	0.0876	0.1370	0.1230
2011	0.1166	0.0749	0.0932	0.1505	0.0918	0.1401	0.1345
2012	0.1480	0.0936	0.1058	0.2023	0.1163	0.1733	0.1765
2013	0.1423	0.0817	0.1424	0.1815	0.1258	0.1510	0.1723
2014	0.1500	0.1444	0.1387	0.1502	0.1469	0.1572	0.1533
2015	0.1568	0.1296	0.1596	0.1656	0.1565	0.1629	0.1664
2016	0.1654	0.1297	0.1535	0.1849	0.1550	0.1859	0.1775
2017	0.1323	0.1053	0.1141	0.1382	0.1184	0.1578	0.1450
2018	0.1290	0.1059	0.1060	0.1435	0.1156	0.1516	0.1387
均值	0.1300	0.1128	0.1095	0.1428	0.1225	0.1438	0.1367

资料来源：主要根据《中国统计年鉴》《中国教育统计年鉴》和《中国教育经费统计年鉴》相关数据计算整理所得。

表 4 - 14 义务教育产出效率空间差异来源贡献 单位：%

年份	区域内贡献率				区域间贡献率				超变密度贡献率
	东部	中部	西部	总体	东部与中部	东部与西部	中部与西部	总体	
2004	15.21	5.66	10.18	31.05	17.42	12.80	4.92	35.15	33.80
2005	15.23	6.55	8.66	30.43	19.60	11.19	7.94	38.73	30.84
2006	16.10	7.19	9.01	32.30	10.13	3.55	11.11	24.79	42.91
2007	14.80	8.13	10.32	33.25	2.17	0.57	1.38	4.12	62.62
2008	15.69	7.68	9.50	32.87	6.77	6.75	0.58	14.10	53.03

年份	区域内贡献率				区域间贡献率				超变密度贡献率
	东部	中部	西部	总体	东部与中部	东部与西部	中部与西部	总体	
2009	13.44	8.05	11.72	33.20	3.58	1.06	3.77	8.41	58.39
2010	13.18	4.38	14.80	32.37	2.18	7.76	4.00	13.94	53.69
2011	8.93	6.79	14.49	30.22	7.72	16.22	5.73	29.67	40.12
2012	9.23	5.62	15.52	30.37	3.13	9.84	9.99	22.97	46.66
2013	8.27	8.23	14.17	30.67	1.05	9.24	6.05	16.35	52.98
2014	13.95	7.70	10.93	32.59	1.54	6.78	3.80	12.13	55.28
2015	13.05	8.41	10.48	31.93	5.26	7.98	1.60	14.84	53.23
2016	12.76	7.62	10.73	31.10	7.55	12.33	2.96	22.84	46.06
2017	12.88	7.27	9.82	29.97	6.82	16.69	6.84	30.34	39.69
2018	13.27	6.89	10.55	30.71	7.24	16.19	6.11	29.54	39.75
均值	13.07	7.08	11.39	31.54	6.81	9.26	5.12	21.19	47.27

资料来源：主要根据《中国统计年鉴》《中国教育统计年鉴》和《中国教育经费统计年鉴》相关数据计算整理所得。

4.2.3 我国义务教育产出效率分布动态演进

本部分将运用 Kernel 密度非参数估计方法考察义务教育产出效率的分布动态演进，首先对 2004~2018 年义务教育产出效率的分布动态演进进行考察，然后分别分析全国以及东部、中部、西部地区义务教育产出效率的分布动态演进。

1. Kernel 密度非参数估计方法介绍

Kernel 密度估计是常见的研究空间分布非均衡问题的非参数估计方法，Kernel 密度估计用连续的密度曲线，描述随机变量的分布形态，多用于随机变量的概率密度函数估计。随机变量 X 的密度函数为 f(x)，在 x 点的概率密度表示为：

$$f(x) = \frac{1}{Nh} \sum_{i=1}^{N} K\left(\frac{X_i - x}{h}\right) \qquad (4-19)$$

式（4-19）中，观测值的个数为 N，X_i 为独立同分布的观测值，带宽

h，均值 x，核函数 k。作为加权函数或平滑转换函数，核函数一般要满足：

$$
\begin{cases}
\lim\limits_{x\to\infty} K(x)\cdot x = 0 \\
K(x)\geq 0, \ \int_{-\infty}^{+\infty} K(x)\,dx = 1 \\
\sup K(x) < +\infty, \ \int_{-\infty}^{+\infty} K^2(x)\,dx < +\infty
\end{cases}
\qquad (4-20)
$$

本章利用高斯核函数估计义务教育产出效率分布动态演进态势，高斯核函数如公式（4-21）所示：

$$
K(x) = \frac{1}{\sqrt{2\pi}}\exp\left(-\frac{x^2}{2}\right) \qquad (4-21)
$$

变量分布的位置、形态等信息可以通过核密度估计分布图获得。义务教育产出效率的高低可以通过分布位置信息反映；义务教育产出效率的空间绝对差异大小和极化程度可以通过分布形态信息反映，波峰的高度、宽度反映空间绝对差异大小，波峰数量反映极化程度。

2. 我国义务教育产出效率的分布动态演进分析

（1）全国层面。如图 4-9（a）所示，从分布位置看，2004～2018 年，总体的义务教育产出效率逐渐向左移动，意味着中国义务教育产出效率呈现下降趋势。从分布形态看，2004～2012 年波峰逐渐升高，2013～2018 年波峰先降后升，且波峰由平缓逐渐陡峭，这说明我国各省份义务教育产出效率的绝对差异整体呈缩小趋势，但部分年份有所反弹。从波峰数量看，各省的义务教育产出效率存在两极分化现象。

（2）东部地区。如图 4-9（b）所示，从分布位置看，东部地区的义务教育产出效率分布曲线呈先右移后左移的变化趋势，但总体看来向左移动，说明东部地区的义务教育产出效率有较大下行压力。从分布形态看，与 2003 年相比，2018 年主峰较为陡峭且峰值变大，东部地区义务教育产出效率分布的宽度呈"增大—减小"的趋势，东部地区义务教育产出效率的绝对差异呈缩小趋势。2004～2009 年波峰较低，波峰和坡度较小，说明 2004～2009 年间东部地区义务教育产出效率的绝对差异较大，随着逐步发展，2018 年义务教育产出效率绝对差异逐步缩小。从波峰数量看，我国东部地区的义务教育产出效率存在多极分化现象。

（3）中部地区。如图 4-9（c）所示，从分布位置看，中部地区的义务教育产出效率分布曲线向左移动，这说明在样本考察期内，中部地

117

区的义务教育产出效率有所降低。从分布形态看，波峰呈升高趋势，坡度呈上升趋势，这说明中部地区的义务教育产出效率绝对差异逐渐缩小。从波峰数量看，中部地区的义务教育产出效率存在两极分化现象。

（4）西部地区。如图4-9（d）所示，从分布位置看，西部地区的义务教育产出效率分布曲线波动较大，总体来看向左移动，这说明在样本考察期内，西部地区的义务教育产出效率呈波动下降趋势。从分布形态看，波峰和坡度又逐渐升高，这说明西部地区义务教育产出效率的绝对差异逐渐缩小。从波峰数量看，西部地区义务教育产出效率存在多极分化现象。

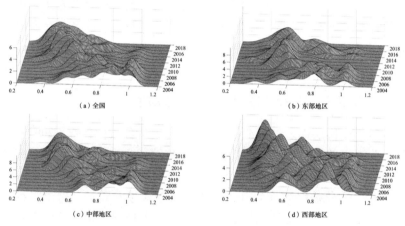

图4-9　义务教育产出效率分布动态：2004~2018年

4.3　地方义务教育产出效率水平分析——以山东省为例

4.3.1　山东省义务教育产出效率水平测度

根据上文构建的指标体系，本部分运用数据包络分析 SBM 模型对山东省17个地级市的义务教育产出效率水平进行测度，并将其划分为鲁东、鲁中、鲁西三大地区，就其义务教育产出效率水平进行区域对比分析。

图4-10报告了2013~2019年山东省义务教育产出效率的演变趋势。由图4-10可知，山东省义务教育产出效率水平大体呈现先升后降再上升的变化趋势，分别于2014年和2016年达到样本期内最大值和最小值，且各地级市情况存在明显的差异。从全省层面来看，2013年济南、东营、泰安、菏泽的义务教育产出效率值达到1，2018年只有菏泽市的义务教育产出效率达到前沿面，最低的威海市仅为0.5573，说明山东省义务教育产出效率尚存在较大的协同提升空间。就三大地区而言，鲁东、鲁中、鲁西地区的义务教育产出效率水平略有差异，但与整体水平的变动趋势较为一致。此外，考察期内三大地区的义务教育产出效率排名为鲁西 > 鲁中 > 鲁东，由此可见，随着近年来山东省加大对省内中西部地区的义务教育的投入和管理，山东省鲁西、鲁中地区的义务教育产出效率提升得非常快。

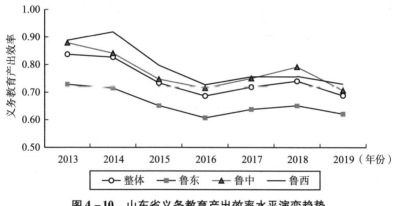

图4-10 山东省义务教育产出效率水平演变趋势

4.3.2 山东省义务教育产出效率空间差异研究

本部分借鉴 Dagum 基尼系数及其分解方法，按照鲁东、鲁中、鲁西三区域划分方式，把整体空间差异分解成三个部分：超变密度、区域内差异、区域间差异，全面揭示山东省义务教育产出效率的空间差异大小、来源、贡献率及其演变规律。

图4-11（a）反映了山东省义务教育产出效率整体及区域内差异的演变趋势。如表4-15所示，在整体基尼系数方面，山东省义务教育

产出效率的整体基尼系数均值为0.0838,考察期内大致呈现上升趋势,年均递增率为4.94%。从演变趋势来看,山东省义务教育产出效率在2013~2014年呈波动上升趋势,2014~2016年以后逐渐降低,此后再次上升。在区域内基尼系数方面,鲁中地区内差异相对较大,其基尼系数均值为0.0741,鲁西、鲁东地区内差异依次降低,其基尼系数均值分别为0.0673和0.0551。考察期内,三大地区义务教育产出效率的空间差异表现出不同程度的提升,其中鲁西地区的年均增长率最高,鲁东地区次之,鲁中地区最慢。从演变趋势来看,鲁东地区内基尼系数呈现出先下降后上升的演变趋势;鲁中地区在2013~2014年有所上升,2014~2015年间有所下降,此后逐渐超越鲁西地区,其区域内非均衡程度在2016~2018年间达到最高;鲁西地区内基尼系数在2013~2016年先升后降,此后波动幅度较大且显著高于鲁东和鲁中地区。

表4-15　　　　　　　　山东省义务教育产出效率的基尼系数

年份	总体	区域内基尼系数			区域间基尼系数		
		鲁东	鲁中	鲁西	鲁东与鲁中	鲁东与鲁西	鲁中与鲁西
2013	0.0765	0.0471	0.0686	0.0512	0.1007	0.0996	0.0627
2014	0.0877	0.0372	0.0799	0.0613	0.0911	0.1320	0.0849
2015	0.0708	0.0387	0.0480	0.0610	0.0740	0.1101	0.0702
2016	0.0699	0.0445	0.0560	0.0502	0.0864	0.0994	0.0597
2017	0.0869	0.0685	0.0834	0.0733	0.0992	0.0978	0.0812
2018	0.0926	0.0667	0.0910	0.0699	0.1107	0.0964	0.0900
2019	0.1022	0.0833	0.0917	0.1041	0.1014	0.1153	0.1064
均值	0.0838	0.0551	0.0741	0.0673	0.0948	0.1072	0.0793

资料来源:主要根据《山东统计年鉴》《山东教育统计资料》和《山东教育经费统计公报》相关数据计算整理所得。

图4-11(b)反映了山东省义务教育产出效率区域间差异的演变趋势。如表4-15所示,就区域间基尼系数来看,鲁东与鲁西地区间差异最大,鲁东与鲁中地区的差异次之,鲁中与鲁西地区的差异最小。考察期内,各区域间基尼系数在波动中均呈上升趋势,鲁东与鲁中、鲁东

与鲁西、鲁中与鲁西地区的年均增长率分别为 0.12%、2.47% 和
9.21%。从演变趋势来看，鲁东与鲁中地区间差异在样本期内呈现出先
降后升再下降的波动趋势；鲁东与鲁西、鲁中与鲁西地区间基尼系数曲
线波动一致，均表现出先升后降再上升的变化过程。

　　图 4 - 11（c）反映了山东省义务教育产出效率差异来源贡献的演
变趋势。如表 4 - 16 所示，贡献率大小反映了效率差异来源的贡献率的
大小，区域间差异贡献率均值比较高，达到 48.03%，区域内差异贡献
率和超变密度贡献率依次降低，分别为 27.71% 和 24.26%，这说明区
域间差异是山东省义务教育产出效率空间差异的主要来源。考察期内，
区域间差异贡献率总体呈下降趋势，年均递减率为 7.61%；区域内差
异贡献率和超变密度贡献率波动上升，年均增长率分别为 2.68% 和
9.09%。从演变趋势来看，区域内差异贡献率曲线呈平稳波动态势，区
域间差异贡献率和超变密度贡献率曲线走势恰好相反。进一步地，通过
区域内贡献率进行分解可以看出鲁中、鲁西和鲁东地区的贡献率依次降
低，鲁中地区贡献率呈下降趋势，年均递减率为 0.35%，鲁东和鲁西
贡献率呈上升趋势，年均增长率分别为 5.43% 和 7.26%。对区域间贡
献率进行分解可以看出鲁东与鲁中地区间贡献率远高于鲁东与鲁西、鲁
中与鲁西，其平均贡献率分别为 22.93%、19.31% 和 5.79%。考察期
内鲁东与鲁中、鲁东与鲁西地区间贡献率呈下降趋势，年均递减率分别
为 10.34% 和 7.61%，鲁中与鲁西地区间贡献率呈上升趋势，年均增长
率为 15.16%。

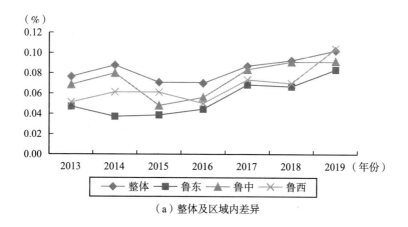

（a）整体及区域内差异

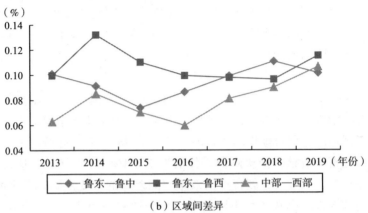

（b）区域间差异

122

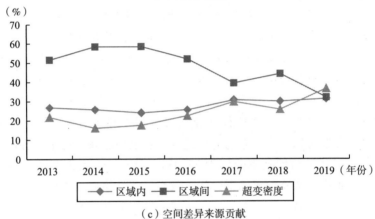

（c）空间差异来源贡献

图4-11　山东省义务教育产出效率空间差异大小及贡献率

表4-16　　　　山东省义务教育产出效率空间差异来源贡献　　　单位：%

年份	区域内贡献率				区域间贡献率				超变密度贡献率
	鲁东	鲁中	鲁西	总体	鲁东与鲁中	鲁东与鲁西	鲁中与鲁西	总体	
2013	4.63	15.96	6.14	26.73	28.38	21.49	1.70	51.57	21.70
2014	3.18	15.72	6.72	25.61	21.08	24.32	12.97	58.37	16.02
2015	4.19	11.71	8.10	24.00	22.39	24.37	11.73	58.48	17.51
2016	4.86	14.15	6.57	25.58	27.24	21.66	3.08	51.98	22.44

续表

年份	区域内贡献率				区域间贡献率				超变密度贡献率
	鲁东	鲁中	鲁西	总体	鲁东与鲁中	鲁东与鲁西	鲁中与鲁西	总体	
2017	6.04	16.99	7.68	30.72	21.87	16.45	1.16	39.48	29.80
2018	5.48	17.82	6.69	29.99	24.83	13.52	5.90	44.26	25.76
2019	6.36	15.63	9.35	31.34	14.74	13.37	3.97	32.08	36.58
均值	4.96	15.42	7.32	27.71	22.93	19.31	5.79	48.03	24.26

资料来源：主要根据《山东统计年鉴》《山东教育统计资料》和《山东教育经费统计公报》相关数据计算整理所得。

4.3.3　山东省义务教育产出效率分布动态演进

本部分将运用 Kernel 密度非参数估计方法，揭示山东省整体及鲁东、鲁中、鲁西地区义务教育产出效率的分布动态演进规律。

（1）整体层面。如图 4 - 12（a）所示，从分布位置看，2013 ~ 2019 年，整体的义务教育产出效率逐渐向左移动，意味着山东省义务教育产出效率呈现下降趋势。从分布形态看，2013 ~ 2019 年波峰逐渐升高，且波峰由平缓逐渐陡峭，这说明山东省各地市义务教育产出效率的绝对差异整体呈缩小趋势。从波峰数量看，省内义务教育产出效率在个别年份存在两极分化现象。

（2）鲁东地区。如图 4 - 12（b）所示，从分布位置看，鲁东地区的义务教育产出效率分布曲线呈先左移后右移的变化趋势，但总体看来向左移动，说明山东省东部地区的义务教育产出效率有较大下行压力。从分布形态看，2013 ~ 2016 年波峰和坡度较大，说明该时期鲁东地区义务教育产出效率的绝对差异较小，其余年份绝对差异较大。从波峰数量看，鲁东地区的义务教育产出效率不存在极化现象。

（3）鲁中地区。如图 4 - 12（c）所示，从分布位置看，鲁中地区的义务教育产出效率分布曲线向左移动，这说明在样本考察期内，山东省中部地区的义务教育产出效率有所降低。从分布形态看，波峰呈升高趋势，坡度呈上升趋势，这说明鲁中地区的义务教育产出效率绝对差异逐渐缩小。从波峰数量看，鲁中地区的义务教育产出效率存在两极分化现象。

（4）鲁西地区。如图 4-12（d）所示，从分布位置看，鲁西地区的义务教育产出效率分布曲线波动较大，总体来看向左移动，这说明在样本考察期内，山东省西部地区的义务教育产出效率呈波动下降趋势。从分布形态看，波峰和坡度有逐渐升高，这说明鲁西地区义务教育产出效率的绝对差异逐渐缩小。从波峰数量看，鲁西地区的义务教育产出效率存在多极分化现象。

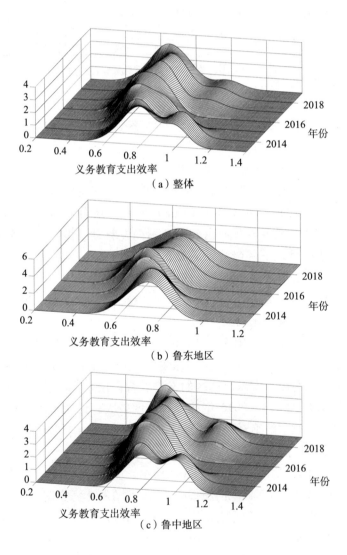

（a）整体

（b）鲁东地区

（c）鲁中地区

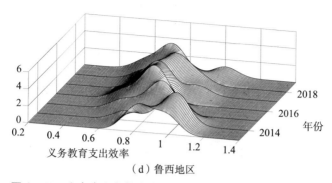

（d）鲁西地区

图 4 - 12 山东省义务教育产出效率分布动态：2013 ～ 2019 年

第5章 我国义务教育事权和支出责任划分对义务教育产出效率的影响

本章主要是利用面板固定效应、倾向值分析（PSM）、门槛回归等计量方法分析义务教育事权和支出责任的现实划分对于我国义务教育产出效率的影响，考察我国现有的义务教育事权和支出责任划分的合理性和科学性，验证上述章节的理论分析与假设。

5.1 中央和地方政府间义务教育事权和支出责任划分对义务教育产出效率的影响

按照我国中央政府和地方政府间义务教育事权和支出责任的划分现状，研究我国义务教育领域的财政事权和支出责任划分对义务教育产出效率的影响机制。

5.1.1 实证研究设计

1. 模型构建和变量选取

参照陈燕、李光龙（2018），哈巍、刘叶（2018）的研究，使用面板固定效应进行基准分析，本章构建的实证模型如下：

$$EDU_{i,t} = \alpha_0 + \alpha_1 \cdot FD\_edu_{i,t} + \beta Z_{i,t} + \gamma_i + \mu_t + \varepsilon_{i,t} \qquad (5-1)$$

上式中，$EDU_{i,t}$是被解释变量，代表我国义务教育产出水平。FD_

$edu_{i,t}$ 是核心解释变量义务教育财政分权度，在下面的回归分析中分别指代中央—省义务教育财政分权和省—市义务教育财政分权。$Z_{i,t}$ 代表系列控制变量，包括人均实际 GDP（lnpgdp）、城镇化率（urban）、地区对外开放度（open）、财政自主度、少年儿童抚养比（childep）、人均财政支出来进行实证检验。μ_i 为地区固定效应，控制各地区未观察到的、不依时间变化的差异性。γ_i 是时间固定效应，用以控制国家政策或宏观经济形势对各地区共同的影响。$\varepsilon_{i,t}$ 是随机扰动项，i 和 t 分别代表省份 i 和年份 t，α 是解释变量的回归系数。

在分析我国中央和地方政府间义务教育事权和支出责任划分对义务教育产出的影响时，我们选取以下变量指标。

（1）被解释变量——义务教育综合产出指数（$EDU_{i,t}$）。

已有研究对教育产出的研究大多以教育公共产品供给水平（如教育投入水平）来衡量；或是采用公共教育的中间产出（如师生比）或最终产出（如升学率）来衡量。本章从供给、中间产出和最终产出三个维度，采用费德里西和马齐泰利（Federici & Mazzitelli，2009）的动态主成分分析法，对指标进行无量纲化处理后，运用 SPSS 19.0 因子分析法将多维指标综合成一维义务教育综合产出指数作为被解释变量，使被解释变量指标的综合性相对较高，更具代表性。

（2）解释变量——义务教育财政分权度 $FD\_edu_{i,t}$。

本章以义务教育财政分权指标来代表政府间义务教育事权和支出责任划分的情况，已有财政分权的研究大多集中在总体财政分权指标，财政分权指标的选取和设定主要有财政收入分权指标和财政支出分权指标两类，财政收入分权指标如地方财政净收入占地方财政总支出比重（陈硕，2010），财政支出分权指标如地方财政支出中省本级支出所占比重、省本级支出与中央本级支出比重（傅勇、张晏，2007）。考虑到义务教育公共品的属性和特点，为了保证样本数据和实证结果的可靠性，本章选取义务教育财政分权来展开研究。

本章借鉴龚锋、雷欣（2010）测算我国财政分权度的方法，选取了国家财政性义务教育经费/义务教育经费、地方政府承担的国家财政性义务教育经费/国家财政性义务教育经费、地方教育支出/地方一般预算支出三个指标，为了保证数据信息损失最小，用加权乘积法把多维指标转换成单维的组合指标进行测算。在下面的回归中分别就中央—省义务教育财政分权和省以下义务教育财政分权分析。

（3）控制变量。

影响义务教育产出效率的因素，除义务教育财政分权外，本章还在回归模型中引入其他可能影响地方政府义务教育事权和支出责任划分，从而影响义务教育产出的外生环境变量，主要包含经济发展水平、城镇化发展水平、对外开放程度、地方政府财政资源、对义务教育需求等控制变量。本章以人均实际 GDP（lnpgdp）、城镇化率（urban）、对外开放度（open）、财政自主度（F_self）、少年儿童抚养比（childep）、财政支出压力（pexpend）表示。

①人均实际 GDP（lnpgdp），各地区经济发展水平反映了当地的经济状况，以地区人均实际 GDP 取自然对数，用 lnpgdp 表示，一般经济发展水平高的地方政府义务教育经费投入就多，同时经济发展对义务教育供给可能有挤出效应。

②城镇化率（urban），用来衡量一国或某一地区经济发展水平以及社会组织程度和管理水平。城镇化水平通常以地区城镇人口占全部人口的比重表示。我国城镇化率水平在一定程度上有可能被高估，城镇人口包含了居住期限达到一定标准的农民工群体。本章的城镇化率指标 Ur 采用官方统计方法，计算公式为：

$$Ur = \frac{年末城镇常住人口数（万人）}{年末常住人口数（万人）} \qquad (5-2)$$

③对外开放度（open），地区对外开放的程度可以用地区 GDP 中，进出口贸易贡献的比重来表示，考虑到货币市场汇率波动对进出口贸易的影响，在地区进出口总额基础上乘以历年平均汇率，以剔除汇率的影响。往往对外开放度高的地区，教育的关注度更高，教育理念更先进。

$$OPEN = \frac{各地区的进出口总额 * 当年的平均汇率}{各地区当年 GDP} \qquad (5-3)$$

④财政自主度（F_self），用来反映地方政府可支配财政资源中有多少是来自于地方政府本级的财政收入，可以用地方自有财政收入占地方财政总支出的比重来表示。

$$F\_self = \frac{地方政府本级财政收入}{地方政府财政总支出} \qquad (5-4)$$

由于地方财政收入和地方人力资本、经济发展水平等因素有关，人力资源丰富、经济规模大的地区，税基更丰裕，地方的本级财政收入就越多，因而，应该"过滤"掉人口、经济对指标的影响。利用人均指标代替总量指标，剔除人口规模的影响；用经济规模缩减因子 ω 作为权重，过滤经济规模对指标的影响，其中 $\omega = \left[1 - \left(\dfrac{GDP_i}{GDP_N}\right)\right]$，$GDP_i$ 为第 i 省的国内生产总值，GDP_N 为全国的国内生产总值。某省 GDP 占全国 GDP 比重较大时，ω 就比较小，一定程度上可以削弱税基对实际分权程度的干扰。

⑤少年儿童抚养比（childep），少年儿童抚养比是反映少年儿童人口数占劳动年龄人口数的比重，用 0 ~ 14 岁人口数占有劳动能力人口（15 ~ 64 岁人口）的比重表示，用来控制有义务教育需求的人口因素的影响。少儿抚养比和义务教育综合产出指数成反比，少儿抚养比越高，义务教育综合产出越低。

⑥财政支出压力（pexpend），财政支出压力 =（财政收入 − 财政支出）/GDP。

如果地方政府承担的支出责任与其可支配的财力不匹配，地方财政压力必然在一定程度上对地方的公共支出结构产生影响。为了控制这种影响，回归方程中引入财政压力的变量，用以控制地方政府资金约束对义务教育产出的影响。

2. 数据来源与统计特征

考虑到数据的可获取性和可靠性，本章选取 2003 ~ 2018 年 30 个省市自治区（西藏除外）的面板数据，分析义务教育事权和支出责任划分对义务教育发展的影响，所用变量根据《中国统计年鉴》《中国教育统计年鉴》《中国教育经费统计年鉴》和《中国人口和就业统计年鉴》相关数据计算整理所得，这里的统计数据并未包括转移支付。各个变量的具体特征如表 5 − 1 表示。

表 5 − 1　　　　　　　　　　变量描述性统计

变量名称	符号	观测值	均值	标准差	最小值	中位数	最大值
义务教育综合产出指数	EDU	420	− 0.06	0.37	− 0.76	− 0.10	0.82
义务教育分权度	FD_edu	420	0.47	0.030	0.39	0.47	0.53
人均实际 GDP（对数）	lnpgdp	420	1.42	0.48	0.58	1.46	2.45

续表

变量名称	符号	观测值	均值	标准差	最小值	中位数	最大值
城镇化率（%）	urban	420	0.52	0.14	0.30	0.50	0.89
对外开放度（%）	open	420	30.01	35.76	4	13.25	143.8
财政自主度	F_self	360	3.14	2.37	0.30	2.44	9.99
少年儿童抚养比（%）	childep	420	23.55	6.71	10.64	23.45	37.70
财政支出压力（对数）	pexpend	420	8.63	0.79	7	8.77	10.12

相关性是分析研究的重要前提，表5-2汇报了核心解释变量义务教育财政分权度、控制变量与义务教育产出的相关性分析结果。可以发现义务教育财政分权度与义务教育产出存在正向相关关系，相关性分析初步表明义务教育财政分权度对义务教育发展水平存在正向影响，下面将进一步验证这种正向影响是否稳定可靠。

表 5-2　　　　　　　　　　**相关性分析结果**

变量名称	FZ	fd edu	lnpgdp	urban	open	childep	F_self	F_pres
FZ	1							
fd edu	0.084 *	1						
lnpgdp	0.719 ***	0.097 **	1					
urban	0.535 ***	-0.234 ***	0.845 ***	1				
open	0.373 ***	-0.321 ***	0.461 ***	0.750 ***	1			
childep	0.442 ***	-0.095 *	0.469 ***	0.539 ***	0.726 ***	1		
F_self	-0.215 ***	0.168 ***	-0.670 ***	-0.782 ***	-0.505 ***	-0.453 ***	1	
F_pres	0.587 ***	0.122 **	0.832 ***	0.616 ***	0.170 ***	0.0590	-0.428 ***	1

5.1.2　实证分析结果

利用 Stata 14.0 对 30 个省市自治区（剔除西藏和港澳台地区）2003～2018 年数据进行面板回归，这里首先进行固定效应估计，在回归分析中同时控制了时间与省份的个体固定效应，表5-3中列（1）显示了回归分析结果，可以发现义务教育财政分权在 10% 的显著性水平上对义务教育综合产出存在正向影响，这与相关性分析的结果一致。即财政分权度越高，给当地义务教育的发展带来积极的影响，义务教育发展得就越好。

表 5 - 3　　　　　　　　　　全国和分地区的回归结果

变量名称	(1)	(2)	(3)	(4)	(5)
	全样本	东部	中西部	发达	欠发达
fd_edu	0.946 * (1.90)	1.337 (1.36)	1.496 *** (2.72)	0.220 (0.20)	1.074 * (1.93)
L. lnpgdp	0.474 *** (3.96)	0.170 (0.61)	0.791 *** (6.18)	0.973 ** (2.27)	0.652 *** (5.17)
urban	0.438 (0.97)	0.604 (0.78)	0.378 (0.71)	- 0.457 (- 0.38)	0.676 (1.35)
open	- 0.001 * (- 1.78)	- 0.000 (- 0.17)	- 0.007 *** (- 3.10)	0.000 (0.06)	- 0.002 (- 0.90)
L. childep	- 0.028 (- 1.05)	0.085 ** (2.17)	- 0.187 *** (- 4.25)	0.111 ** (2.51)	- 0.130 *** (- 3.36)
F_self	0.017 *** (4.53)	0.032 *** (4.47)	0.012 *** (2.68)	0.048 *** (5.76)	0.012 *** (2.89)
L. F_pres	- 0.094 (- 1.03)	- 0.500 *** (- 2.97)	0.329 *** (2.91)	- 0.529 ** (- 2.23)	0.105 (1.02)
时间固定效应	控制	控制	控制	控制	控制
省份固定效应	控制	控制	控制	控制	控制
_cons	- 0.961 (- 1.39)	1.429 (1.27)	- 4.048 *** (- 4.56)	1.398 (0.95)	- 2.422 *** (- 2.91)
N	330	121	209	88	242
r2_a	0.841	0.857	0.866	0.882	0.852
F	105.006	43.979	80.968	39.484	83.645

注：括号内数值为 t 值；*** 、 ** 、 * 分别表示系数在 1% 、5% 、10% 的水平上显著。

一方面，国家一系列关于义务教育法律和制度的完善，如新《义务教育法》的修改实施，从制度上进一步规范地方政府履行义务教育职责的行为。另一方面，随着我国全面深化改革和全面推进依法治国进程，现代国家治理机制必然要求政府职能随之转变，对服务型政府的考核晋升指标也从单一 GDP 标准走向多元。在这种委任制路径影响下，地方政府既要发展地方经济，又不能忽视公共教育等民生产品的供给。所以，在这种政治激励机制下，地方教育财政分权越大，拥有更多的财政自主权，地方政府就会加大义务教育投入，提升义务教育产品供给效率，提高当地义务教育发展水平。

5.1.3 异质性分析

本章的异质性分析主要从地区间差异、经济发达程度和义务教育财政分权变动差异三个角度进行检验。

首先，从地区差异化角度分析。就中国经济发展而言，东中西部存在较为明显的地区发展差异，这种差异不但体现在经济发展上，同样也体现在义务教育发展上。东部地区聚集了全国大量的教育资源与教育人才，相较于中西部的教育水平发展，无论是在资金还是人才方面，东部均具有明显的优势，为验证义务教育事权和支出责任划分对义务教育发展的影响是否因地区差异而存在不同，本章对式（5-1）把全样本划分为东部与中西部两组进行回归，以验证义务教育分权的影响是否存在地区差异。表5-3 中列（2）、列（3）分别显示了东部与中西部的回归结果。

回归结果显示，义务教育分权对义务教育发展水平的影响在东部并不显著，而在中西部却很显著。这其实反映了这样一个事实，东部地区义务教育发展水平本身已经比较高，义务教育分权已经比较合理，义务教育分权对义务教育产出的影响效应已经十分微小，即教育分权的边际影响效应已经较弱。在东部地区目前的义务教育事权和支出责任划分格局下，影响义务教育发展更多的可能是教育理念、教育环境、人才的素质等其他因素，这些因素的边际效应更大，从而弱化了义务教育分权对义务教育产出的影响，义务教育分权对义务教育发展水平不显著。而中西部义务教育分权的边际影响效应仍然处于明显的上升阶段，中西部地区市场化程度、对外开放程度远没有东部地区高，中西部地区政府事权和支出责任划分等非市场化因素对义务教育发展的影响更大。这表明东部地区如果要继续提升义务教育发展水平，应该在现有义务教育事权和支出责任划分状况下，从其他方面如地方的人口结构、地方政府的公共资金约束等方面寻找突破口；而中西部地区可以通过义务教育分权即义务教育的事权和支出责任划分的完善，从而进一步提升义务教育的产出效率。

其次，发达地区和欠发达地区的对比分析，虽然东部地区属于发达地区，但是即使在东部地区也存在着较为明显的差异，例如上海、广东的发展水平明显高于其他省份，为研究发达地区与欠发达地区的义务教育分权对义务教育发展水平的影响是否存在差异，本章根据地区人均GDP规模大小，将三个直辖市（京、津、沪）、广东省、江苏省、山东省、浙江省归为发达地区，其他地区作为欠发达地区对式（5-1）进行分组回归。表5-3中列（4）、列（5）显示了分析结果。

从回归结果可以看出发达地区义务教育分权对义务教育产出效率的影响并不显著，欠发达地区反而显著。欠发达地区的义务教育分权每变动1%，就会带来义务教育产出效率1.074倍的提升。这在很大程度上是由于义务教育的发展虽然受当地经济水平的影响，但义务教育的公共产品属性决定了义务教育产出受政府的影响更多，特别是义务教育领域，中央和地方政府的事权和支出责任如何划分直接对义务教育产出有着显著的正向影响。而且从义务教育财政资金投入上看，除了地方政府的教育支出外，中央对地方政府的义务教育的专项转移支付还占了很大的比重。所以，政府因素的影响，特别是义务教育分权对义务教育产出效率的影响远远高于地方的经济发展水平的影响。

再次，从义务教育分权变动差异分析。图5-1反映了全样本中各个省份的义务教育财政分权变动趋势，整体而言，云南、内蒙古、宁夏、新疆、海南、贵州、天津的义务教育财政分权变动趋势呈现"单峰"趋势，而其他省份则呈现"双峰"趋势。单峰意味着义务教育分权的整体波动要弱于双峰所代表的义务教育分权变动，为验证这种变动对教育分权影响的异质性，本章把单峰变动的省份与双峰变动的省份分别进行回归验证，回归结果如表5-4所示。

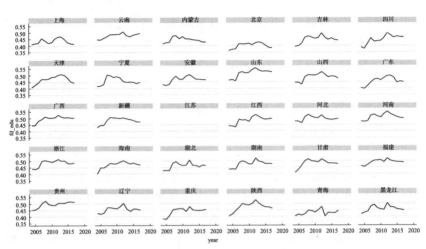

图 5 - 1　我国义务教育财政分权变动趋势

表 5 - 4　　　　　　　　　义务教育分权变动幅度的回归分析结果

变量名称	（1）	（2）	（3）
	单峰趋势	双峰趋势	门槛回归
fd_edu	2.662 *** （4.23）	0.321 （0.52）	
L. lnpgdp	0.602 *** （4.28）	0.360 ** （2.16）	0.974 *** （8.84）
urban	- 0.672 （- 0.82）	0.664 （1.36）	- 0.967 *** （- 2.90）
open	0.000 （0.02）	- 0.000 （- 0.22）	0.00112 （1.26）
L. childep	0.156 * （1.99）	- 0.080 *** （- 2.74）	0.0217 ** （2.19）
F_self	0.022 *** （3.22）	0.015 *** （3.39）	0.0281 ** （8.60）
L. F_pres	- 0.848 *** （- 5.33）	0.057 （0.56）	- 0.114 *** （- 2.90）

续表

变量名称	(1)	(2)	(3)
	单峰趋势	双峰趋势	门槛回归
fd_edu_1			−0.0592 (−0.13)
fd_edu_2			0.847 * (1.73)
时间固定效应	控制	控制	
省份固定效应	控制	控制	
_cons	3.764 *** (2.75)	−1.566 ** (−2.08)	−0.697 * (−1.73)
N	77	253	270
r2_a	0.943	0.840	0.652
F	74.644	80.164	64.11

注：括号内数值为 t 值；*** 、** 、* 分别表示系数在 1%、5%、10% 的水平上显著。

最后，分析回归结果，可以发现义务教育分权变动幅度较大的省份，即双峰趋势的省份的义务教育分权对义务教育产出的影响并不显著；而义务教育分权变动幅度较小的省份，即单峰趋势的省份则在 1% 的水平上高度显著，这意味着义务教育分权的变动幅度不宜过大，即义务教育事权和支出责任在中央和地方政府间划分的变动不宜过于频繁，应当保持一定的稳定性。

5.1.4　倾向值分析

在考察了义务教育分权对义务教育产出存在着影响、这种影响是否存在差异之后，将进一步分析对两个除了在义务教育分权程度存在差异、在其他各方面均不存在显著差异的省份而言，是义务教育分权程度高的省份义务教育产出效率高，还是义务教育分权程度低的省份义务教育产出效率高？为此进一步采用倾向值进行分析。

按照义务教育分权 50% 分位数为标准，把全样本区分为义务教育分权度高的实验组与义务教育分权度低的控制组，设置虚拟变量 t，若 t 等于 1 则为实验组，否则为控制组。然后，采用样条匹配、马氏匹配、卡尺匹配验证实验组与控制组因教育分权度的不同而导致的差异。表 5 - 5 分别显示了样条匹配、马氏匹配、卡尺匹配的结果，可以发现，对于两个在其他条件均不存在明显差异的省份而言，义务教育分权度高的省份其义务教育发展水平要比教育分权度低的省份的义务教育发展水平分别高6.7%、4.2%、9.7%，均在 10% 的统计学水平上显著，这也肯定了义务教育分权高的正向效应。

表 5 - 5 倾向值分析结果

变量名称	阶段	匹配方式	差异	T 值
义务教育发展水平	匹配前	—	—	—
	匹配后	样条匹配	0.067	1.98 *
义务教育发展水平	匹配前	OLS	- 0.006	- 0.16
	匹配后	马氏匹配	0.042	1.79 *
义务教育发展水平	匹配前	OLS	- 0.006	- 0.16
	匹配后	卡尺内匹配	0.097	1.68 *

需要说明的是倾向值分析结果可靠性的前提是协变量不存在明显的差异，如果两个义务教育分权程度高低不同的省份之间，其他协变量也存在不同，例如人均 GDP 存在明显的差异，则倾向值分析的结果并不一定稳健，即倾向值分析的结果是教育分权程度与人均 GDP 两个因素的差异共同导致的。为排除非教育分权因素的干扰，需要进行数据平衡假设检验，验证倾向值分析结果是否可靠，表 5 - 6 显示了分析结果。

表 5 - 6 倾向值之数据平衡假设检验

变量名称	匹配状态	偏差	T 值
L. lnpgdp	匹配前	- 43.2	- 3.93
	匹配后	7.7	0.56
urban	匹配前	- 80.8	- 7.34
	匹配后	3.6	0.32

续表

变量名称	匹配状态	偏差	T 值
open	匹配前	− 55.4	− 5.04
	匹配后	3.1	0.34
L. childep	匹配前	− 36.6	− 3.32
	匹配后	10.5	0.86
F_self	匹配前	76.1	6.92
	匹配后	0.6	0.04
L. F_pres	匹配前	− 45.7	− 4.15
	匹配后	4.7	0.34

　　对于各个变量在匹配前后的差异，可以归结为：第一，实验组与控制组各协变量的偏差的绝对值在匹配后明显缩小，且均低于11%；第二，实验组与控制组各协变量的偏差在倾向值匹配前存在显著的差异，而匹配后的差异不存在统计学上的显著性，这意味着匹配后各协变量之间不存在显著差异。数据平衡检验图（见图5-2）也表明通过了数据平衡假设检验。

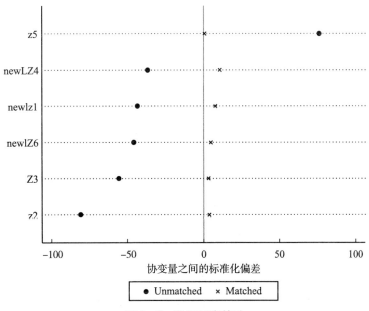

图 5 - 2　数据平衡检验

图5-3是共同趋势检验图，从中可以发现大部分实验组均与控制组进行了匹配，即匹配效果较好，这意味着上述倾向值分析结果是稳健的。

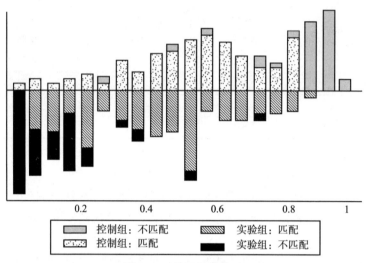

图5-3　共同趋势检验

5.1.5　门槛分析

义务教育分权对义务教育产出的影响除存在地区差异外，还可能因为受到其他因素的影响而存在非线性特征，一般而言城镇地区的教育资源要优于乡村，因此城镇化率可能会影响教育分权的效应大小与显著性水平，这里使用门限回归模型验证这种非线性特征是否存在。门限回归模型如下：

$$EDU_{i,t} = \alpha_0 + \alpha_1 \cdot FD\_edu_{i,t}(urban < k) + \alpha_2 \cdot FD\_edu_{i,t}(urban > k)$$
$$+ \beta Z_{i,t} + \gamma_i + \mu_t + \varepsilon_{i,t} \tag{5-5}$$

式（5-5）中，k是门槛值，当城镇化率低于k值时，义务教育分权度的影响系数是α_1，当城镇化率高于k时，则义务教育分权的影响系数是α_2。门槛值估计值如表5-7所示，由此可知城镇化率对教育分权的影响存在三重门槛。

图5-4是门槛值似然比分析图，表5-4中列（3）显示了门槛回归分析结果。但是通过门槛值似然比分析图，可知双重门槛的第二个门

槛值无法通过似然比检验，也就是城镇化率对义务教育分权的影响只存在单重门槛，门槛值为0.836。根据门槛回归分析结果，可知当城镇化率低于0.836时，义务教育分权对义务教育产出的影响并不显著，只有当城镇化率高于0.836时，义务教育分权能够在10%的水平上正向提升义务教育产出水平。

表5-7　　　　　　　　　　　　门槛估计值

门槛变量	门槛类型	F值	P值	门槛估计值	BS次数
城镇化率	单一门槛	28.240***	0.000	0.836	300
	双重门槛	3.498**	0.050	0.370	
				0.820	
	三重门槛	11.952***	0.000	0.656	

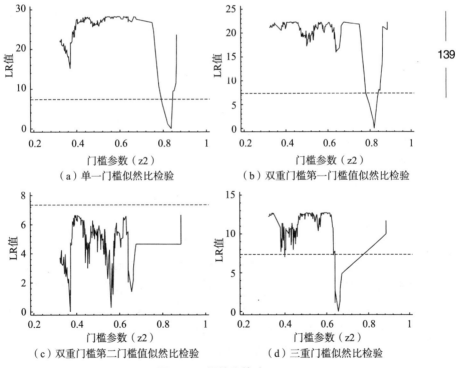

（a）单一门槛似然比检验　　　　（b）双重门槛第一门槛值似然比检验

（c）双重门槛第二门槛值似然比检验　　（d）三重门槛似然比检验

图5-4　似然比检验

5.2 省以下政府间义务教育事权和支出责任划分对义务教育产出效率的影响

本部分以山东省为例分析省以下政府间义务教育财政事权和支出责任划分对义务教育发展的影响。

5.2.1 实证研究设计

在研究山东省政府间义务教育事权和支出责任划分对义务教育产出效率的影响时，我们选取以下的变量指标。

（1）被解释变量——地方义务教育综合产出指数（EDU_local$_{i,t}$）。

本章综合考量义务教育的投入、中间产出和最终产出这三个维度，采用费德里西和马齐泰利（Federici & Mazzitelli，2009）的动态主成分分析法，将地方义务教育发展相关的经费投入指标（如地方义务教育经费总收入占全省 GDP 比例、地方预算内教育支出占地方财政支出比例、生均预算内教育事业费）、学校硬件资源指标（如学校数、每十万人口平均在校学生数、生均固定资产总值、图书藏量、校舍建筑面积）、学校师资资源（如师生比、教师本科及以上学历比重）、义务教育最终产出（初中升学率）等指标进行标准化处理后，运用 SPSS 19.0 因子分析法将多维指标综合成单维的地方义务教育综合产出指数作为被解释变量。

（2）解释变量——地方义务教育财政事权分权度 FD_edu_local$_{i,t}$。

已有研究大多集中在总体财政分权指标，考虑到义务教育产品的属性和特点，为了保证样本数据和实证结果的可靠性，本章从细类财政分权的角度选取义务教育分权指标。本章以山东省教育专项经费资金平台的数据为来源，以中央、省、市和县级政府各自承担的义务教育专项经费资金比例作为衡量地方义务教育财政事权分权度的指标。其中，FD_edu_local1 代表中央政府承担的义务教育专项经费资金比重，FD_edu_local2 代表省级政府承担的义务教育专项经费资金比重，FD_edu_local3 代表市级政府承担的义务教育专项经费资金比重，FD_edu_local4 代表县级政府承担的义务教育专项经费资金比重。我们借鉴经济合作与发展组织（简称经合组织OECD）教育署发布的《教育概览2000：OECD指标》中的做法，把三级政府教育支出百分比换算成教育筹资集权指数的方法，具体的方法是将各级政府的义务教育经费负担比例按照4:3:2加权求和。即将中央政府义务教育经费负担比乘以4，地区政府义务教育经费负担比乘以3，地方政府义务教育经费负担比乘以2，将三个结果相加就得到地方政府义务教育分权指数，数值的大小在2.0~4.0之间。当三个结果相加等于2时，说明教育事权完全分权，义务教育经费完全由地方政府承担；当三个结果相加等于4时，说明教育事权完全集权，义务教育经费完全由中央政府承担；当三个结果相加处于[2, 4]时，说明教育事权适度集权与分权，义务教育经费由中央政府和地方政府共同承担。使用义务教育分权指数，可以将三级政府负担的义务教育支出比例换算成一个具体的数值。该数值向中央政府（4.0）或向地方政府（2.0）集中的程度可以反映义务教育事权和支出责任在不同层级政府中的分配情况。我国是中央、省、市、县、乡五级政府，本章分析时，中央政府当作第一层级政府，省级政府当作第二层级视同为地区政府，市、县两级政府当作第三层级即地方政府，如式（5-6）所示。

$$FD\_edu\_local = FD\_edu\_local1 * 4 + FD\_edu\_local2 * 3$$
$$+ FD\_edu\_local3 * 2 + FD\_edu\_local4 * 2 \qquad (5-6)$$

（3）控制变量。

本章还在回归模型中引入其他可能影响地方政府教育事权和支出责任划分，从而影响义务教育发展的外生环境变量，主要包含地方的经济发展水平、城镇化发展水平、对外开放程度、地方政府财政资源、地区人口对义务教育需求等控制变量。本章以人均实际GDP（lnpgdp_local）、城镇化率（urban_local）、对外开放度（open_local）、财政自主度（F_self_local）、财政支出压力（pexpend_local）表示。

5.2.2 实证分析结果

1. 相关性分析

自变量与因变量的地方义务教育综合产出指数的相关系数如表5-8所示，观察发现，县级财政承担的义务教育专项经费资金比例对

表5-8

相关性分析结果表

变量名称	EDU_local	省级	市级	县级	lnpgdp_local	open_local	urban local	F self local	z5	lnz6
EDU_local	1									
省级	0.177	1								
市级	0.0550	-0.102	1							
县级	-0.146	-0.646***	-0.407***	1						
lnpgdp local	0.125	0.353***	0.465***	-0.511***	1					
open local	0.0760	0.241*	0.00300	-0.249**	0.583***	1				
urban local	0.258**	0.314**	0.654***	-0.605***	0.864***	0.433***	1			
F self local	0.197	0.480***	0.457***	-0.685***	0.856***	0.507***	0.827***	1		
z5	0.211*	0.00400	-0.215*	0.0970	-0.358***	-0.151	-0.258**	-0.141	1	
lnz6	0.181	0.292**	0.503***	-0.490***	0.898***	0.674***	0.858***	0.754***	-0.452***	1

地方义务教育综合产出指数的影响为负且结果并不显著，而省级、市级均不显著，需要说明的是这仅仅是两两变量之间的关系，虽然不能完全说明县级承担比例对地方义务教育综合发展指数的具体影响，但也表明县级政府承担义务教育事权比例对义务教育发展存在影响且至少不是正向促进的。

表 5 - 9 是变量描述性统计显示本研究的 64 个有效样本中，各变量之间无论是在最大值、最小值还是中位数方面，均不存在异常数值，且较小的标准差表明变量之间的差异幅度在一个较小的范围内，意味着本研究的结果不会受到异常值的干扰。

表 5 - 9　　　　　　　　　　变量描述性统计

变量名称	样本	均值	中位数	最大值	最小值	标准差
EDU local	68	0.120	0.0900	2.260	-0.390	0.350
省级	64	0.250	0.230	0.640	0	0.170
市级	64	0.100	0.0500	0.590	0	0.120
县级	64	0.230	0.230	0.390	0.0900	0.0700
lnpgdp local	67	1.950	1.850	2.950	1.100	0.430
open local	67	0.230	0.160	0.560	0.0400	0.150
urban local	67	0.610	0.600	0.740	0.470	0.0700
F self local	67	0.660	0.650	0.870	0.360	0.140
z5	67	0.200	0.200	0.260	0.150	0.0300
lnz6	67	-0.170	-0.250	0.510	-0.700	0.310

143

2. 结果分析

（1）县级财政承担比例影响效应分析。

鉴于省以下的实证主要分析省、市、县义务教育分权度对地方教育产出的影响，特别是当前县级财政承担了主要的义务教育支出责任，省市两级财政承担较少的支出责任情况是否影响地方义务教育水平的提升。基于数据可得性和实证方法，这里在控制时间与个体双项固定效应的前提下，不添加任何控制变量测度县级政府承担义务教育事权比例对地方义务教育产出的影响，回归结果如表5－10中列（1）所示，可以发现县级政府承担义务教育事权的比例每增加1个百分点，则地方义务教育产出下降0.691个百分点，在10%的统计学水平上显著，这意味着当前县级政府承担的义务教育事权比例过大，且县级政府承担义务教育事权比例继续提升会降低义务教育发展水平。

在控制人均GDP、城镇化率等多项控制变量基础上再进行回归，结果如列（2）所示，县级财政承担的事权和支出责任与义务教育产出负向相关，显著性水平增加至5%的水平。列（3）则是在控制省级政府承担义务教育事权比例的前提下进行的回归分析，结果同样表明县级政府承担的事权在5%的统计学水平上显著地降低了教育产出水平。列（4）是在控制省级事权和支出责任的基础上，再控制市级事权进行的回归分析，结果同样是负向显著。由于数据中大部分的县级政府承担的事权和支出责任高于市级政府，因此列（5）对于县级政府承担事权大于市级政府的城市进行回归，结果同样表明县级事权和支出责任继续增加不但不会提高地方义务教育产出水平，而且会抑制地方义务教育发展水平的提高。

144

表5－10　　　　　县级政府承担义务教育事权比例的实证分析结果

变量名称	（1）教育综合产出指数	（2）教育综合产出指数	（3）教育综合产出指数	（4）教育综合产出指数	（5）教育综合产出指数
县级	-0.691* (-1.67)	-1.108** (-2.05)	-1.194** (-2.09)	-2.010* (-1.99)	-2.470* (-1.79)
lnpgdp_local		0.058 (0.08)	0.085 (0.12)	0.221 (0.30)	0.392 (0.41)
open_local		-0.411 (-0.26)	-0.331 (-0.21)	-0.342 (-0.22)	-1.524 (-0.55)
urban_local		1.712 (0.44)	1.780 (0.46)	1.997 (0.51)	2.276 (0.48)
F_self_local		2.390 (0.94)	2.420 (0.94)	1.963 (0.75)	2.868 (0.83)

续表

变量名称	(1) 教育综合 产出指数	(2) 教育综合 产出指数	(3) 教育综合 产出指数	(4) 教育综合 产出指数	(5) 教育综合 产出指数
z5		5.704 (0.78)	5.806 (0.79)	6.936 (0.93)	8.258 (0.85)
lnz6		1.706 (1.03)	1.776 (1.06)	1.722 (1.03)	1.593 (0.77)
省级			-0.471 (-0.52)	-1.234 (-1.03)	-0.803 (-0.26)
市级				-2.128 (-0.98)	-2.921 (-0.94)
_cons	0.171 (1.43)	-3.069 (-0.82)	-3.132 (-0.82)	-2.722 (-0.71)	-3.409 (-0.72)
N	64	63	63	63	51
r2_a	-0.276	-0.412	-0.441	-0.442	-0.595
F	1.342	0.690	0.639	0.665	0.613

注：括号内数值为 t 值；***、**、* 分别表示系数在 1%、5%、10% 的水平上显著。

表 5-10 中列（1）~列（5）的回归结果，共同表明县级政府由于承担事权和支出责任比例过大，在边际递减效应规律的作用下，其对地方义务教育产出的提升作用已经由正转负，主要原因是其承担事权和支出责任比例已经足够大，继续提高县级在承担义务教育事权比例的空间有限。而省级政府、市级政府承担的事权和支出责任比例对地方义务教育产出指数的影响之所以不显著且为负向，主要原因为其承担义务教育事权的比例过小，没有达到发挥正向提高作用的水平，这意味着要实现省级政府、市级政府承担的事权和支出责任比例对地方义务教育产出的提升，需要适度增加省级、市级政府承担的义务教育事权和支出责任比例。

（2）中央财政承担比例影响效应分析。

由于多重共线性，这里继续讨论中央政府承担的事权和支出责任比例的影响效应。表 5 – 11 中列（1）是中央政府承担事权比例的影响效果测度。

表 5 – 11　　　　　中央政府承担义务教育事权比例的实证分析结果

变量名称	(1)	(2)	(3)
	教育综合产出指数	教育综合产出指数	教育综合产出指数
中央	1.724 ** (2.18)	1.807 * (1.85)	2.010 * (1.99)
省级		−0.214 (−0.15)	−0.118 (−0.08)
市级			0.776 (0.84)
lnpgdp_local	0.286 (0.41)	0.309 (0.43)	0.221 (0.30)
open_local	−0.114 (−0.07)	−0.106 (−0.07)	−0.342 (−0.22)
urban_local	1.759 (0.46)	1.755 (0.45)	1.997 (0.51)
F_self_local	1.714 (0.70)	1.608 (0.63)	1.963 (0.75)
z5	5.560 (0.77)	5.572 (0.77)	6.936 (0.93)
lnz6	1.447 (0.92)	1.395 (0.86)	1.722 (1.03)
_cons	−4.206 (−1.09)	−4.185 (−1.07)	−4.732 (−1.18)
N	63	63	63
r2_a	−0.393	−0.431	−0.442
F	0.751	0.667	0.665

注：括号内数值为 t 值；***、**、* 分别表示系数在 1%、5%、10% 的水平上显著。回归中同时控制了时间与个体固定效应。

　　可以发现中央政府承担事权和支出责任比例每增加 1 个百分点，地方义务教育产出则提升 1.724 个百分点，在 5% 的置信区间显著。在同时控制省级政府承担义务教育事权比例的基础上，表 5 - 12 中列（2）显示中央政府承担义务教育事权比例对地方义务教育发展水平的提升效应的系数显著性降低至 10% 的水平。在继续控制市级政府承担事权比例的基础上，中央政府的影响效应显著性依然在 10% 的水平。这说明当前的中央政府承担的事权和支出责任，对地方义务教育产出的提升效应是存在的，但是这种效应在考量省级、市级政府的义务教育事权比例后显著性下降。这说明中央与地方政府在义务教育事权和支出责任划分上仍然存在改善的空间。事实上，在控制省级、市级政府事权的前提下，中央政府承担义务教育事权比例的影响效应应该在更高的置信区间水平显著，这样才是更好的结果，即中央应该提高其承担的义务教育事权比例。

　　（3）省级与市级政府承担义务事权比例影响效应分析。

　　表 5 - 12 显示了省级、市级政府义务教育分权的影响效应。

表 5 - 12　　　　　　省级与市级政府承担义务教育事权比例实证分析结果

变量名称	（1）	（2）	（3）
	教育综合产出指数	教育综合产出指数	教育综合产出指数
中央			
省级	1.317 (1.25)	1.434 (1.12)	
市级		0.337 (0.36)	0.074 (0.08)
lnpgdp_local	0.150 (0.38)	0.104 (0.14)	0.290 (0.39)
open_local	0.008 (0.01)	− 0.089 (− 0.05)	0.103 (0.06)
urban_local	0.843 (0.83)	0.904 (0.23)	0.426 (0.11)
F_self_local	1.653 (1.02)	1.810 (0.67)	0.716 (0.28)

变量名称	（1）	（2）	（3）
	教育综合产出指数	教育综合产出指数	教育综合产出指数
z5	1.482 (0.59)	1.876 (0.26)	-0.073 (-0.01)
lnz6	0.755 (1.36)	0.865 (0.51)	0.018 (0.01)
_cons´	-2.263 (-1.55)	-2.407 (-0.61)	-1.273 (-0.33)
N	63	63	63
r2_a	-0.085	-0.561	-0.572
F	24.004	0.338	0.244

注：括号内数值为 t 值；*** 、** 、* 分别表示系数在 1%、5%、10% 的水平上显著。回归中同时控制了时间与个体固定效应。

表 5-12 中列（1）显示省级政府义务教育分权对地方教育发展的影响不显著；列（2）表明即使是在控制市级政府义务事权的基础上，义务教育产出上也不显著；列（3）说明控制中央、市级政府义务教育事权的前提下，省级义务教育分权对义务教育产出效率的影响依然不显著。这意味着省级、市级在义务教育事权和支出责任上依然承担的不足，尚未达到使其对地方教育发展水平呈现显著正向效应的临界点。

综合表 5-10、表 5-11、表 5-12 可以归纳出如下结论：第一，就中央与地方在义务教育事权承担比例而言，中央与地方的义务教育分权，较地方政府间义务教育分权要相对合理，但是中央与地方义务教育分权合理度存在继续改善的空间。第二，就省以下而言，省、市、县义务教育分权程度合理度不高，存在省市政府承担事权和支出责任过低，而县级政府承担的事权和支出责任过高的问题。且县级政府承担义务教育事权比例对地方义务教育发展的提升效应已经达到负向影响的临界点，因此，需要适度增加省级市级政府的义务教育事权和支出责任，降低县级政府承担比例。

5.3 小 结

本章主要通过面板固定效应、倾向值分析、门限模型测度义务教育分权对义务教育产出效率的影响方向与力度，综合上述分析结果可知：

（1）义务教育分权对义务教育产出的影响方向为正，显著性水平在10%、5%左右，且无论是面板固定效应、倾向值分析、门限回归分析的结果均保持稳定性。

（2）义务教育分权对义务教育产出的影响存在异质性，东部地区、发达地区的教育分权的影响力度偏弱，中西部地区与欠发达地区的教育分权影响力度大。

（3）义务教育分权变动幅度大的地区的义务教育分权的影响力度与显著性低于义务教育分权变动幅度小的地区。

（4）对于两个除了义务教育分权程度存在差异，其他条件均相同的地区而言，义务教育分权程度高的地区的义务教育发展水平高于义务教育分权程度低的地区。

（5）城镇化率对义务教育分权作用的发挥存在非线性门槛影响，只有当城镇化率高于门槛值时，义务教育分权才能正向提高义务教育发展水平。

149

第6章 我国政府级次设置对义务教育产出效率的影响

——基于"省直管县"自然实验的研究

我国政府级次的设置，即纵向委托代理链条的长度同样影响着我国政府间义务教育事权和支出责任的划分，进而影响着义务教育产品的供给效率。本章运用双重差分（DID）分析省直管县这种财政管理权限的政策变动对义务教育产品供给效率的影响，通过"省直管县"政策改革实施形成的自然实验，分析地方政府从"省级—市级—县级"三级委托代理链条调整为"省级—县级"两层委托代理后，地方政府义务教育事权和支出责任划分格局的改变对义务教育发展的影响，进一步考察政府级次设置和政府间义务教育权力配置的合理性和科学性。

6.1 "省直管县"政策背景介绍

县级政府作为基层政府中最重要的治理单元，承担着许多基本公共服务以及地方性公共产品和服务的供给职能。根据义务教育产品属性以及地方政府比较优势，从应然的角度，义务教育产品应该由中央政府和地方政府共同提供、共同承担。2019 年，山东省全省的一般公共预算教育经费为 21550 万元，其中县级财政的一般公共预算教育经费为 16349 万元，县级财政承担了全省地方义务教育 75.87% 的事权和职责。与 20 年前（2009 年）县级财政负担全省教育财政支出 55.71% 的比例相比增长了 20 多个百分点。由此可见，长期以来，我国县级政府一直承担着地方义务教育产品供给的主要事权和支出责任，并且承担的比重呈现出持续增长的态势。

我国分税制改革在推进中央和地方分权的同时，地方基层财政特别是县级财政掌握的财力却逐年减少，县级财政收支的缺口巨大，地方财政困难问题比较突出，已经严重影响到义务教育等公共产品和服务的供给。为了更好地理顺省以下政府间财政分配关系，切实地增强县级政府可支配财力和财政保障能力，促进县域公共产品合理、科学、有效供给，2004 年我国开始实施"省直管县"财政改革试点。"省直管县"最初在浙江省和海南省进行实践探索，确实促进了县域经济发展，扩大了县级财政自主权，增强了地方政府提供公共产品和服务的能力，后来逐步在全国推广起来。2009 年，财政部颁布《关于推进省直接管理县财政改革的意见》，要求在 2012 年底前，在全国除民族自治区以外全面推行省直接管理县财政改革，进一步理顺省、市和县各级支出责任，明确了市、县级政府不得要求对方分担自身事权范围内的支出责任。"省直管县"财政分权改革试图通过将"省—市—县"三级财政体制缩减为"省—市""省—县"两级并行体制，缩短了公共财政资金的流动使用过程，提高了公共财政资金的使用效率，在一定程度上保证了地方基层政府—县级政府的财力与提供公共产品和服务的能力。

"省直管县"改革本质上是对县级政府进一步放权，县级政府的财政事权和支出责任的进一步扩张与深化。"省直管县"分权改革使得县级政府财政与地级市政府财政分离，县级政府拥有更大的财政自主权。随着财政自主权下放到直管县，县级政府所能配置的公共资源增加，随之而来的财政事权的下放也导致县级政府将承担更多支出责任。被直管的县获得了更多的辖区经济社会发展中公共事务的决策权，直管县拥有了更多的辖区公共产品和服务的供给自主决断权，分权的扩大与深化对县级公共服务发展将产生重要影响。

6.2　实证研究设计

6.2.1　模型设定

双重差分方法能够有效地解决内生性问题，从而被广泛地应用于政策评估领域。其思路是将受到政策冲击的地区设置为处理组（treatment group），将没有受到政策冲击地区设置为控制组（control group），通过对比处理组与对照组之间差异从而精准识别政策的实施效果。省直管县是一项从局部试点到全国推广的政策，本章采用渐进式双重差分方法评估由于省直管县政策改变，即政府间财政分配关系调整所带来的对义务教育产出的影响。其中推行省直管县政策的地区为控制组，没有推行省直管县政策的地区为对照组，进而精准估计省直管县政策对于义务教育产出的影响。因此，本章构建如下计量模型：

$$y_{it} = \beta_0 + \beta_1 policy_{it} + \gamma X_{it} + \mu_i + v_t + \varepsilon_{it} \qquad (6-1)$$

其中，i、t 分别表示我国县级地区和年份。Y 是本章核心被解释变量，分为学校、学生和教师三个维度考察我国义务教育水平，即初中和小学学校数量、初中和小学在校生人数以及初中和小学全职教职工人数。哑变量 policy 为本章核心解释变量，具有个体和时间两个维度的特征，如果观察地区在观察年实施省直管县政策，那么该哑变量 policy 为 1；如果观察地区当年未实施省直管县政策，则该哑变量为 0。因此，用哑变量 policy 系数 β_1 来估算省直管县政策实施后，实验组相较于对照组义务教育产出水平变化的净效用，即为本章最关心的核心系数。X 表示控制变量，用来控制观察地区经济、政治、人口以及地方政府财力等其他因素对义务教育产出的影响，包括地区生产总值、行政区域面积、地区人口数、财政自给程度以及财政压力。μ_i、v_t 分别表示县级层面固定效应与时间固定效应，进而控制由不可观测因素给估计结果带来的误差。ε_{it} 代表随机误差项。

6.2.2 主要变量

1. 被解释变量

囿于全国县级中小学相关数据的获取难度，本章仅从学校、学生、教师三个维度测算义务教育水平，具体选择了我国县域初中和小学学校数量、县域初中和小学在校生人数、县域初中和小学全职教师数作为被解释变量。其中，将学校数和在校生人数分别进行对数处理，以解决部分异方差问题；教师的考察采用单位财政预算内收入下全职教职工人数，即采用全职教职工人数与地方财政预算内收入比值测算全职教师的相对变化情况来分析地方政府间财政分配关系的改变对于义务教育水平的影响。数据来自国泰安（CSMAR）数据库和《中国统计年鉴》。

2. 解释变量

核心解释变量是各县域是否推行省直管县的虚拟变量（policy），手工搜集各地区省直管县发布实施的官方文件，并由此确定各县区省直管县政策实施时间，计算整理出省直管县政策演进数据，虚拟变量（policy）具有县域、时间双重维度。当观察地区在观察年实施省直管县政策，那么该哑变量 policy 为 1；当观察地区当年未实施省直管县政策，则该哑变量为 0。该变量系数值决定了省直管县政策对于义务教育产出水平的净效应。当系数值为正时，表明省直管县政策下政府间义务教育财政事权的变化会带来该地区义务教育产出水平提升；反之，当该系数为负时，表明政府间义务教育财政事权的改变会导致该地区义务教育水平下降。

3. 控制变量

153

除义务教育财政事权外，本章还在回归模型中引入其他可能影响义务教育产出的外生环境变量，主要包含经济发展水平、地区人口水平、地区财政情况等控制变量。本章以县域生产总值（lgdp）、县域面积（larea）、县域人口（lpeople）、财政自主度（f_self）、财政支出压力（yali）表示。

（1）县域生产总值（lgdp）。

各地区经济发展水平反映了当地的经济状况，本章以县域生产总值自然对数进行衡量，用 lgdp 表示。一般而言，经济发展水平高的地方政府义务教育经费投入充足，辖区内义务教育资源丰富，对辖区内学校和老师都会产生正向影响。同时也要考虑经济发展对义务教育产品的供给可能产生的挤出效应。

（2）县域面积（larea）。

县域行政区划面积大小用县域面积自然对数值进行衡量，用 larea 表示。一般而言，县域行政区划面积越大，其辖区内的学校数量、学生数量等都会成正比例增长。

（3）县域人口（lpeople）。

县域人口数据可以反映县域人口的数量和结构，用县域人口数量取自然对数以消除异方差性，用 lpeople 表示。县域人口数量越多，需要接受义务教育服务的学龄儿童和青少年就越多，从而对义务教育阶段的学校、学生、教师数量都会产生影响。

（4）财政自主度（f_self）。

财政自主度用来反映地方政府可支配财政资源中有多少是来自于地方政府本级的财政收入，可以用地方自有财政收入占地方财政总支出的比重来表示。

$$f\_self = \frac{\text{地方政府本级财政收入}}{\text{地方政府财政总支出}}$$

（5）财政支出压力（yali）。

$$\text{财政支出压力} = (\text{财政收入} - \text{财政支出})/GDP$$

如果地方政府可支配的财力与其所承担的支出责任不匹配，必然产生财政压力，地方财政压力会影响地方公共支出的投向和结构。为了控制地方政府财力对义务教育水平的影响，回归方程中引入变量财政压力，用以控制地方政府公共资金约束对义务教育水平的影响。

6.2.3 数据说明及描述性统计

本章研究了 2003～2014 年我国县域面板数据，并对样本数据进行了处理，删除部分县域的数据：（1）香港、澳门和台湾地区；（2）北京、天津、上海、重庆四个直辖市，因为直辖市不具备三层政府层级结构，不存在由省到市再到县的划分；（3）海南省所辖县域，海南省从建立伊始就一直实行市县分治，市与县处于平行结构，不存在市管县；（4）浙江省下辖县域，浙江省一直实行省直管县财政体制，与其他地区存在显著差异；（5）西藏自治区，由于数据缺失无法获取。因此，样本范围涵盖我国 24 个省和自治区下辖县域。

表 6-1 报告了全样本各变量的描述性统计结果，表 6-2 描述了实施省直管县样本变量的描述性统计结果，表 6-3 描述了未实施省直管县样本变量的描述性统计结果。由表 6-1、表 6-2、表 6-3 可以得知，实施撤县设区地区的学生数和单位财政输入教师数量都低于未实施撤县设区地区的数量，且低于全样本学生数和单位财政输入教师数量的

均值，因此本章合理推测实施撤县设区会抑制县域地区的义务教育水平提升。此外，从财政自主度来看，实施撤县设区地区的财政自主度均值为 0.40，均低于未实施撤县设区的财政自主度均值 0.47，以及全样本变量的财政自主度均值 0.46，可以发现实施撤县设区地区的财政自主度本身就偏低，县本级财政筹集财政收入的能力较弱，这些实施撤县设区地区的财政保障能力原本就偏弱。

表 6－1　　　　　全样本变量的描述性统计

变量名称	符号	观测值	均值	标准差	最小值	中位数	最大值
义务教育学校数（对数）	lsn	8475	4.70	0.81	0.00	4.79	6.67
义务教育学生数（对数）	ltn	18466	10.92	0.77	0.00	10.96	13.14
单位财政输入教师数量	f_t	10986	0.02	0.04	0.00	0.01	1.04
省直管县	policy	18632	0.17	0.37	0.00	0.00	1.00
县域 GDP（对数）	lgdp	18600	9.87	0.74	4.61	9.89	12.20
行政区域土地面积（对数）	larea	18611	9.56	0.62	7.02	9.54	12.18
财政自主度	f_self	18632	0.46	0.20	0.04	0.43	1.26
财政压力	yali	18625	-0.10	0.11	-2.23	-0.07	0.05
县域人口数（对数）	lpeople	18632	6.08	0.57	3.85	6.13	9.31

表 6－2　　　　　实施省直管县地区变量的描述性统计

变量名称	符号	观测值	均值	标准差	最小值	中位数	最大值
义务教育学校数（对数）	lsn	1341	4.73	0.71	1.10	4.72	6.49
义务教育学生数（对数）	ltn	3090	10.84	0.77	7.20	10.87	12.94
单位财政输入教师数量	f_t	1465	0.01	0.02	0.00	0.01	0.19
省直管县	policy	3097	1.00	0.00	1.00	1.00	1.00
县域 GDP（对数）	lgdp	3096	10.00	0.59	4.61	10.00	12.20
行政区域土地面积（对数）	larea	3097	9.67	0.59	7.63	9.67	12.18
财政自主度	f_self	3097	0.40	0.16	0.04	0.39	1.12
财政压力	yali	3097	-0.12	0.09	-0.97	-0.11	0.02
县域人口数（对数）	lpeople	3097	6.13	0.53	3.86	6.13	7.12

155

表6-3　　　　　　　未实施省直管县地区变量的描述性统计

变量名称	符号	观测值	均值	标准差	最小值	中位数	最大值
义务教育学校数（对数）	lsn	7155	4.70	0.83	0.00	4.81	6.67
义务教育学生数（对数）	ltn	15429	10.94	0.77	0.00	10.98	13.14
单位财政输入教师数量	f_t	9542	0.02	0.04	0.00	0.01	1.04
省直管县	policy	15535	0.00	0.00	0.00	0.00	0.00
县域GDP（对数）	lgdp	15504	9.84	0.77	4.61	9.85	12.20
行政区域土地面积（对数）	larea	15514	9.54	0.62	7.02	9.51	12.18
财政自主度	f_self	15535	0.47	0.21	0.04	0.44	1.26
财政压力	yali	15528	-0.09	0.12	-2.23	-0.07	0.05
县域人口数（对数）	lpeople	15535	6.08	0.57	3.85	6.13	9.31

6.2.4　实证分析结果

利用双重差分方法估计省直管县政策对于义务教育水平的影响，其基准回归结果见表6-4，从中可以发现，省直管县政策的实施对县级义务教育的水平有着显著的负向影响，表明了这种省级和县级政府间财政分配关系的调整，对地方义务教育发展有一定的抑制作用。表格第（1）、第（2）列显示了省直管县后，直管县辖区内义务教育阶段学校数量的变化，在控制住县域和时间固定效应的情况下，直管县地区小学和初中学校数量显著下降，系数为-0.105，且在1%显著性水平下显著；在加入控制变量后系数继续为负，大小、显著性均保持稳定。表格第（3）、第（4）列显示的是省直管县后，直管县辖区内初中和小学在校生人数变化情况，在控制住县域和时间固定效应的情况下，直管县地区初中和小学在校生人数显著下降，其系数为-0.044，且在1%显著性水平下显著；在加入控制变量后系数依然为负，大小、显著性均保持稳定。表格第（5）、第（6）列显示了省直管县后，直管县辖区内单位财政收入的专职教师人数变化情况，在控制住县域和时间固定效应的情况下，直管县地区单位财政收入专职教师人数显著下降，其系数为-0.005，且在1%显著性水平下显著；在加入控制变量后系数依然为负，大小、显著性均保持稳定。

表 6 - 4　　　　　　　　　　　基准回归的结果

变量名称	（1）	（2）	（3）	（4）	（5）	（6）
	lsn	lsn	ltn	ltn	F_t	F_t
policy	− 0. 105 *** (− 3. 84)	− 0. 103 *** (− 3. 77)	− 0. 044 *** (− 3. 05)	− 0. 044 *** (− 3. 05)	− 0. 005 ** (− 2. 34)	− 0. 005 *** (− 2. 72)
lgdp		0. 028 (1. 29)		− 0. 020 * (− 1. 73)		− 0. 023 *** (− 5. 48)
larea		− 0. 026 (− 0. 44)		− 0. 140 *** (− 2. 69)		0. 002 (1. 41)
f_self		− 0. 152 *** (− 2. 78)		− 0. 098 *** (− 4. 05)		− 0. 029 *** (− 6. 82)
yali		− 0. 017 (− 0. 18)		0. 019 (0. 80)		0. 080 *** (5. 96)
lpeople		0. 043 *** (2. 75)		0. 016 * (1. 72)		− 0. 001 (− 0. 92)
时间固定效应	控制	控制	控制	控制	控制	控制
省份固定效应	控制	控制	控制	控制	控制	控制
_cons	5. 089 *** (387. 62)	4. 898 *** (8. 13)	11. 096 *** (2098. 87)	12. 574 *** (24. 42)	0. 059 *** (20. 48)	0. 276 *** (6. 81)
N	8475	8475	18466	18466	10986	10986
r2_a	0. 408	0. 424	0. 255	0. 311	0. 226	0. 245
F	91. 130	67. 299	89. 724	75. 836	75. 777	71. 984

注：括号内数值为 t 值；*** 、** 、* 分别表示系数在 1% 、5% 、10% 的水平上显著。

157

省直管县政策实施后会导致直管县地区初中和小学学校数、在校生人数以及单位财政收入专职教师人数显著下降，这是因为在政府级次减少、省级政府财政直接管辖县级财政的情况下，省直管县的财政转移支付资金由省级财政直接拨付，县级政府财政资金的流动和利用效率得以提高，财政资金的保障性有所加强，从这个角度讲，省直管县政策的实施应有助于提升县级政府辖区内义务教育服务水平，但实证检验表明这样的结果并未出现，而是随着县级政府财力的增强，其义务教育服务水平反而下降。这是因为随着省直管县政策的实施，县级政府所面临的监督考核格局已发生明显变化。在市管县模式下，县级政府要接受市级政府的监督考核，虽然这必然体现为"一对多"的监督、考核，但是一个市要监督、考核的县级政府的数量较为有限，一般不会达到两位数。但在省直管县模式下，省级政府要监督、考核几十个县，"一对多"的监督、考核特征会体现得更为充分和明显。考虑到省会城市与县级政府的距离普遍会大于市级政府和县级政府的距离，省直管县模式下，省级政府监督、考核县级政府相对市管县模式下市级政府监督、考核县级政府会受到更为明显的信息不充分和不对称因素的制约。这意味着省级政府监督、考核县级政府会更加依赖高度简化的指标，比如 GDP 增长指标在省直管县模式下会相对居于更为重要的地位。换言之，以 GDP 为考核指标的政治竞争在省直管县模式下不仅没有被削弱反而会趋于强化，县级政府官员在省直管县模式下会有更加强烈的动机将辖区内公共资源向经济发展领域倾斜，以便在短期内产生显而易见的、较好的政绩。这意味着县级政府即便在财力相对充裕的条件下仍然会忽略义务教育等非经济性公共产品的供给，在省级政府更为重视 GDP 增长指标的条件下，省直管县模式的推行引起义务教育产品和服务供给不足，义务教育水平下降也就不难理解。另外，省直管县政策实施后，县级政府义务教育服务水平的下降，也与义务教育事权的划分办法有直接关系。在市管县模式下，义务教育事权基本体现为县、乡级政府事权，或者说，义务教育事权的划分在我国主要体现为市级政府与县乡级政府间的事权划分，这种事权划分格局意味着义务教育服务水平的监督、考核主要体现为市级政府对县乡级政府的监督、考核，这种邻近上级政府对下级政府的监督、考核虽然也受信息不对称、不充分的制约，但是程度相对较低。另外县、乡政府辖区内义务教育服务水平低下所引起的民众不满情绪及要求提高义务教育服务质量的要求和呼声也相对容易传到市级政府，从而有助于通过市级政府向县乡政府施压来改善义务教育服务水平。但在省直管县模式下，由省级政府取代市级政府作为县级政府的监督、考核主体，这种短时间完成的制度调整使省级政府并不能迅速适应监督、考核任务的骤然加重（原来只需要监督、考核十几个市级政府，现在不仅要监督、考核市级政府，还需要监督、考核几十个县级政府），且不能迅速确定监督、考核指标及所占权重，更难以掌握合适的监督、考核方法，总之，省级政府相对市级政府在义务教育服务水平的考核方面处于相对劣势，难以取得理想效果。换言之，在省直管县模式下，县乡政府在提供义务教育服务方面所承受的压力相对市管县模式要小得多，这不利于提高义务教育服务供给水平。

6.3 异质性分析

本节主要从区位因素、行政等级以及城市规模等角度，分别按照东、中、西部地区、省会城市和非省会城市以及大型和小型城市的划分，就省直管县政策冲击的异质性对地方义务教育水平影响进行分析。

6.3.1 按东部中部西部划分

我国幅员辽阔，各地发展中存在着明显的政治、经济和文化差异，其中东部、中部和西部地区就存在着较为明显的差异，这种差异不但体现在经济发展水平上，同样也体现在地方义务教育事业的发展上。本章首先考虑省直管县政策对义务教育水平影响的区域化差异，把全样本划分为东部、中部、西部三组分别进行回归，为了控制县域差异，回归时增加了聚类到县级，表 6 - 5、表 6 - 6、表 6 - 7 分别反映了省直管县政策对全国以及不同地区的义务教育阶段的学校数、在校生学生数以及单位财政输入教师数量影响的回归分析的结果。

表 6 - 5 回归结果显示，省直管县财政的政策变动对义务教育阶段学校数量的影响在东部不太显著，而在全国范围、中部和西部都在 1% 的显著水平上比较显著，其中中部地区是正向显著，西部是负向显著。由于省直管县政策变动导致了我国中部义务教育阶段的学校数量有所增加，其系数为 1.212；西部地区义务教育阶段的学校数量则有所减少，对西部地区学校数量的影响程度远远不如中部地区学校受到政策的冲击大。

表6-5   省直管县对我国不同地区的义务教育阶段学校影响的回归结果

变量名称	(1)	(2)	(3)	(4)
	全样本	东部	中部	西部
policy	-0.103 *** (-3.77)	0.167 * (1.87)	1.212 *** (6.87)	-0.097 *** (-5.77)
lgdp	0.028 (1.29)	-0.359 ** (-2.39)	0.131 (0.80)	0.050 ** (2.45)
larea	-0.026 (-0.44)	0.141 (1.47)	0.012 (0.08)	0.256 (0.38)
f_self	-0.152 *** (-2.78)	-0.949 ** (-1.99)	-1.140 *** (-2.78)	-0.072 (-0.95)
yali	-0.017 (-0.18)	7.345 *** (2.67)	3.550 (1.63)	-0.109 (-1.42)
lpeople	0.043 *** (2.75)	0.319 *** (2.93)	0.163 * (1.73)	2.719 *** (13.01)
时间固定效应	控制	控制	控制	控制
省份固定效应	控制	控制	控制	控制
N	8475	2746	1806	3918
r2_a	0.424	0.305	0.121	0.897
F	67.299	14.487	14.486	39.162

注：括号内数值为t值；*** 、** 、* 分别表示系数在1%、5%、10%的水平上显著。

这是因为东部地区所辖的县本身经济实力和地方政府财政保障能力都比较强，其经济增长对政府的依赖程度较低，更多的是利用市场机制的力量来实现经济增长，即便不实行省直管县的政策，其财政支出安排通过增加生产性公共产品供给压缩非生产性公共产品供给的倾向也不是太明显，因此省直管县财政政策对其包括义务教育产品供给在内的各项公共事务并没有产生太大的影响。从中部地区来看，中部地区所辖的县区在省直管财政后，县域经济发展较快且地方政府财政保障能力大大提升，省直管县财政政策提高了县级政府提供包括义务教育在内各项公共产品和服务的能力，促进地方义务教育的发展。这与中部地区自身具有的特殊性质有关，相对东部地区，其经济发展水平低，财力相对薄弱，难以拿出足够财力来促进义务教育事业发展；相对西部地区，其经济发展较高，财力又相对充裕，所以中央对其转移支付的力度明显要弱于西部地区，这也会制约其义务教育发展水平，由此导致其义务教育事业发展欠账严重，在省直管县政策实施促使其财力增加后，加大义务教育事业发展支持力度，带有偿还历史欠账的性质。从西部地区来看，其整体经济发展水平明显落后于东部和中部地区，私人资本力量相对薄弱，政府客观上需要加大基础设施和基础产业投资力度来吸引投资，因此在省直管县政策实施后，随着西部地区的县级财政保障能力有所提升，县级政府会急于改变原本由于财政收支缺口大而无力投资基础设施和基础产业的被动局面，于是会着力增加生产性公共产品供给，反而导致县级政府供给的义务教育等非经济性公共产品和服务有所下降，从而抑制了地方义务教育的发展，导致西部地区的义务教育阶段的中小学学校的数量有所减少。

表6-6回归结果反映了省直管县政策变动对义务教育阶段在校生的学生数量的影响，回归结果显示省直管县政策变动对在校生学生数量的影响在东部并不显著，在中部和西部显著，尤其是西部地区在1%水平非常显著。其中，中部地区是正向显著，西部是负向显著。这种变动与省直管县对义务教育阶段的学校影响是一致的。由于省直管县政策变动而导致了我国中部义务教育阶段的在校生学生数量有所增加，西部地区义务教育阶段的在校生人数则明显减少，省直管县对义务教育在校生人数的影响系数为-0.09。

表6-6 省直管县对我国不同地区初中和小学在校生影响的回归结果

变量名称	（1）	（2）	（3）	（4）
	全样本	东部	中部	西部
policy	-0.103 *** （-3.77）	0.012 （0.80）	0.039 ** （2.49）	-0.097 *** （-2.77）
lgdp	0.028 （1.29）	-0.069 ** （-2.16）	0.101 ** （2.54）	0.050 *** （2.92）
larea	-0.026 （-0.44）	-0.037 （-1.24）	-0.421 *** （-6.40）	0.256 （0.45）

变量名称	(1) 全样本	(2) 东部	(3) 中部	(4) 西部
f_self	−0.152 *** (−2.78)	−0.203 *** (−3.43)	−0.065 (−1.50)	−0.072 (−0.71)
yali	−0.017 (−0.18)	0.202 *** (3.63)	0.345 (1.48)	−0.109 (−1.12)
lpeople	0.043 *** (2.75)	−0.020 * (−1.66)	0.031 *** (2.88)	2.719 *** (7.19)
时间固定效应	控制	控制	控制	控制
个体固定效应	控制	控制	控制	控制
聚类（县级）	控制	控制	控制	控制
N	8475	6450	6704	3918
r2_a	0.424	0.960	0.956	0.897
F	67.299	5.808	11.955	14.950

注：括号内数值为t值；*** 、** 、* 分别表示系数在1%、5%、10%的水平上显著。

162

表6-7反映了省直管县对义务教育阶段单位财政收入教师数量的回归结果，表6-7结果显示省直管县对中小学教师数量的影响在东部并不显著，而中部和西部地区在1%水平上负向十分显著。省直管县政策的变动导致中部和西部地区教师数量减少明显，这是因为东部地区经济发展水平相对较高，东部地区义务教育支出受省直管县政策变动的影响较小，东部地区县级政府对本级财政依赖度较高，省直管县后对地方义务教育等公共产品供给的影响不大，所以不会带来教师数量的明显减少。而中部和西部地区受省直管县政策影响较大，中部地区义务教育阶段教师数量减少幅度比西部地区更显著，因为中部地区县级政府在财力得以扩充的同时，获得了较多财政自主权的县级政府更愿意致力于地区经济发展，对义务教育发展难免有所忽略，老师不倾向于去往中部地区，所以省直管县对中部地区老师数量的影响为显著负向。同时，西部地区的学校数和学生数在受省直管县政策影响后显著减少，也带来了义务教育阶段教师的大量流失。

表 6 – 7 省直管县政策对我国不同地区义务教育阶段
教师数量因素的回归结果

变量名称	（1）	（2）	（3）	（4）
	全样本	东部	中部	西部
policy	− 0. 103 *** (− 3. 77)	− 0. 001 (− 0. 26)	− 0. 016 *** (− 3. 08)	− 0. 009 *** (− 3. 43)
lgdp	0. 028 (1. 29)	− 0. 087 *** (− 6. 35)	− 0. 036 *** (− 3. 41)	− 0. 006 *** (− 4. 85)
larea	− 0. 026 (− 0. 44)	0. 004 ** (2. 57)	0. 014 (0. 34)	− 0. 158 *** (− 2. 70)
f_self	− 0. 152 *** (− 2. 78)	0. 030 ** (2. 26)	− 0. 046 *** (− 8. 19)	− 0. 075 *** (− 7. 19)
yali	− 0. 017 (− 0. 18)	0. 115 (1. 46)	0. 217 *** (6. 45)	0. 085 *** (5. 91)
lpeople	0. 043 *** (2. 75)	− 0. 005 * (− 1. 68)	− 0. 001 (− 0. 98)	0. 113 *** (3. 99)
时间固定效应	控制	控制	控制	控制
省份固定效应	控制	控制	控制	控制
N	8475	5250	1786	3916
r2_a	0. 424	0. 273	0. 771	0. 787
F	67. 299	10. 160	17. 528	19. 531

注：括号内数值为 t 值；*** 、** 、* 分别表示系数在 1%、5%、10%的水平上显著。

6.3.2 按省会非省会划分

考虑到我国各地城市本身也存在着一定差异，尤其是省会城市因为其作为本省政治经济中心，和非省会城市有很大不同，这种差异同样会对地方义务教育水平产生影响。本章选择省会城市与非省会城市进行对比分析，研究二者实施省直管县财政政策后的差异，我国省会城市与非省会城市义务教育因为省直管县政策冲击的回归结果见表 6 – 8。

从表 6 – 8 中可以看出，非省会城市义务教育阶段的学校数、在校生人数以及单位财政收入教师数量受省直管县政策影响都非常显著，其中，学校数和教师数都在1%水平上显著。非省会城市初中和小学的学校数、在校生人数都随着省直管县政策的实施有明显增加，而中小学教师则因此显著减少。由于省会城市一般都是各省政治经济文化中心，非省会城市无论是经济发展还是政治执行度上都弱于省会城市。在省直管县财政后，非省会城市的县级政府提高了发展积极性和主动性，在县域经济得到快速发展的同时，也切实地加强了县级财政保障和提供公共产品的能力，所以义务教育阶段学校数和学生数都有显著的增加。而非省会城市所处的城市地位决定了它对于高水平人才的吸引力要弱于省会城市，必然会出现教师队伍中人才流失，使得义务教育阶段教师数明显减少。

表6-8　省直管县政策对我国省会和非省会城市义务教育影响的回归结果

变量名称	省会			非省会		
	lsn	ltn	F_t	lsn	ltn	F_t
policy	0. 140 ** (2. 22)	0. 058 (0. 13)	−0. 001 (−0. 87)	0. 148 *** (6. 05)	0. 275 ** (2. 53)	−0. 005 *** (−3. 27)
lgdp	0. 011 (0. 06)	0. 125 (1. 10)	−0. 005 * (−1. 78)	−0. 165 *** (−6. 05)	−0. 215 *** (−11. 89)	−0. 022 *** (−11. 10)
larea	0. 848 (0. 99)	−0. 447 (−1. 45)	−0. 001 (−0. 16)	−0. 269 *** (−16. 87)	−0. 375 *** (−37. 91)	0. 004 (0. 66)
f_self	−0. 168 (−0. 66)	−0. 167 (−1. 31)	−0. 002 (−0. 41)	−0. 147 * (−1. 76)	−0. 208 *** (−3. 77)	−0. 032 *** (−7. 32)
yali	−0. 213 (−0. 42)	0. 018 (0. 17)	0. 001 (0. 21)	0. 146 (1. 06)	0. 738 *** (7. 83)	0. 084 *** (10. 33)
lpeople	1. 709 ** (2. 38)	0. 005 (0. 02)	0. 015 ** (2. 57)	0. 524 *** (26. 33)	0. 579 *** (48. 32)	−0. 002 (−1. 02)
时间固定效应	控制	控制	控制	控制	控制	控制
个体固定效应	控制	控制	控制	控制	控制	控制
N	1096	1837	1321	7379	16629	9665
r2_a	0. 474	0. 479	0. 260	0. 319	0. 412	0. 184
F	2. 417	0. 815	19. 122	195. 786	279. 347	182. 888

注：括号内数值为t值；***、**、*分别表示系数在1%、5%、10%的水平上显著。

6.3.3　按城市大小划分

城市规模是影响城市经济发展水平的一个重要因素，利用城市规模分组研究省直管县与义务教育水平之间的关系是值得关注的。按照 GDP 相对水平划分大规模与小规模城市，当地级市 GDP 水平大于中位数则定义为大规模城市，否则为小规模城市。为了控制县域差异，分析省直管县对不同规模城市的义务教育影响时增加了聚类到县级，回归结果如表 6－9 所示。

从表 6－9 中发现小规模城市义务教育阶段的学校数、在校生人数以及单位财政收入教师数量受省直管县政策影响都显著，其中，初中和小学的学校数在 1% 水平上显著。省直管县财政政策的实施后，小规模城市初中和小学在校生人数有明显增加，而中小学的学校数和教师数则显著减少。

表 6 – 9　　省直管县政策对我国不同规模县级城市义务教育影响的回归结果

变量名称	大城市			小城市		
	lsn	ltn	F_t	lsn	ltn	F_t
policy	0.215 *** (3.13)	0.065 (0.45)	0.002 (1.32)	− 0.123 *** (−7.88)	0.057 ** (2.30)	− 0.005 ** (−2.46)
lgdp	− 0.509 *** (−5.32)	− 0.425 *** (−7.07)	− 0.023 *** (−7.47)	0.041 (1.12)	− 0.066 *** (−4.35)	− 0.072 *** (−15.37)
larea	− 0.075 (−1.06)	− 0.415 *** (−9.19)	− 0.008 *** (−5.32)	− 0.066 (−1.41)	− 0.162 *** (−5.47)	0.003 (0.44)
f_self	− 0.512 ** (−2.09)	− 0.482 *** (−2.71)	− 0.060 *** (−6.88)	− 0.101 * (−1.95)	− 0.000 (−0.02)	0.006 (0.75)
yali	0.461 (1.45)	0.723 *** (4.26)	0.048 *** (4.53)	0.224 * (1.71)	− 0.063 (−1.19)	− 0.057 *** (−2.88)
lpeople	0.226 *** (2.88)	0.517 *** (9.63)	− 0.012 *** (−5.30)	0.012 (0.37)	0.011 (1.20)	− 0.002 (−0.73)
时间固定效应	控制	控制	控制	控制	控制	控制
省份固定效应	控制	控制	控制	控制	控制	控制

续表

变量名称	大城市			小城市		
	lsn	ltn	F_t	lsn	ltn	F_t
_cons	5.325 *** (6.08)	13.313 *** (21.72)	0.712 *** (6.47)	−2.398 (−0.28)	9.621 *** (7.07)	0.343 (0.69)
N	3596	10086	5873	4879	8380	5113
r2_a	0.468	0.273	0.226	0.414	0.363	0.477
F	38.059	36.796	46.232	41.892	47.069	47.904

注：括号内数值为 t 值；*** 、** 、* 分别表示系数在 1%、5%、10% 的水平上显著。

　　这与中国城市化进程的特殊性有关，中国的城市化与西方国家不同，农民在进城务工以后并没有真正获取城市的市民身份，实际上只是进城打工。这些进城务工人员的家仍然在农村，由于小城市生活成本相比大城市而言要低，并且小城市距离农村的老家更近，返乡更为方便，会有一部分人员到小城市生活和工作。中国一直就是一个尊师重教的民族，中国的父母非常重视孩子教育，这些进城务工人员一般都会选择让孩子在小城市，而不是农村接受更好的义务教育。所以，省直管政策所引发的县域地区城市化进程加快，导致小城市接受基础教育的学生人数增加，这种增加与进城务工人员的子女在小城市接受基础教育是有关的。

　　教师的移动则与农民的移动不同，教师由小城市进入大城市可以获取市民身份，同时对高生活成本的承受能力较强，大城市提供的机会和收入增加带来的收益大于生活成本提高所带来的损失，教师更倾向于由小城市进入大城市，从而导致了小城市的教师数量的下降。

　　而小城市学校数量的减少则与义务教育资源的整合以及学校合并和学校规模扩张有关。

6.4　稳健性分析

6.4.1　高维固定效应检验

　　基准回归只是固定了时间和省份的固定效应，但仅仅固定这两种效应还不够，高维固定效应更能解决单纯的累加固定效应不能保证的多维冲击问题，因此考虑使用高维固定效应对回归结果进行稳健性检验，结果见表 6 – 10。由表 6 – 10 可知，在加入时间与省份固定效应的交互项之后回归结果依然显著为负，说明了省直管县对义务教育水平的负向影响是真实可信的，排除了二者之间可能存在的虚假关联的情况。

表 6 – 10　　　　　　　　　　　高维固定效应

变量名称	(1)	(2)	(3)
	lsn	ltn	F_t
policy	− 0. 068 *** (− 4. 45)	− 0. 015 *** (− 3. 10)	− 0. 007 *** (− 4. 97)
lgdp	− 0. 014 (− 0. 78)	− 0. 003 (− 0. 36)	− 0. 020 *** (− 5. 24)
larea	− 0. 029 (− 0. 48)	− 0. 072 *** (− 2. 61)	0. 003 (1. 46)
f_self	− 0. 066 * (− 1. 67)	− 0. 039 ** (− 2. 16)	− 0. 029 *** (− 11. 31)
yali	0. 120 (1. 49)	− 0. 014 (− 0. 29)	0. 083 *** (11. 13)
lpeople	0. 033 ** (2. 23)	0. 001 (0. 11)	− 0. 003 (− 1. 58)
时间固定效应	控制	控制	控制
省份固定效应	控制	控制	控制
时间 × 省份	控制	控制	控制
N	8446	18418	10951
r2_a	0. 905	0. 969	0. 620
F	4. 678	3. 898	39. 278

注：括号内数值为 t 值；***、**、*分别表示系数在 1%、5%、10%的水平上显著。

6.4.2　变量缩尾处理

考虑到样本内可能存在一些异常值，会影响到回归结果的准确性，

167

因此对全样本进行1%的缩尾处理，样本处理后的回归结果见表6-11。从表中可以发现，在剔除异常值影响后，省直管县对义务教育水平的影响依然显著为负，证明了基准回归结果的稳健性。

表6-11 　　　　　　　　　　缩尾分析

变量名称	(1)	(2)	(3)
	lsn	ltn	F_t
policy	-0.100 *** (-3.69)	-0.040 *** (-2.82)	-0.005 *** (-3.60)
lgdp	0.033 (1.54)	-0.018 (-1.53)	-0.017 *** (-6.49)
larea	0.013 (0.34)	-0.142 *** (-2.73)	0.001 (0.76)
f_self	-0.140 *** (-2.59)	-0.088 *** (-3.81)	-0.028 *** (-9.11)
yali	-0.017 (-0.18)	0.011 (0.45)	0.074 *** (7.91)
lpeople	0.042 *** (2.69)	0.013 (1.47)	-0.000 (-0.59)
时间固定效应	控制	控制	控制
省份固定效应	控制	控制	控制
_cons	4.479 *** (10.54)	12.586 *** (24.48)	0.210 *** (7.74)
N	8475	18466	10986
r2_a	0.421	0.326	0.469
F	66.758	74.328	90.452

注：括号内数值为 t 值；*** 、** 、* 分别表示系数在1%、5%、10%的水平上显著。

6.4.3　滞后分析

考虑到政策实施需要一定时间才能显现出政策执行的效果，因此本章将解释变量滞后一期以减少由于政策时滞性造成的回归结果不准确，回归结果见表 6-12。由表 6-12 可知，将省直管县政策滞后一期后，回归系数依然在 1% 的显著水平上负向显著，说明省直管县对义务教育水平的影响是真实可信的。

表 6-12　　　　　　　　　　　解释变量滞后一期

变量名称	(1)	(2)	(3)
	lsn	ltn	F_t
l. policy	-0.110 *** (-4.06)	-0.040 *** (-2.89)	-0.005 *** (-3.82)
lgdp	0.018 (0.91)	-0.030 *** (-2.64)	-0.013 *** (-7.35)
larea	-0.023 (-0.41)	-0.125 *** (-2.64)	0.004 *** (3.23)
f_self	-0.125 ** (-2.33)	-0.109 *** (-4.22)	-0.036 *** (-9.06)
yali	-0.038 (-0.42)	0.054 * (1.81)	0.098 *** (6.60)
lpeople	0.034 ** (2.47)	0.016 * (1.70)	-0.000 (-1.12)
时间固定效应	控制	控制	控制
省份固定效应	控制	控制	控制
_cons	4.878 *** (8.58)	12.474 *** (26.71)	0.141 *** (7.30)
N	7724	16629	9988
r2_a	0.386	0.271	0.465
F	53.934	62.684	73.821

注：括号内数值为 t 值；***、**、* 分别表示系数在 1%、5%、10% 的水平上显著。

6.4.4　按小学初中分别考察

为了避免全样本回归的粗略性，本章将义务教育阶段涵盖的小学和初中两个阶段分开分别检验省直管县对义务教育水平的影响是否都显著为负，回归结果见表6-13。从表中可知不管用衡量义务教育水平的哪一个指标进行分时间段的回归，系数依然为负，说明省直管县对义务教育水平的负向影响不存在不准确性。

表6-13　　　　　　　　　　按小学初中划分

变量名称	lsn	lsn	ltn	ltn	F_t	F_t
	(1)	(2)	(3)	(4)	(5)	(6)
	小学	初中	小学	初中	小学	初中
policy	-0.104 *** (-2.99)	-0.075 *** (-3.74)	-0.051 *** (-2.78)	-0.061 *** (-3.18)	-0.003 * (-1.94)	-0.002 *** (-3.88)
lgdp	0.009 (0.30)	0.173 *** (4.80)	-0.060 *** (-3.65)	0.091 *** (3.42)	-0.017 *** (-4.74)	-0.006 *** (-7.38)
larea	-0.001 (-0.01)	-0.005 (-0.16)	0.036 (0.42)	-0.217 *** (-4.04)	0.002 (1.61)	0.002 *** (2.72)
f_self	-0.235 *** (-3.14)	0.228 *** (5.48)	-0.192 *** (-4.14)	-0.034 (-0.84)	-0.015 *** (-4.94)	-0.014 *** (-8.67)
yali	0.114 (0.99)	-0.675 *** (-7.60)	0.223 *** (4.20)	-0.259 *** (-4.30)	0.040 *** (5.01)	0.040 *** (6.70)
lpeople	0.052 ** (2.46)	-0.014 (-1.37)	0.033 *** (3.19)	0.001 (0.08)	-0.001 (-0.70)	-0.000 * (-1.68)
时间固定效应	控制	控制	控制	控制	控制	控制
省份固定效应	控制	控制	控制	控制	控制	控制
_cons	4.570 *** (7.02)	1.761 *** (4.32)	10.609 *** (13.22)	11.513 *** (20.11)	0.194 *** (5.94)	0.069 *** (7.25)
N	8569	8488	18561	18477	11087	10998
r2_a	0.368	0.202	0.131	0.146	0.165	0.480
F	55.113	36.216	44.097	66.739	66.911	71.048

注：括号内数值为t值；***、**、*分别表示系数在1%、5%、10%的水平上显著。

6.5　小　　结

本章主要通过省直管县自然实验，研究实施省直管县政策后，因省、市、县级政府的财政分配关系改变对地方义务教育水平影响的方向与力度，综合上述分析结果可知：

（1）省直管县对义务教育产出水平的影响方向为负向，在1%水平上影响显著，并且在高维固定效应、滞后和缩尾等稳健性分析下回归结果均保持稳定。这说明省直管县带来的省、市、县级政府间义务教育财政事权和支出责任的改变降低了义务教育的产出水平。

（2）省直管县对义务教育水平的影响存在异质性，在按照东中西部、省会非省会城市、大小规模城市进行分组检验后，发现省直管县财政的政策冲击对义务教育水平的影响会因为不同的经济发展水平而有所差异，其中在西部地区、小规模的城市义务教育水平会受到省直管县的负向影响，而非省会城市地区义务教育水平则因此有所提升，但总体来说省直管县都或多或少地抑制了地区义务教育水平的提升。

（3）省直管县政策的出台起到了促进县域经济发展、缩小城乡差距的作用，也提高了公共财政资金流动和使用效率。但由于我国各县之间发展不均衡，省级政府统一管理各县受制于信息不充分和不对称难免会产生诸多问题，导致部分地区省直管县政策反而对义务教育发展产生负向影响，阻碍地区的义务教育产品的供给。在政府级次减少，省级直接管辖县级财政的情况下，作为自利经济人的省级政府会将尽可能多的财政事权划分给县级政府。从县级政府来看，县级财政资金保障性在一定程度上有所提高，县级财权事权成倍扩张。在以GDP为导向的政治竞争压力下，县级政府的地方官员有强烈的动机将辖区内公共资源向经济发展领域倾斜，以便在短期内产生明显的、突出的政绩，导致了地方政府忽略了义务教育等非经济性公共产品的供给，引起了义务教育产品和服务供给不足，从而使义务教育水平下降。

第7章 我国义务教育事权和支出责任划分存在的问题

通过我国义务教育财政事权与支出责任划分的历史和现实的系统梳理，可以发现我国义务教育事权和支出责任已经形成了比较合理的划分格局，在义务教育事权划分上，中央政府负责义务教育的统筹规划、政策制定、协调管理、督导评估、保障公平，地方政府负责具体执行落实事权。在义务教育支出责任上，部分事权是由中央政府和地方政府共同承担，大部分支出责任是由地方政府，特别是县级政府承担。分析现有义务教育财政事权与支出责任的划分格局，可以发现其中仍存在不少问题，而正是这些问题影响着我国义务教育事业的进一步发展。

7.1 中央和地方政府间义务教育事权和支出责任划分存在的问题

从应然的角度，政府间事权和支出责任的划分是整个财政体制的前提和基础，应当先规范政府间事权和支出责任的划分，再根据事权和支出责任划分确定财权和收入的划分，最后结合事权和财权的状况设计转移支付制度。原本应当根据义务教育产品的受益范围和各级政府的比较优势来划分事权和支出责任的，但我国现实的做法却在一定程度上主要依据政府间财权财力，按照行政隶属关系划分义务教育事权和支出责任。这种颠倒了政府间财政管理权限划分所涉及各环节先后顺序的划分，必然会产生一系列的问题。

我国近几年在基本公共服务领域推行的一系列财政事权和支出责任划分的改革，只是做到了"明晰财政事权和支出责任"，换言之，只是把我国社会实践中政府间的财政事权和支出责任的现实划分，通过政策和文件的形式固定下来。原本在政府间财政事权和支出责任划分中存在的问题依然存在，并没有得以有效解决，反而是通过文件的形式让问题合法化。2018 年的改革方案是将中央政府原来的一般性转移支付和专项转移支付安排的义务教育的公共事权，通过设立义务教育共同事权分类分档转移支付反映出来；而义务教育共同事权和支出责任中地方政府承担部分，由地方政府通过自有财力和中央转移支付统筹安排。显然，我国中央和地方政府间事权和支出责任划分的实质性问题并没有解决，只是以明确二者分担比例的形式界定了支出责任，或者说是把义务教育实际支出分担比例以界定支出责任的形式体现出来，把一部分义务教育的一般性转移支付和专项转移支付调整为分类分档转移支付的形式。

7.1.1　义务教育事权与支出责任划分法治化的部分缺失

我国义务教育事权与支出责任中诸多问题的成因都有法治化缺失的影子。目前为止，我国尚未有一部明晰划分政府间事权和支出责任的法律，更不要说具体划分义务教育事权和支出责任的法律法规。我国《义务教育法》对各级政府具体的义务教育事权，以及各级政府义务教育支出责任的分担都没有做出明确规定。现行义务教育领域的管理制度多为《改革方案》《实施意见》，立法的层次低，法律的权威性和约束性较差，法律效力较低，对义务教育管理的约束性差。法治化的部分缺失使义务教育供给事权行政划分时，各级政府事权内容调整随意，以致义务教育事权和支出责任的划分显得过于非正式和随意。中央政府和地方高层政府作为利己的经济人，难免会依据自身偏好对义务教育供给中的事权和支出责任做出利己的、非正式的调整，加大地方政府的事权和支出责任，从而出现"中央请客、地方买单"的情况。

当前作为我国公共财政收入端的政府间税收划分法律体系已逐渐完善，而作为公共财政支出端的事权与责任划分的法律建设长期滞后，义务教育领域也同样存在着规范事权和支出责任划分的法制化层次低，甚至是正式法律法规缺失的问题。这一方面直接增加了不同层级政府间的博弈难度和谈判成本，另一方面也暴露了我国公共财政制度的不稳定性，这种缺少法律依据的义务教育事权和支出责任的划分必然会导致义务教育财政事权与支出责任履行过程中缺位、落实不到位等问题，导致义务教育产品和服务不能有效供给，突显出义务教育支出效益低、义务教育公共品供给不均衡的问题。

我国规范政府间事权和支出责任相关法律的缺失，导致在划分政府间事责职权和支出责任的实践中无法可依，通常以政府的财力状况作为划分政府间支出责任的依据。这种做法在基层财政困境比较普遍的情况下，虽然有其必然性和合理性，以及较强的实践意义。但从应然的意义上，政府间事责职权和支出责任的划分是整个财政体制的前提和基础，应当首先规范政府间事权和支出责任的划分，再根据事权和支出责任划分确定财权和收入的划分，最后再结合事权和财权的状况设计转移支付制度。由于缺少事权和支出责任的相关法律法规的规范和引导，使得现实的做法颠倒了政府间财政管理权限划分所涉及的各环节的先后顺序，影响到义务教育产品的供给效率。

7.1.2 中央政府在义务教育事权和支出责任方面存在双重缺位

按照现行财政体制和教育管理体制，我国义务教育属于中央和地方政府共同财政事权，我国现有的改革方案在行政隶属关系基础上对中央和地方政府在义务教育领域的财政事权和支出责任做出了一定的划分，却仅列举了公用经费保障、家庭经济困难学生生活补助、校舍安全保障、贫困地区学生营养膳食补助四方面事务的共同财政事权和支出责任如何分担，对于其他的义务教育的事权职责并没有做详细的规定。《方案》对中央和地方政府之间进行了划分，涉及省以下地方政府的财政事权和支出责任只是用"地方统筹""地方财政安排"等笼统概况，并没有界定清晰。

义务教育的外部性以及效益外溢决定了义务教育公共品应当由中央政府或高层的地方政府来提供才更符合效率和公平原则。而我国是一个政治上高度集权的国家，中央政府在权力划分中天然地具有优势，政府天生具有的自利性必然会促使中央政府将财权和财力掌握在自己手中，将事权和支出责任尽可能多地分配给地方政府承担。公共产品受益范围具有多样性，具体到义务教育的受益范围可以是一级地方政府的辖区，也可以是一个省，甚至是全国，义务教育受益范围难以精准地确定。而政府级次却是有限的，一般三级政府架构较为常见，我国五级政府已经是层级比较多的了，所以，我国在划分义务教育事权和支出责任时一定要解决好公共产品受益范围多样性、不确定性和政府级次有限性之间的矛盾。

目前，我国现实的义务教育事权和支出责任划分格局也是地方县级政府承担着主要的义务教育事权和支出责任。比如中小学教师工资事权，由中央确定教师基准工资并指导地方的绩效工资；地方政府结合本地实际确定不低于国家基本工资标准的本地标准，并制定地方绩效考核办法和实施方案。地方政府，主要是县级地方政府全额负担教师基本工资和绩效工资。有些财政困难的县乡地方政府根本无法负担义务教育阶段教师工资，导致无法保障中小学教师工资的发放，必然会引起贫困地区优质教师资源的流出，影响当地教育发展。

我国中央和地方政府在义务教育事权上的分配基本合理，但在支出责任的分担上还存在一定的问题。义务教育作为一项体现国民待遇和公民权利、涉及全国统一市场和要素自由流动的公共产品的事权，需要制定义务教育相关事宜的全国统一标准，其支出责任由中央和地方按比例或以中央政府为主承担。但我国的实践却并非如此，2019 年，地方一般公共预算支出 199349 亿元，占全国一般公共预算支出 235244 亿元的 85% 左右，由此可见地方政府承担了我国公共产品和服务供给的绝大部分事权和支出责任。同期的地方一般公共预算收入的预算数 178099 亿元，这个缺口势必要依赖转移支付以及各类非税收入弥补。这必然导致一些本应由中央政府承担的义务教育的事权和支出责任下放到地方政府，中央政府只是承担了一部分，甚至是直接交由地方政府去承担落实。

7.1.3 部分责任划分清晰的义务教育事权和支出责任落实不到位

即使现有意见和方案对部分义务教育事权做了一些界定，对支出责任也做出了明文规定，但在义务教育事权执行管理中，义务教育事权执行落实不到位的现象也比较普遍。基层地方政府管理公共事务的能力参差不齐，在一定程度上成为制约义务教育事权和支出责任执行落实的一个重要原因。以教育规划事权为例，地方政府虽然能按规定、按时编制本地方的教育规划，但由于基层政府宏观掌控能力不足，对编制长期、总体规划认识不到位、基层政府重视程度不够等问题，导致基层规划的编制质量较差，执行过程中随意性较大。

义务教育事权中，不论是教育行政管理事权、教育经费管理，还是教育教学研究与指导事权，不论在纵向还是横向的划分上，都要求"一分到底"。对于已经界定清晰的事权一定要狠抓落实；对于义务教育财政事权执行不力，或者没有及时、足额履行支出责任的，应当实行追责制度。与此同时，支出责任落实不到位的问题更为突出，"职责同构"和事权重叠交叉问题引起支出责任较难明晰的界定，利己的高层政府利用法律和制度的不规范向下级地方政府推卸本应由其承担的支出责任，同级政府的不同部门、单位之间相互推诿支出责任，从而难以真正地将义务教育的支出责任落实到具体的政府部门和单位。

地方政府的财力不足也是严重影响已经划分好的义务教育事权和支出责任的落实的一个重要原因，而我国基层财政困难又是一种普遍存在的现象。即使政府间的事权和支出责任的划分已经非常合理，如果作为执行者的地方政府没有足够的财力保障其事权和支出责任的履行，那么再合理的事权和支出责任划分也是空谈，所以，我国基层财政困难的问题也在事实上成为制约我国义务教育事权和支出责任履行效率的重要因素之一。

此外，在我国现有的层级制政府架构下，每一级政府都设立有教育职能部门以提供教育产品和服务。但是，教育部门只负责提供教育产品和服务，教育产品和服务供给所需经费并不需要由接受教育服务的受益者支付，而是由财政部门负责统一拨付，再由税务部门依据支付能力而不是受益原则筹集财政收入。社会分工虽然提高了效率，但对社会公众来说，其消费义务教育产品和服务的利益获取和成本分担是脱节的，就容易产生"财政幻觉"（布坎南，1993），似乎包括义务教育在内的公共产品和公共服务都是由政府免费提供的，由此社会公众会加大对义务教育产品的需求，从而导致了义务教育产品和服务的供给规模扩张，影响到公共教育资源的配置。

7.2　省以下政府间义务教育事权和支出责任划分存在的问题
——以山东省为例

国务院关于基本公共服务领域、教育领域两个改革方案颁布实施后，明确把义务教育纳入中央和地方政府的共同事权和支出责任，并对中央和地方各自承担的支出责任做出了明确的规定，这在一定程度上对中央和地方政府间义务教育事权和支出责任进行了划分。但是，各地省以下地方政府间事权与支出责任的划分不尽规范，本节以山东省为例分析省以下地方政府间的义务教育权责划分。经过多年的"省直管县"改革，传统的省、市、县、乡四级政府的架构发生了变化，山东省现有41 个财政直管县，省以下地方政府间义务教育事权与支出责任划分就变成在省与市级政府间、省与直管县政府间、市级政府与县级政府间划分义务教育的财政事权、分担相应的支出责任。但是，山东省的省以下政府间义务教育的事权和支出责任的划分中依然存在一定的问题。

7.2.1　省以下部分义务教育事权与支出责任划分不清晰、不合理

我国目前财政分配活动的实践就是由一级财政向一级政府所属教育部门以及教育部门所属的单位提供教育经费，然后由教育部门及其所属单位按照职能分工提供相应的教育产品和服务，我国也大都按照行政隶属关系来确定某一级所承担的义务教育事权和支出责任。这种划分虽然简单明了，却没有考虑义务教育产品的受益原则以及其效益外溢问题，不符合效率和公平原则。而且我国教育部门的设置在不同级次政府之间大致是相同的，"职责同构"现象客观存在，即不同级次政府的教育部门事实上面向社会提供同一种教育产品。不同级次的教育部门都从本级政府获得了财政资金，都提供同一种义务教育产品和服务。但是，在具体提供义务教育产品时，不同级次教育部门如何确定各自供给义务教育产品的规模和范围，如何分担同种义务教育产品的供给成本，承担各自

支出责任，仅仅借助行政隶属关系简单地划分是无助于解决问题的。所以，需要进一步深入思考义务教育事权和支出责任如何在不同级次政府间的划分。

虽然我国义务教育领域的事权与支出责任，已经在中央与地方政府间做了划分，并从制度设计、机构设置到财政保障机制构建了基本框架，但省以下政府间的事权与支出责任的划分比较模糊，多有交叉重叠。《中华人民共和国地方各级人民代表大会和地方各级人民政府组织法》中对县级以上政府职权的规定基本相同，并没有明确的区分政府级次，诸如教育、文化、卫生、社会保障等主要公共产品和公共服务在不同级次的政府间没有明确的划分界限。义务教育事权作为中央和地方政府的共同事权，其支出责任也应由各级财政共同承担，但在现实中，这种义务教育事权和支出责任的划分相对模糊，下一级政府拥有的义务教育事权几乎是上一级政府事权的延伸和细化，"上下一般粗"问题依然存在。

在国务院出台的有关文件中，凡涉及省以下的划分大多笼统地规定为"省级统筹，市县落实"，或"地方配套"，并没有明确地规定省级政府如何统筹，省、市、县、乡政府如何配套、按什么配套、配套多少等问题。其事权与支出责任的模糊表述，无疑会给当地义务教育事业的发展产生负面影响，导致义务教育财政事权落实不及时、不到位，事权缺位导致地方义务教育公共品供给不足，供给效率下降。

省级政府在划分省以下义务教育事权和支出责任时，通常将本该由其负责的义务教育支出责任下移，下放给市县级政府。凡是中央专项资金有规定要求地方配套的项目，几乎都由县级政府被迫承担了所有配套资金。2019 年山东省一般公共预算教育经费为 2154.96 亿元，而省本级的一般公共预算教育经费支出仅为 280.19 亿元，仅占当年全省一般公共预算教育经费支出的 13%，也就是说，山东省教育经费支出责任的 87% 是由省以下的基层地方政府承担的。① 由此可见，本应由省级政府承担的支出责任大部分下放到县级政府。义务教育作为中央和地方政府的共同事权，在事权界定不清的情况下，义务教育产品供给大多是中央对地方按一定比例进行补助，在事务管理和资金使用方面出现的职责不

---

① 来源于山东省教育厅于 2020 年 12 月公布的《2019 年度山东省教育经费执行情况统计公告》。

清、互相挤占或各级政府都不管理，无从问责，导致义务教育事权和支出责任划分的时出现利益冲突和真空地带，严重影响了义务教育产品和服务的供给效率和效果。

另外，中央和省级等高层教育管理部门对下级对口教育部门的"条条"式管理也产生了事实上的隶属关系，上级教育管理部门对下级教育管理部门的领导权使其可以通过专项转移支付的形式掌控教育事权的划分，并要求下级教育管理部门承担相关教育支出和资金配套责任。各级教育管理部门这种分割所掌控的教育事权的行为在事实上扰乱了原有的政府间义务教育事权和支出责任的划分，造成了现实中的"上下不明"。

7.2.2　"财权上收、事权下划"导致基层政府财力与支出责任不匹配

随着我国各项改革的逐步推进和深化，中央和地方高层政府在集中财权的同时，实际上却逐步把义务教育事权层层下移，基层政府承担的事权和支出责任日益扩大。与此同时，基层政府的财权和财力的配置却没有相应地跟上，导致了基层政府财力与支出责任严重的不匹配，使义务教育经费的财政保障机制得不到真正落实，影响了义务教育产品的供给水平和质量。现行的义务教育支出责任划分格局主要是按部门、单位的行政隶属关系界定不同级次政府的支出责任，这种划分虽然明确了各级财政向本级政府所属教育部门、单位提供义务教育产品的所需资金，以及中央政府和省级政府各自支出责任的比例，但对省以下不同政府间的支出责任划分得比较模糊，只是在原则上规定了由地方政府统筹，具体怎么统筹，每一级政府承担的支出责任的比例是多少并未涉及。而且，支出责任下移现在已经成为一种体制通病，越是基层政府，地方财力与支出的缺口就越大，特别是经济欠发达地区，不少县级财政的大部分支出需要依靠上级政府的转移支付。中央政府和地方高层政府解决地方财政困难的方法大多是增加对地方政府的一般性或专项转移支付，以保证地方有足够的财力提供包括义务教育产品在内的基本公共产品和公共服务，而这无疑又在一定程度上增大了转移支付的规模。一方面是正常的财政支出不到位，另一方面又是过度的转移支付，由此更是凸显了

我国公共支出结构的不合理。

目前，县级政府负担着辖区内义务教育领域的大部分事权，包括学校兴建、学生招生、教学管理、教师工资发放等基本事项，而中央和省级政府承担的义务教育支出责任较少。按照目前省以下义务教育领域事权和责任划分，城乡义务教育的教师工资也由县级政府承担。在目前政府间财力分配格局相对集中的现实情况下，地方政府，特别是基层地方政府的支出压力加大，部分市县级财政困难的问题迟迟无法得到解决，甚至想兜牢基层"保工资、保运转、保基本民生"的底线都很难，因此有些地方的义务教育支出责任根本无法得以落实。

随着2016年5月"营改增"工作的全面落地，作为原地方税主体税种的营业税彻底退出了历史舞台，而新的地方税体系并没有建立完善，地方税种收入规模小、税源分散、征收难度大的问题普遍存在，严重地影响着地方政府筹集收入的能力。为了保证过渡时期的地方财力，增值税在中央与地方之间的分享比例由原来的3∶1调整为1∶1，增值税仿佛成为地方"第一大税种"。但是，增值税以增值额为计税依据，我国工业企业相对集中于东部省份，其生产的产品却销往全国各地，这就出现了严重的税源与税收收入的背离，不同地区之间的税收分享不同，演化为地区之间的财力失衡。基层地方财政困难导致了这些市县在解决了教师工资后，根本没有足够的财力来落实其他基本的义务教育事权和职责，当地义务教育经费投入完全靠中央和省级政府的专项资金，当地政府根本没有多余的财力落实其他义务教育事权，甚至有些地区当年财政收入根本不足以支付本级次的教师工资支出。所以，目前由地方政府承担主要的义务教育事权和支出责任的划分格局，特别是由县级政府承担义务教育教师工资，严重加剧了经济欠发达地区的基层财政压力，基层地方政府根本没有履行义务教育财政事权的财力保障。

7.2.3 义务教育支出责任分担机制设计对地方政府激励不足

义务教育产品具有一定效益外溢性，义务教育产品的受益范围可能会超出某一地方政府的辖区范围，但是超出范围有限，或者义务教育受益范围只是覆盖一省或几个省，并不能完全覆盖全国。基于义务教育的效益外溢性，如果完全由地方政府提供某项具有空间外溢性的公共产品，必然会因激励不足导致该项公共产品供给不足。从理论上，义务教育事权需要由中央政府或者地方高层政府来承担，支出责任也要由地方政府和上级政府共同分担。现阶段，我国也是除了义务教育阶段教师工资外，其他事权基本都是由中央与地方分项目、分地区、分比例分担，如生均公用经费、困难家庭学生生活补助等。

我国现行的义务教育支出责任分担比例更多是基于地方财政状况进行划分的，并通过专项转移支付等形式解决部分地方政府财力不足的问题，这种制度设计很难激发地方政府的积极性和主动性，必然产生地方政府激励机制不足的问题。比如说生均公用经费的分担比例，中央在不同地区分担比例是不一样的，中央政府在西部承担 80% 的支出责任，在中部承担 60% 的支出责任，在东部仅承担 50% 的支出责任。毫无疑问，这种分项目按比例承担支出责任的方式，保证了中央政府对各地区义务教育供给的宏观调控，也能多方筹集教育支出经费，确保义务教育支出责任落到实处。但这种做法在实践中也暴露出了一些问题，其中比较突出的就是这种支出责任的分担机制并未引入激励因素。越是经济发展较好的东部和中部地区，中央政府承担的支出责任相对较小，地方政府承担的义务教育支出责任越大；越是经济发展相对落后的西部地区，中央政府则帮助地方政府承担了较多的支出责任，地方政府承担的义务教育支出责任反而越小，这不符合激励机制的要求。中央政府承担了 80% 的支出责任后，西部地区地方政府提供义务教育产品的资金压力大大降低，从而地方政府容易产生依赖性，没有足够的积极性去发展经济，以广开税源来增加地方财政收入。长此以往，会影响地方政府管理地方事务、提供公共产品和服务能力的提升。

此外，义务教育作为基本公共产品和服务本身并没有价格信号，地方政府要想充分掌握辖区公众对义务教育产品和服务的需求信息就比较困难，而且辖区公众对义务教育产品的需求也随着自身生活水平的改变处在不断的动态变化调整中，所以，地方政府要获取准确的义务教育产品需求信息需要较高的成本，如果没有较合理的激励机制，地方政府提供义务教育产品和服务的积极性就会受到影响，容易产生当地义务教育产品供给不足的问题。

7.2.4 义务教育经费保障及支出标准差异加剧地区间教育资源配置不公

　　按现行规定，省级政府可以在严格落实国家基础标准的前提下制定本省的义务教育保障标准；各市、县可以制定高于本省统一标准的地区标准，经省级政府备案后，各市、县政府可以执行较高的地区标准，由市县级政府自行负担高出部分的经费。换言之，不同地区可以实行高于国家基础标准的义务教育保障经费标准。此外，义务教育教师工资也存在同样的问题，不同的地区可以在国家基础标准之上执行不同的绩效工资标准。这就会在事实上引起优质学生资源和教师资源向经济发达地区的流动，加剧了地区间教育资源配置的不公平，越是经济发达地区越有可能执行较高的工资标准和义务教育保障标准，这就可能吸引越多优秀的教师流动到这些教育经费投入高、绩效工资高的地区，反之亦然。2016年起，山东省城乡小学、初中学校的生均公用经费基准定额分别为每年710元、910元的标准。有些经济发展水平高的地方政府充分行使了财政自主权，在规定的补助定额下进一步地提高了对义务教育的公用经费补助，如济南市就是按照普通小学每生每年810元、普通初中每生每年1010元的标准拨付。

　　义务教育支出责任的制度设计也存在着问题，比如奖补机制的设计在激励了部分地方政府提供公共产品和公共服务积极性的同时，也加剧了教育资源非均衡配置。部分义务教育专项经费实行奖补机制，地方财力丰裕的市县财政完全有能力提供本级配套，顺利地完成项目建设，获得省级拨付的奖补资金。相反，地方财力薄弱的地区根本没有财力拿出配套资金，导致项目无法按期完成，省级财政收回相关资金。这样就会导致越是发达的地区获得的教育资源就越多，教育就越发达；越是欠发达的地区获得的教育资源就越少，教育发展就越滞后，奖补机制在事实上形成恶性循环，加剧了区域教育资源的配置的不公平程度。

　　总之，在我国现有的政府级次下，义务教育事权和支出责任格局存在着一些问题，需要我们进一步研究如何协调好政府的财政分配关系，如何调动、发挥不同级次政府的积极性、主动性，在义务教育事权和支出责任的划分上处理好集权和分权的均衡，实现我国义务教育产品的有效供给。在我国财政体制经历"集权—分权—集权"发展演变的同时，我国政府间义务教育事权和支出责任也是在集权和分权之间博弈和权衡。我国的政治集权模式为包括义务教育权责划分在内的经济分权提供了基础和保证，政治上晋升激励机制促使地方政府有很强的政治动力发展地方经济社会事务。但是，政治上集权与经济上分权所蕴含的内在矛盾也是客观存在的，经济分权带来的是边际收益递减，政治集权带来的是边际成本递增，如果边际收益小于边际成本，那么制度选择的净受益就会减小。比如，高层政府利用自身优势地位挤压基层政府，地方基层政府在承担过多事权和支出责任的同时，却没有足够的财力保障，从而产生了严重的基层财政困难。而基层政府在无法反对这种挤压的情况下，同样是理性经济人的地方政府只能通过一些机会主义行为谋求自身利益，这必然导致财政风险。如果地方政府缺少有效的监督和制约机制，当地方财政风险累积到一定程度时，强大的风险压力必然将迫使政府不得不进行制度变革。

　　我国地方政府主要接受上级政府监督，形成了基于上级政府评价的"自上而下的标尺竞争"，下级政府官员必须参加上级政府组织的"晋升锦标赛"，接受上级监督和考核。按照契约理论，政治组织中的激励和经济组织的激励是有明显差别的，政治组织中委托人偏好的异质性、政治组织任务目标的多元性以及考核政治组织绩效时参照物的缺乏等原因都决定了上级政府对下级政府的考核只能采用相对的绩效评估，也有学者将此看作是我国经济分权改革的成本。在一定意义上，通过加大对地方政府的约束或者改进评估方法可以降低部分的分权成本，即通过一定程度的集权降低分权度来降低所谓的分权成本。种种义务教育事权和支出责任划分的问题确实是在义务教育分权过程中产生的，但它与分权改革本身没有什么必然联系，与其说是分权改革的成本，不如说是分权改革不彻底。合理划分政府间事权和支出责任不是降低分权的程度，而是真正走向分权，强化同级权力机关和民众对政府的监督作用，以此来纠正地方政府的行为异化。所以，我国义务教育事权和支出责任划分中出现的问题关键在于我国经济体制改革的步步推进和政治体制改革相对滞后所产生的冲突，在于我国特殊的政府间权力的划分关系。

要推进政治体制的改革，强化同级权力机关对同级政府的监督制约作用，来有效抑制基层政府的机会主义行为。基层政府与高层政府只是由于承担不同性质公共产品供给任务而居于不同的分工位置，二者在经济上处于平等地位，高层政府不能挤压基层政府。由于高层政府在提供受益范围较大的公共产品方面具有比较优势，基层政府为了实现自身利益最大化就会主动把自己的部分权力授予高层政府，这样，高层政府的存在就是为了解决那些基层政府解决不了或解决不好的问题，按"自下而上"授权思路处理政府间关系也就得到了体现。这种政治体制改革的尝试可以在一定程度上解决政府间经济权力划分时面对的问题，降低政府间包括义务教育在内的各类公共事权和支出责任划分的复杂性。

第8章 国外义务教育事权和支出责任划分实践及经验启示

"教育昌，国运兴"，教育尤其是义务教育是一个国家的基石，世界各国普遍重视基础教育。纵观世界各国，基础教育阶段基本上都是义务教育。虽然各国政治体制、经济发展水平、社会文化、教育管理制度等方面可能各不相同，各国义务教育发展的思路、模式、路径和发展程度也不相同。我们却可以从中概括和总结一般规律和经验，为合理地划分我国义务教育领域的财政事权和支出责任，改善我国义务教育产品的有效供给提供有益的帮助。

8.1 国外义务教育事权和支出责任划分实践

义务教育领域是各国政府教育投入的重要领域，世界各国一般均由政府筹集义务教育经费，具体经费筹集管理模式略有不同。一般都由各国的中央政府或是较高层级政府负责义务教育经费投入，各级政府分担的义务教育经费比重不同，按投资主体的不同可分为集权模式、相对集权模式和分权模式。

（1）集权模式。中央或联邦政府是义务教育经费的投资主体，如法国、意大利、韩国等。在这种模式下，中央和联邦政府承担的义务教育经费投资几乎在一半以上。在葡萄牙、新西兰和土耳其等国，中央政府几乎承担全部义务教育的支出责任。

（2）相对集权模式。省、邦等较高层次地方政府是本国义务教育资金的投资主体，美国、日本、德国、加拿大、澳大利亚、印度均采用这一模式。高层级地方政府的投入占本国义务教育经费的比例最高，一般达到40%以上。

（3）分权模式。乡镇等基层政府承担义务教育支出责任，如英国、挪威、丹麦等。这些国家的基层政府是本国义务教育经费投资的主体，基层政府承担的义务教育支出责任占50%以上。

一般来说，财政分权会影响到义务教育事权和责任的集权或分权程度，集权国家大多是中央或较高层级政府履行义务教育的支出职责，分权国家大多由地方政府履行义务教育的支出职责。无论是哪种模式都各有利弊，集权模式可以保障义务教育经费的稳定，便于国家的宏观控制，教育事业的整体协调发展；分权模式下，地方政府的财力成为制约义务教育能否获得长期、稳定教育经费的关键因素，否则，可能导致义务教育产品供给不足或不均衡。西方国家大都选择了集权模式或相对集权模式，即中央或是高层地方政府成为义务教育事权和支出责任主体。

8.1.1 韩国

"教育立国"发展战略使韩国的教育事业发展迅猛。在经济危机的冲击下，韩国的地区经济异质性更加突出，带来了韩国地区经济发展的较大差异，国民收入差距拉大，与此同时，韩国义务教育的发展呈现非均衡性。为此，韩国政府采取一系列措施发展本国义务教育。

1. 地方负担金和国库补助金制度

《教育法》规定了韩国国民具有接受六年初等教育的权利。韩国是集权的义务教育模式，中央政府是义务教育的责任主体，地方教育收入金主要依靠中央政府拨付，中央承担了全国地方教育经费的85%，其余经费由地方政府和学生家长共同承担。此外，国库补助金是依法设立的一种预算外补助经费，是对地方义务教育经费的有益补充。义务教育阶段的教师有关工资费用也是由国家财政负担。

2. 优先扶持落后地区义务教育发展

为了实现义务教育公平发展，韩国政府在不同地区实行了不同义务教育政策，经济发达地区的学生需要缴纳学费，而经济落后地区的学生则免费上学，并对落后地区进行财政转移支付，保障每一个孩子受教育的权利。韩国政府一直特别重视落后地区的发展，通过制定法律优先扶持那些特殊地区的义务教育，专门出台了《岛屿、偏僻地区教育振兴法》；增加落后地区的义务教育经费支持、给当地教师特别的津贴福利、延长落后地区义务教育年限到九年；在落后的岛屿等偏僻地区率先实施义务教育，给接受义务教育的中小学学生提供餐食、教育补贴等。

3. 实行初中教育平准化

为了保证义务教育平等性，韩国政府积极推行初中平准化教育，将义务教育资源整合再分配，减少学校间教育资源和教育质量的差距。政府规定按地区就近免试入学；从 1969 年起一切初级中学都推行平准化政策，政府加大对较差学校的财政拨款，帮助他们改善校舍和教学设施；为了保证各学校师资水平的均衡化，制定鼓励教师流动的相关规定。在初中教育平准化过程中，新设立部分初中；关闭已有优质初中、取消重点学校；改造较差学校，责令其缩减或中止招生。平准化政策利用对义务教育资源的再次分配，保障了不同地区间义务教育在教学硬件设施、学校师资水平、教育教学的管理等各方面尽可能的公平。

8.1.2　美国

1. 美国的义务教育事权和支出责任

美国的政治体制为联邦制，分设为联邦、州和地方政府三个层级，实行财政分权制，各级政府在各自的管辖范围内依法享有相对独立的权力。美国的联邦政府最初是由 13 个州通过授权的方式成立，根据《美利坚合众国宪法》规定"政府职能中未授予联邦的权利，均由州政府行使"，所以，联邦政府和州政府的地位是平等的。但从州政府与地方政府的关系来看，地方政府的权利则来自州政府的授权和让渡，州政府和地方政府是上下级的关系。根据委托代理理论，委托代理链条越长，委托人监督代理人的效果越差，在美国的三级政府中，位于中间的州政府既是联邦政府的代理人，又是地方政府的代理人，其委托代理链条得以有效缩短，具有较高的效率。

美国的教育体制非常有特色，采用相对集中的学区政府的教育发展模式，美国法律基本明确了各学区政府的事权划分，学区政府还拥有单独的征税权和支出安排权。美国的地方政府包括两大类：一是提供多种公共产品和各种综合性公共服务的县郡（county）、市（municipality）、镇（town）、村（village）；二是提供某种特定公共服务的地方政府，如提供基础教育服务的学区政府，提供防火、公交运输服务的特殊服务区政府等。学区政府和特殊服务区政府占到美国地方政府的一半以上，它们拥有单独的征税权和支出安排权，只履行单一职能，只提供一种公共产品和服务。因为总有一些公共产品和服务的受益范围超过或小于地方政府辖区，但又不足以覆盖州政府辖区，因为与任何一级政府的辖区范围都不吻合，由任何一级政府提供都不理想，而特殊服务区政府和学区政府不失为一种合适的选择。学区政府只提供教育这一种公共产品和服务，可以做到政府管辖范围和公共产品的服务受益范围完全吻合，又能更好地体现利益获取和成本分担的对称，这都符合公平和效率原则。

美国不同层级政府的事权和职责由法律明确规定，其中，教育是美国各州的保留权利，地方政府也负有一定地方教育事业的职责。中央教育部仅仅通过立法等方式对教育进行管理，对教育的财政及管理不负直接责任。各州政府直接负责教育的财政资金及管理，州政府把学校运行责任直接下放到地方学区。联邦政府是管理本辖区义务教育经费的责任主体，监督和管理教育经费的使用方向。州政府承担半数以上的地方教育支出，教育支出经费由州教育委员会负责。地方教育委员会承担公立中小学的教育支出。但是，从美国体制的发展历程来看，它也是在"分权—集权—分权"之间不断地权衡和变化的，以实现集权和分权的均衡。从美国联邦政府成立到"罗斯福新政"期间，美国政府间权力划分基本呈现分权的特征，联邦和州政府相互独立，各自在宪法规定的职责范围内活动。20世纪30年代美国开始走向集权，大量的社会福利项目使联邦政府增加了对州政府的专项补助，伴随着这种对州政府的财政援助随之而来的是联邦政府权力的扩张，与此同时，联邦政府也加强了对州政府行使职权的监督和协调。20世纪70年代的"滞胀"，为了减轻美国联邦政府的沉重的财政负担，美国开始实行"还权于州"的改革，又逐步向分权倾斜。

2. 义务教育管理体制的集权化

美国州宪法规定州政府是教育的主要提供者，但中小学教育的主要实践者是地方政府，所以，美国是地方政府承担事权，州政府承担支出责任的制度模式。1950 年前，学区是美国义务教育的主要投资主体。"二战"后，美国开始改革原本分散的教育财政体制，并将义务教育延长为 12 年。州和联邦政府逐步成为义务教育的责任主体，联邦政府加大对地方教育经费的拨款，州政府扩大对义务教育的控制，州政府的拨款在公立义务教育经费中占到近一半。美国的一系列教育改革将义务教育管理权由下到上转移，向相对集权模式转化。

美国地方政府主要的收入来源是财产税，体现受益原则的财产税是政府进行教育融资的最主要收入来源，政府提供的教育产品和服务的质量与财产税收入的多少直接相关，美国学区和非学区的房产税差别非常大。

3. 义务教育转移支付制度

转移支付构成美国义务教育经费的重要来源，成为地方教育经费的有力保障，是支持特定教育计划的重要资金来源。联邦和州两级政府各自的转移支付的用途、方式不同，在 20 世纪 30 年代经济大危机之后，随着联邦政府对经济干预的加强，联邦的转移支付规模才迅速扩张，联邦的转移支付已经成为美国州和地方政府的重要的收入来源。美国的有条件的转移支付占主导地位，其目标主要是为了支持低收入者，实现个人平等，而不是为了下级政府提供公共服务均等化。和其他国家不同的是，美国以专项转移支付为主，一般性转移支付为辅。联邦政府主要补助处境不利群体和无正常学习能力的学生，采用专项补助、总额拨款和收入分享的形式；州政府对地方政府的转移支付主要为了实现本辖区义务教育纵向和横向的平衡发展，主要向地方学区提供用于中小学教育的教育补助，以保证地方政府有足够财力提供相对均等水平的教育服务。

美国各州政府一般使用因素法确定给各学区转移支付额度，但各州转移支付的测算基数可能不一致，如学区的财产价值、学区财产税率、学生数都可以作为义务教育教育资金基数。转移支付形式一般是专项一次性补助（基本补助）和配套专项补助（保证税基）相结合，以保证辖区内学生拥有平等的教育机会，平衡了因财产价值差异产生的义务教育经费差异。

4. 重点改善农村地区义务教育

联邦政府专门设立"农村教育成就项目"（REAP）筹集专项经费用于对州和地方学区的差异化资助。各州设立农村教师专项资金，提供优惠政策以招聘优秀的农村教师；有的州政府专门给农村教师提供免费住宿、提供一定的交通补助，甚至是免费汽油，定期组织农村教师聚餐等。

5. 重视对弱势群体的补偿

美国联邦、州、地方政府都重点向弱势群体、特殊群体提供经济补偿和特殊教育服务。联邦政府提供经济资助专门用于帮助地方政府改善低收入家庭子女的教育状况。1981 年《教育巩固与提高法案》要求联邦和州政府都需要提出补偿教育计划以用于帮助处境不利的学生。克林顿政府的"优先教育区"主要用于支持高度贫困的学区的学生接受义务教育，补助在这些高度贫困的学区从教的教师。布什政府颁布的《不让一个孩子掉队》法案明确把教育政策目标定位于"消除差距、促进平等"，以保障每一个孩子享有公平的义务教育机会。美国教育发展的历史证明了教育补偿方案是非常有效的方法。

8.1.3 日本

重视发展教育是日本的基本国策，是实现振兴国家的重要举措，"二战"后日本经济迅速的发展很大程度上得益于教育的发展。

1. 日本的事权和支出责任划分

日本是单一制国家，实行地方自治制度，日本由中央、都道府县和市町村三级政府组成，其中，都道府县和市町村统称为"地方公共团体"，它们之间是相互独立、地位平等的。日本是混合型财政体制国家，财政收入大部分集中在中央，中央征收管理着全国税收的 2/3；地方政府承担了较多的事权和支出责任，包括教育、社会福利、卫生、治安和地方基础设施等与当地居民生活密切相关的事务，地方政府安排的支出占全国总支出的 2/3，而中央政府则负责关系国家全局或与所有地方利益有关的事务，比如国防、外交、司法、货币发行、物价指数控制和邮政等。日本大集中、小分散、适度分权的财政体制，使中央政府可以控制地方政府，地方政府没有独立税收立法权和债务发行权，地方财政主要依赖于中央的转移支付才能保证职能顺利实现，中央政府的转移支付占到地方财政收入的 1/3。

日本各级政府间的事权和支出责任划分都通过法律明确做出了规定，日本《宪法》规定了各级政府的职责，大量的事权责任集中于地方政府来承担。日本的《地方财政法》明确规定了一些仅涉及中央政府利益的事务，或者由地方政府履行事权但同时与中央政府和各级政府也密切相关的事务，相应的支出责任由中央政府全部或部分负担。从各级政府的支出责任上看，中央和地方承担支出责任比例大致为 1∶2。日本财政收支结构这种严重不匹配的状况，必然对政府间财政转移制度要求很高，严重的收支错配会影响到各级政府公共产品和服务供给的水平和效率。

日本的税收立法权集中在国会，地方政府则拥有地方税的开征停征权和税率调整权，即有权选择本地是否开征地方税中有关税种，有权对税法规定的地方税税率予以调整。此外，为了防止中央政府的不合理的挤压，日本还规定地方政府办理的但没有处理权限的义务所需经费，比如国家教育、研究设施以及设置国家机构等，中央不能让地方政府承担经费。

2. 城乡一体化义务教育财政体制

日本义务教育事权由地方政府尤其是基层地方政府负责。最初，义务教育财政支出是由基层政府承担，后来逐步演变成为三级政府共同负担。日本明治维新后的一段时间内，基层地方政府承担着义务教育事权。目前，日本的中央政府负责国立大学和私立大学的补助；都道府县负责高中、特殊教育学校、中小学人员工资和人事管理的事务和相关支出，负责私立学院的事务和资助支出，以及都道府县设立大学的事务；市町村主要负责小学、初中、幼儿园和市立大学等事务，负责承担中小学校和幼儿园建设及管理支出。日本基层政府承担了较重的事权和支出责任，长此以往，基层政府不堪重负，中央政府不得不对基层政府通过转移支付进行补助。为了加强中央政府对地方的义务教育转移支付，

1918 年《市町村义务教育经费国库负担法》规定小学教师工资由中央政府承担部分支出，来减轻基层政府沉重的财政负担。

为了实行城市、农村一体化教育，日本对相对贫穷农村给予财政补助。中央使用专项补助（国库支出金）和一般性补助（地方交付税）的方式对农村地区义务教育给予财政补助。国库支出金是用于支付农村教师工资及福利、校舍维修建设等；地方交付税弥补地方财力。都道府县政府也通过转移支付对下级政府实施补助，以分担一部分农村教师工资支出。中央还通过地方让与税的方式将一部分税收收入转让给地方，这实际是一种专项转移支付的特殊形式。因此，日本的义务教育支出由三级政府共同承担，上级政府通过转移支付对下级政府进行补助，各级政府对义务教育都负有支出责任。

3. 优先发展偏僻落后地区的义务教育

日本的义务教育充分考虑了不同地区的差异，具有扶持落后地区的倾向。日本政府为了各地教育支出达到均衡，以各地经济发展水平为标准确定教育支出的转移支付金额。日本先后出台了针对偏远地区的法律，为偏远地区获得平等的义务教育资源和机会提供了法律保障。各级政府依法承担各自的教育义务，文部省负责指导、协调和监督各级政府教育职责履行；都道府县负责研究教学和教育方法、编制教材、教具等，制定并实施师资队伍的培训，并保障教师进修培训的经费。日本政府专门建立偏远地区义务教育财政补助制度以促进偏远地区教育发展，还注重加强偏远地区的教师培训。

4. 义务教育教师定期流动制度

为了均衡师资力量，解决地区间经济发展差异对农村地区特别是落后地区的师资水平的影响，日本专门制定了教师流动政策。《教师公务员特例法》指出教师的定期流动属于公务员"人事流动"，公立基础学校教师必须在城市和乡村之间、发达和落后地之间进行交流，该法律一直沿用至今。日本对教师流动的任教年限和流动学校进行了明确规定，而且中小学校长也遵循流动原则。教师流动一般发生在同一县市、城区与乡村之间，以更好地满足地区间教师的动态平衡。

此外，日本中小学教师工资可以每年涨一次，还提供许多种类的补贴，给成绩突出的教师晋级。"偏僻地区优先的人事行政制度"专门鼓励中小学教师到偏僻地区工作，1954 年颁布的《偏僻地区教育振兴法》设立"偏僻地区津贴"等。经过一系列改革，在硬件设施、教育管理、师资条件、教学设备等各方面落后的乡村中小学都有所改善，与城市的差异逐步缩小。

8.2　国外义务教育事权和支出责任划分的经验启示

通过对上述国家义务教育发展情况的总结和分析，虽然不同国家的各级政府间义务教育的事权和支出责任划分存在明显差别，但仍然可以从中得出一些体现政府间事权和支出责任共性的、有规律的东西，这些经验和启示都将对我国义务教育事业的发展和管理有所裨益。

8.2.1　制定义务教育管理的相关法律法规

193

无论采取哪种义务教育财政管理体制，无论义务教育事权和支出责任如何在各级政府间划分，各国政府都非常重视义务（基础）教育发展，其最终都是为了实现教育资源公平和均衡的配置。义务教育本质上是一种以国家强制推行的基础教育，只要是适龄的儿童就都得接受义务教育。义务教育作为一种效益外溢的公共产品和服务，需要一国的政府部门特别是高层政府担当义务教育的责任主体。各级政府提供义务教育等公共产品和服务时要遵循公平和效率原则，合理地履行自身承担的事权和职责，那么，通过宪法或相关教育立法明确划分政府间事权和支出责任就是各国实现这一目标的基本保障。这种关于事责和职权划分的法律法规可以在很大程度上解决不同级次的政府间可能存在的职能重复交叉以及职责履行中支出责任相互推诿的问题。国外许多国家的成功经验已经证明，只有通过立法，用法律规范各级政府的义务教育事权和支出责任，才能有效避免中央政府或高层政府利用自己的优势地位下划事权、随意增加地方基层政府支出责任的现象，也能避免地方政府利用自身信息优势挤占中央政府财政收入的问题，才能为义务教育发展提供法律保障和制度保障，使政府提供教育产品和服务的行为有法可依、有章可循。

如果没有法律作为保障，就不能谈义务教育公平，也无法谈义务教育均衡发展。纵观各国，都制定了义务教育的相关法律法规，如美国的《初等与中等教育法》和《不让一个孩子掉队法案》等；日本的《义务教育国库负担法》和《学校教育法》等。

8.2.2 推进义务教育支出责任主体上移

义务教育对一个国家和民族的发展尤为重要，各国政府都十分重视教育发展，政府成为义务教育的责任主体，政府公共资金是教育经费最主要的来源。各国经验表明，承担义务教育事权和责任的主体的政府级次不宜过低，集中或相对集中模式更适合义务教育，提高义务教育责任主体有助于保障义务教育稳定的收入来源，保障中央政府对全国范围的义务教育事业进行整体规划和宏观调控。

各国义务教育的支出责任主体呈现逐渐上移趋势，中央政府或者高层政府成为新的支出责任主体。在义务教育发展初期，大多由基层地方政府承担义务教育责任，呈现分权的特点，如美国的学区。但基层政府财政自由度不高，财力有限，无法满足提供义务教育产品的需要，导致义务教育产品供给不足。地方财政压力加大也影响本辖区其他公共事业的发展。鉴于此，各国逐步改革义务教育的财政管理体制，义务教育财政体制向集权化发展。义务教育事权和支出责任重心上移，加大中央政府或高层政府的支出责任，如美国教育主体从学区上移至州政府，日本从市町村上移至中央和都道府县。

8.2.3 完善义务教育财政转移支付制度

各国普遍通过法律形式建立转移支付制度，用来处理不同级次政府间的财政关系，而且这种转移支付制度以中央政府对地方政府的转移支付为主，主要用来弥补地方政府财力不足的问题，以保障义务教育经费支出有稳定的、充足的资金来源。各国具体采用的转移支付的名目、测算方法、形式可能有所不同，经过多年的实践探索，各国大多建立完备的义务教育转移支付制度，如德国专门出台了《财政平衡法》转移支付制度已经成为各国应对中央和地方政府间收支不对称分配格局的一项重要措施，成为规范中央和地方财政分配关系的不可或缺的制度约束条件。

各国义务教育转移支付分为一般性转移支付和专项转移支付两种。一般性转移支付，一般没有规定使用用途，目的是为了实现地区间财力平衡，是保证地区财政收入的最主要的制度保障，如日本的地方交付税。专项转移支付主要以不同的项目补助拨付，大多规定了资金使用的目的、用途和范围，一般都会附加条件，如法国对处境不利群体、地域的特别扶持项目。有的项目拨款属于审批型专项转移支付，依申请审批后拨付，主要用于解决特定项目和特定问题。此外，还有不同地区相同政府级次的地方政府之间的横向转移支付，主要为了平衡地区之间财力的不平衡，将财力强的富裕地区的部分财力转移到财力弱的地区，可以使各地区的政府可支配财力达到大致平衡，并使各地区享受大体均衡的义务教育产品和服务。

8.2.4　强化特殊群体和特殊地区补偿机制

无论是发达国家还是发展中国家，经济发展过程都会出现地区经济发展的差异，农村地区、边远偏僻地区等特殊地区各方面的发展相对落后。世界各国都比较重视为这些特殊地区和特殊群体提供义务教育服务，通过对农村等处于劣势地区和处境不利的群体进行财政补偿，将中央政府的公共资金向特殊地区倾斜，加强特殊地区和群体的义务教育经费保障，以保证义务教育的公平和均衡发展。

一方面，通过建立健全法律来保障处于劣势群体和不利群体的义务教育。日本、韩国在发展义务教育初始时期，即使国家财力不充足，但仍然通过法律保证偏僻落后地区的义务教育经费投入，如日本的《偏僻地区教育振兴法》、美国《不让一个孩子掉队》法案等。另一方面，为保障偏远地区、贫困地区学生和特殊群体学生入学，各国采取了各种各样的措施，设立种类繁多的项目以提高农村贫困地区、偏远地区等特殊地区学生的受教育机会、提高中小学的硬件设施水平和师资力量，保障每个孩子得到公平的义务教育。比如，美国设立了农村教育成就项目，法国在边远地区开设乡村学校、单班学校，免收学费，澳大利亚实行农村寄宿学生补贴政策，巴西的"助学补助金计划"，向贫困家庭儿童的母亲提供资助等。

8.2.5 中小学教师纳入公务员管理，建立师资流动机制

中小学教师是义务教育资源重要的人力资源因素，是提升义务教育发展水平的最重要的动力，各国都普遍重视义务教育中师资力量的稳定和发展。第一，制定全国统一的教师工资待遇。不少国家通过法律把教师纳入公务员序列管理，教师工资一般由中央政府或较高层次政府承担，以消除不同地区中小学教师的工资差异。如日本规定，教师属于国家公务员，终身享受公务员待遇，工资按全国统一的标准直接负责支付；韩国、法国等国的中小学教师工资也都是中央政府承担。第二，提高特殊地区的教师补贴，激励优秀的教师到贫困地区、落后地区的流动。美国专门制定《农村教师保留法案》，提高了农村教师最低工资、设立专项补助，吸引教师到落后农村、边远地区任教；俄罗斯设立农村教师补贴，农村教师工资水平比城市要高，为农村教师提供住房；巴西政府的"直接到位补贴经费"保障贫困地区教师工资等。第三，为了实现教育公平，实行城乡教师、不同学校教师的定期交换流动制度，如韩国、日本，都对教师流动做了具体规定。

此外，各国还采取统一学校建设、教学设施、教育教学标准，推进义务教育的标准化建设。比如，韩国推出初中教育"平准化"政策，日本出台《学校教育法》都有相关规定，全国各地区中小学都执行统一标准以实现教育起点的公平，确保每个孩子都可以接受同等水平的教育条件。

第9章 完善我国义务教育政府间事权和支出责任划分的政策建议

　　事权和支出责任的划分作为完善我国财政体制、协调不同级次政府间财政分配关系的基础，是我国分税制财政体制中非常重要的一项内容。针对我国义务教育事权与支出责任划分中存在的问题，为进一步推进我国政府间义务教育事权和支出责任的改革，本书打破了原有按照行政隶属关系划分义务教育事权和支出责任的传统思路，在义务教育事权和支出责任划分时强调义务教育产品特殊性及其受益范围，结合不同级次政府的比较优势来划分义务教育事权；同时按照义务教育产品受益范围来分担成本，强调哪一级政府的义务教育事权就由哪一级政府承担相应支出责任。本章主要从基本思路、实现路径、具体政策建议和配套措施四个角度来阐述完善我国义务教育事权和支出责任划分的政策建议，只有在事权和支出责任的划分上实现了集权和分权的均衡才能使财政体制的制度安排发挥其应有的功能。

9.1 完善我国义务教育政府间事权和支出责任划分的基本思路

　　在供给义务教育产品和服务的时候，首先要在政府和市场间进行划分，确定政府作为整体所应承担的义务教育事权和支出责任；其次，考虑在不同层级政府间如何划分义务教育的事权和支出责任，确定每一级政府各自承担的事权和支出责任。从前面的分析，我们知道如果公共产品的受益范围和政府的辖区范围完全重合，那么这种公共产品的事权和支出责任的划分就可以直接一一对应起来，即谁的事权谁来承担支出责任，这就比较简单。最后，由于义务教育产品的受益范围和政府的辖区范围并不重合，且义务教育还具有一定效益外溢性，所以，义务教育产品供给是一种共同事权，由中央和地方政府共同承担履行，这就需要将义务教育产品供给的事权和支出责任在不同级次的政府间做出合理划分。

9.1.1 明确界定政府作为整体所应承担的义务教育事权和支出责任

划分政府间义务教育的事权和支出责任，从逻辑上讲，首先需要明确界定政府作为整体所应承担的义务教育事权和支出责任的范围和内容，也就是要理顺政府和市场在义务教育产品供给方面的关系，这是划分政府间义务教育事权和支出责任的基础和前提。"从经济发展历史的角度来看，比起经济发展的速度来说，更加重要的是经济发展的效率，"[1] 市场在经济发展中的资源配置作用已经有目共睹，政府在市场失灵、收入再分配和宏观调控方面发挥的作用也在理论和实践中得到了有效的验证。所以，政府和市场各自在教育产品和服务的供给中承担哪些具体事权和支出责任，供给教育产品的具体方式，例如何时供给、如何供给、供给多少，依赖于我国的社会主义市场经济国情和文化传统的差异而有所不同，并无一定之规。

为此，需要协调市场与政府在义务教育资源配置方面的关系，发挥二者的比较优势，实现二者的相互协调、相互配合，做到各司其职、各负其责，按照效率与公平相结合、集权与分权相结合、规范性与灵活性相结合、权、责、利相统一原则，通过合理分工明确政府作为整体所应承担的义务教育事权和支出责任，防止在义务教育事权和支出责任界定方面出现政府的"越位"和"缺位"。义务教育产品的供给中，政府应当承担主体责任，承担绝大部分义务教育产品的供给；市场私人部门适当地补充，以满足现代社会公众对初级教育产品的不同层次的需求。

---

① 斯蒂格利茨等（1998）在《政府为什么干预经济：政府在市场经济中的角色》中，更重视市场的作用，认为市场的效率对经济发展更为重要。

9.1.2　实现义务教育事权和支出责任划分传统思路和新思路有机结合

　　义务教育政府间事权和支出责任划分的本质就是将作为供给主体的各级政府和作为客体的义务教育产品和服务的供给事权职责进行分类匹配，以保持两者结构性对应关系，保证义务教育产品和服务都有特定供给主体，特定的供给主体也都承担特定义务教育供给事权和支出责任并掌握相应财力。划分义务教育事权和支出责任一般有两种思路：一是给定义务教育产品和服务的供给主体，即在政府级次设置给定的条件下，对义务教育产品和服务在不同级次政府间进行划分；二是给定义务教育产品和服务，来设计、选择合适的供给主体，让义务教育去对应合适的供给主体。

　　我国义务教育事权和支出责任划分的传统思路是在既定的政府级次设置条件下，研究如何在中央、省、市、县、乡镇五级政府间划分义务教育的事权和支出责任。这一思路在财政理论界已被认为是约定俗成的，从而形成所谓的思维定式。本书并不否认义务教育事权和支出责任划分采用传统思路的必然性、合理性，但是需要指出，该思路的局限和不足也是显而易见且不应讳言的，这集中体现为它在事实上假定了义务教育公共品的事权和支出责任需要由政府全部承担，这不仅加大了政府特别是基层政府义务教育的财政支出压力，而且事实上也加大了政府间义务教育事权和支出责任划分的难度。

　　本书在义务教育事权和支出责任划分传统思路的基础上，借鉴"FOCJ"（functional overlapping competitive jurisdiction，功能覆盖型竞争性辖区）理论，基于义务教育多中心供给的基本认识，从义务教育产品的具体性质出发来确定供给主体，通过设计、选择合适的义务教育供给主体，实现义务教育产品多中心供给。这一思路打破了政府对义务教育公共品供给的垄断，把非政府部门纳入义务教育公共品供给体系中，从而既减轻了政府特别是基层政府义务教育公共品供给的财政支出压力，也大大减轻了政府间义务教育事权和支出责任划分的难度。"因为不同物品可能有不同的获益区域，这就导致了这样的结论，即每种物品的有效规模的管辖范围是不同的，并存在不同的有效规模管辖权。可设想每

199

种物品或服务有一个不同（但重叠）的特定政府单位"①，这就是建立教育特殊服务区的思路。通过构建"FOCJ"，首先来协调处理义务教育服务的政府供给主体与非政府供给主体的关系，通过在整体上缩小政府所应承担的义务教育服务供给的事权和支出责任，以降低义务教育政府间事权和支出责任划分的难度和工作量。由于义务教育特殊服务区本身就是依据义务教育公共品受益范围设立的，因此，随着义务教育特殊服务区的"FOCJ"的建立，义务教育政府间事权和支出责任划分自然也就相对容易解决。

总体看，在层级制政府架构下划分义务教育服务供给的事权和支出责任是世界各国通行的做法，这本身就足以说明传统义务教育事权和支出责任划分思路的必要性、合理性。而美国、瑞士等国通过设立学区，即成立"FOCJ"来提供义务教育服务的做法也取得了一定成效，这表明设立"FOCJ"来提供义务教育服务的新思路也有一定的合理成分。因此，本书认为，合理划分政府间义务教育事权和支出责任，应在坚持传统思路的基础上，引入新的划分思路，通过两种思路的有机结合，相互协调、相互配合来逐步完善政府间义务教育事权和支出责任划分。

200

9.2 完善我国义务教育政府间事权和支出责任划分的实现路径

义务教育的特性和地方政府天然具备的信息优势决定了义务教育事权主要应当由基层政府来承担，义务教育产品明显的外部性决定了供给义务教育产品的支出责任主要应当由高层政府承担。义务教育作为一种基本公共服务，义务教育产品的供给应当保证全国居民享受大致均等化的服务，某一级次的政府在义务教育产品供给中承担的事权和支出责任不一定是对称的。本书在明确完善义务教育事权和支出划分基本思路的基础上，进一步提出由中央负责、省级政府参与完善我国义务教育事权和支出责任划分的现实路径，将事权履行涉及的战略规划、政策决定、执行实施、监督评价等各个环节在中央和地方政府间合理划分，做到义

---

① ［美］乔·B. 史蒂文斯. 集体选择经济学［M］. 杨晓维等译. 上海：上海人民出版社，1999：418.

务教育事权履行的权责明确、全过程覆盖。同时，也要注重义务教育支出责任与事权相适应，根据义务教育产品的受益范围、影响程度确定中央和地方的支出责任以及各自的承担比例。

9.2.1　逐级逐项细化义务教育事权

在政府间划分时，要发挥不同级次政府的比较优势，取长补短，使其相互协调，相互配合，共同完成义务教育资源的配置，提高义务教育产品的供给效率。而且，构成义务教育事权的各个因素是可以分别在不同层级的政府间划分的，比如，义务教育事权中的决策权和执行权可以分离，适宜中央承担的义务教育事权执行权要上划，适宜地方承担的继续由地方来承担，加强中央政府的财政事权执行能力，要避免中央掌握义务教育事权，支出责任却由地方政府承担；适宜中央承担的义务教育事权决策权中央部门继续履行，适宜地方承担的义务教育事权决策权要适当下放，加强地方政府的财政事权决策能力，要避免中央政府代替地方政府决策义务教育事项，保证地方政府有效地管理辖区内义务教育事务。

按照中央和地方政府的教育机构设置及其职责，系统地梳理并逐层分解义务教育事权，清晰界定义务教育事权所包括的具体内容，进而把义务教育事权逐级逐项地细化，按相近程度细分为一级事权、二级事权和三级事权，构成了我国义务教育财政事权的分类框架，如表 9 – 1 所示。

首先，根据各级教育机构设置及其职责划分、参考公共财政部门预算的分类标准，可以把义务教育事权分为教育行政管理事权、学校经费管理事权和教育教学研究与业务指导事权三大类，也称为一级事权。其次，把一级事权进一步具体细化为十二类二级事权，其中，教育行政管理事权包括教育规划布局、按照办学条件标准举办学校、规范办学行为和管理教育教学等四个二级事权；学校经费管理事权具体包括人员经费、公用经费、基本建设经费、学生资助和教材经费管理等五个二级事权；教育教学研究与指导事权包括教育教学研究、业务指导和质量监督等三个二级事权。最后，把二级事权进一步具体细化为 23 项三级事权，即更具体的义务教育事项。

表9-1 　　　　　　　　　　我国义务教育财政事权分类框架

一级事权	二级事权	三级事权
教育行政管理事权	教育规划布局	教育事业规划
		学校布局规划
	办学条件标准	建设用地标准
		校舍建设标准
		装备配置标准
		师资配备标准
	办学行为规范	招生行为规范
		教育教学行为规范
		学校安全卫生管理规范
		收费行为规范
		学籍管理规范
	教学内容管理	课程设置
		教学计划、大纲编制
		教材编写、审定
学校经费管理事权	人员经费管理	基本工资
		绩效工资
	公用经费管理	
	基本建设经费管理	校舍新、改扩建与维修
		教学生活设施设备购置
	学生资助经费管理	家庭困难寄宿生补助
		农村义务教育营养餐改善计划
		校车补助经费
	教材经费管理	国家教材经费
		地方教材经费
教育教学研究与业务指导事权	教育教学研究	
	教育教学业务指导	
	教育教学质量监测	

9.2.2　将细化的义务教育事权在不同层级政府间划分

根据义务教育产品性质和财政分权理论，将细化后的三大类、十二小类义务教育财政事权在不同层级的政府间进行划分。一方面，考虑到义务教育公共品的特性和地方政府在公共产品和公共服务供给中的信息优势，义务教育事权中地区的教育规划布局、办学行为规范、教育教学内容管理、学校经费管理、教育教学研究等具体执行和管理的权限应当由地方政府来承担；义务教育事权中的国家教育规划设计布局、国家办学条件、办学标准的制定、教育教学指导等决策、指导、监督的权限应当由中央政府来承担。考虑到接受义务教育主体为6~15岁的儿童和少年，这个年龄段的儿童和少年的生理发育、认知能力和心理发展等特点都决定了只能在居住地附近就近接受义务教育。基层地方政府在举办学校、规范办学行为、教育教学内容管理等方面具有先天的信息优势，所以，义务教育事权的大部分执行权应当由基层地方政府来履行。

另一方面，基于义务教育产品效益外溢性和地方政府行为特征，义务教育事权中的决策、指导、监督的职权应当由中央政府或地方高层政府来承担，具体的义务教育事权的执行权应当由地方政府来履行。义务教育产品外溢性较强，其他产品外溢性最多就是外溢到相邻辖区，但义务教育截然不同。接受义务教育的绝大多数学生将来有可能在本辖区继续居住和就业，所以，会提升辖区内劳动者素质，促进辖区经济的发展，本辖区成为义务教育主要受益者。但是，越是接受了良好义务教育的居民，越有可能接受到更好的高等教育，接受的教育水平越高，以后越有可能流动到其他发达的地区甚至或国外发达地区学习和工作，因此义务教育产品和服务的效益外溢性很强。义务教育产品的外溢性决定单纯依靠地方政府提供义务教育产品必然会导致辖区内义务教育产品供给不足，应当由中央政府或地方高层政府承担部分的义务教育供给事权和支出责任，地方政府可以履行义务教育事权的执行权，但是义务教育支出责任最好还是主要由中央政府或地方高层政府来承担。

9.2.3　通过明确支出分担比例划分政府间义务教育支出责任

义务教育事权划分是支出责任划分的前提，但是事权划分和支出责任划分并不是直接的一一对应关系。义务教育事权的划分强调的是义务教育产品供给的决策权，而支出责任的划分更多地强调供给义务教育产品所需资金的筹集责任，即"钱谁来出"，所以，有可能出现义务教育事权由某一级政府组织实施，而支出责任则由其他级次的政府承担的情况。根据义务教育产品的具体属性和不同级次政府的比较优势，在义务教育事权划分方面，中央政府和地方高层政府更多地掌握着决策权并需要承担主要的筹资责任，地方政府特别是基层政府则应更多地掌握义务教育服务供给的具体执行权并承担着资金使用责任。图9-1反映了我国政府义务教育支出责任的构成，具体而言，中央政府应当承担义务教育事业费中的中小学的人员经费支出、公用经费支出、学生资助支出和教育教学研究与业务指导机构的支出的责任，地方政府应当承担地方性的教育行政管理支出、基本建设支出、教材费用等支出的责任。

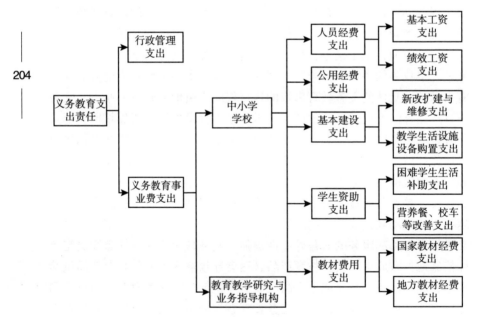

图9-1 我国政府间义务教育支出责任的构成

为此，需要在明确划分各级政府支出责任的基础上确定各级政府的支出分担比例，考虑到我国政府间财权财力划分向中央倾斜，而地方政府特别是部分基层政府财力偏弱、支出压力大、债务负担重、债务风险不断累积的实际情况，需要进一步上移中央政府义务教育支出责任，提高义务教育支出的中央政府分担比例。

从理论上讲，上级政府相对于下级政府处于优势地位，每一个上级政府通常会在义务教育事权和支出责任划分方面让自己处于有利地位，在事权和支出责任划分时必然会向下级政府倾斜。所以，在我国义务教育事权和支出责任划分的时候，一定要注意尽量避免这一点。

9.3　完善我国义务教育政府间事权和支出责任划分的具体建议

经过多年的教育改革，严格意义上的义务教育事权和支出责任的政府"缺位"问题基本得以解决，但是义务教育作为中央和地方政府的共同事权，政府提供的义务教育产品不能有效地满足社会公众对高质量教育产品的需求的矛盾仍然存在，义务教育支出责任在各级政府间的分担也有一些不尽合理的地方，为此，本书提出了进一步完善我国义务教育财政事权和支出责任的具体建议。

205

9.3.1　完善省级以下地方政府间义务教育事权和支出责任划分

接受义务教育的主体的特殊性决定了义务教育事权应当主要由基层政府承担。义务教育的对象主要是 6 ~ 15 岁的儿童和少年，他们对父母和家庭的依赖程度较高，只能由父母接送在居住地附近就近接受义务教育，所以，提供义务教育的中小学学校的布局要根据居民的居住情况划定，不能过于集中。基层政府在学校的选址规划、学校的招生规模以及学校师资配备等方面，天然地具有信息优势，所以，义务教育事权主要应当由基层政府来承担，这样更有利于发挥基层政府的比较优势，提供义务教育产品的供给效率。

1994 年的分税制改革只是对中央和地方政府间的事权和支出责任做了划分，省级以下的财政分权制度并没有真正建立起来。近年来，关于义务教育权责划分改革的指导意见和实施方案更多的是把现实的事权和支出责任划分通过文件的形式固定下来，省级以下政府间权责划分中原本存在问题并没有得到有效解决。为了解决省级以下义务教育事权和支出责任划分中的一些问题，比如，事权划分的"上下不明"、重叠交叉，支出责任不明确导致在义务教育产品供给方面政府不作为，因追求地方政府局部利益而损害公众利益或其他地区利益、甚至是国家整体利益等，突出地方政府在义务教育事权和支出责任中的基础性地位，需要进一步明确和合理地细化省级以下政府间各项义务教育事权。

解决省级以下义务教育的事权和支出责任的划分问题，并不适合"自上而下"方式形成统一的制度安排，地方政府辖区民众的偏好存在着客观差异，"一刀切"的统一制度安排并不能体现效率和公平原则，不能有效地解决省以下义务教育事权和支出责任的划分问题。对于地方承担的义务教育事权和支出责任，省级政府要结合本地区经济发展现实状况，考虑义务教育产品和服务的受益范围、本省所提供的义务教育产品和服务的均等化水平以及省以下地方政府间财权和收入的划分情况等多方面因素，在加强省级统筹、适当增加和上移支出责任的基础上，合理划分省级以下政府间义务教育的事权和支出责任。

首先，从纵向维度，要做到省级以下义务教育事权纵向"归位"。省级以下地方政府间的义务教育事权适当调整划分，使原本应由上级政府承担的事权或者应由下级政府履行的事权各自"归位"，避免政府间事权划分"错位"，实现事权划分的"纵向到底"。其受益范围超出本辖区的义务教育的事权应当由上一级政府承担，其受益范围仅限于本辖区的义务教育的事权应当由本级政府承担。对各级政府在义务教育领域交叉重叠的事权，尽可能明确、细化并形成共同分担方案，并以法律或者法规形式予以明确。同时，各级政府义务教育事权的划分，不仅要明确事权主体的归属和支出责任的分担比例，还要明确事权的决策、管理与执行、支出和监督等具体职责分工。义务教育事权决策与监督的职能应该适当向中央或者省级政府倾斜，具体管理或执行权要由基层政府来履行，考虑义务教育公共品的效益外溢性，义务教育的支出责任要适当上移省级政府。省级政府等高级次政府要通过调整财权和收入的划分、加大义务教育专项转移支付力度等方式，适当增强县级等基层政府提供义务教育产品和服务的保障能力。地方县级政府要将自有财力和上级转移支付优先用于义务教育等基本公共服务的支出，承担义务教育事权的组织落实责任。

其次，事权横向"分解"。大力培育和发展非营利组织（NPO），提高义务教育产品供给的"多中心治理"水平，鼓励私人部门与 NPO 参与义务教育产品供给，督促其在政府监管下，采用特许经营与志愿服务等方式参与地方义务教育产品的供给。对省以下地方各级政府义务教育事权进行横向剥离，可以有效减轻基层政府的事权负担和财政压力，既可提高地方义务教育产品的供给效率，亦能减轻地方基层政府的财政负担。

9.3.2　深化义务教育产品供给制度改革，优化政府义务教育供给结构

作为中央和地方政府的共同事权，地方政府相对于中央政府更有利于提高义务教育产品的供给效率，地方政府在承担义务教育事权方面更具有比较优势，中央政府和地方高层政府在承担义务教育支出责任方面更具有比较优势。

划分义务教育财政事权和支出责任是一个涉及面广、影响因素多的系统工程，它与义务教育产品的供给体制紧密相关，也与教育部门事业单位体制改革相联系。

从公共产品供给角度，本书借鉴"功能覆盖型竞争性辖区"理论，提出了义务教育多中心供给的思路。公共产品的生产和提供是可以区分开的。义务教育产品的特殊性质决定义务教育主要由政府部门提供，但这并不意味着一定要由政府来直接生产，可以考虑采取私人生产、政府提供的方式，由此可以大大减轻政府义务教育事权的压力。现在义务教育产品大多是由政府部门直接生产并提供，各级政府都需要设立专门的机构、成立专门的组织来从事义务教育产品的生产。可以考虑依托县级行政区划设立地方教育辖区，专门负责本辖区的义务教育产品供给事权和支出责任。除了保留现在中央政府、省级政府的义务教育事权和支出责任外，其他的义务教育事权和支出责任全部交由地方教育辖区来负责，这样可以有效地减少各级政府间划分义务教育事权和支出责任的麻烦，也能更有效地实现义务教育公共品的供给。

从教育部门事业单位改革角度，大多数的教育管理部门和教育机

构，比如学校、研究机构都属于事业单位，我国事业单位改革才刚刚起步，需要针对不同的事业单位区别对待，实行逐步的分类改革。教育事业单位所提供的产品大多是混合产品，同时兼具满足公共需要和私人需要两种需要，中小学学校提供的义务教育具有公共产品性质，所以需要由政府承担相应的义务教育事权和支出责任。可以考虑把公办中小学教师纳入国家公职人员的队伍，由中央或省级政府按照全国、全省统一的工资标准负担中小学教师的工资发放，既减轻了基层地方政府的财政负担，又真正实现了教师待遇的公平。

9.3.3 适当加强中央教育事权，进一步上移中央支出责任

理顺义务教育领域中央与地方财政关系，关键是要解决中央政府在义务教育事权和支出责任上的双重缺位问题。当前，在适当加强中央义务教育事权的基础上，进一步上移中央的支出责任，才能真正理顺中央和地方政府的义务教育事权与支出责任。中央政府需要加强的义务教育事权包括以下几个方面：一是保障弱势群体和特殊群体的义务教育。比如进城务工人员随迁子女的义务教育，当前主要由流入地政府承担其事权和支出责任，包括"两免一补"资金等，建议将这部分弱势群体和特殊群体的义务教育事权划归至中央，并由中央财政承担相应的支出责任。二是特殊地区的义务教育事权。中央政府加大对农村贫困地区、教育条件薄弱地区的义务教育发展的支持力度，推进全国范围内义务教育公共服务基本均等化。三是义务教育教师的工资。义务教育教师工资目前是由地方政府、主要是县级政府承担，既加重了县级地方政府的财政负担，削弱了县级地方政府提供公共产品和公共服务的能力，也不利于义务教育资源的均衡分配。建议将教师纳入公务员序列，由中央或省级政府承担义务教育教师的工资。

与此同时，还应该进一步上移义务教育的支出责任到中央政府。目前，地方政府承担着过多的义务教育事权的同时，中央政府又通过转移支付将一部分的财政资金转移给地方政府用于各项公共支出，导致了中央的转移支付规模庞大与地方支出责任过重并存。因此，可以考虑把中央政府通过转移支付承担的那部分以及地方政府的支出责任直接上划给中央或省级政府，减轻基层财政支出压力，真正实现义务教育财政事权

和支出责任的匹配。

此外，要建立义务教育事权和支出责任划分的动态调整机制，事权和支出责任的划分要根据客观条件的变化进行动态调整。

9.4　完善我国义务教育政府间事权和支出责任划分的配套措施

9.4.1　加强义务教育权责划分的法治化建设

近年来，国务院、各省区市相继出台了一系列关于义务教育领域事权与支出责任划分的改革方案和实施意见，初步划分了部分的义务教育事权，规定了部分的政府支出责任的分担比例。但是，这些方案和意见的法律层次性低，缺少法律权威性。应当加强义务教育权责划分的法制化建设，在宪法或相关法律中明确各级政府的教育事权与支出责任，以提升财政事权和支出责任划分的法律层次，有效地监督、约束政府部门供给义务教育公共品的行为。

义务教育领域的事权与支出责任划分法治化主要从以下三个层面展开：

一是构建教育财政事权与支出责任划分法律体系。划分法治化的前提是教育财政事权与支出责任法律的体系化，即应建立以宪法为统领，以财税法为主体的法律体系。

二是通过法律解决财政事权与支出责任划分的争议。我国目前主要通过行政命令或讨价还价的形式解决划分中出现的争议，导致了政府间事权与支出责任划分和履行的不确定性。应该运用法律模式解决争议以保障政府间财政关系的确定性和稳定性。我国财政事权与支出责任划分的争议解决机制包括立法解决机制、司法解决机制和协商解决机制。

三是财政事权与支出责任法律责任的追究。我国的法制化建设增强了公众的法律意识，越来越多的人开始关注对政府供给责任的追究问题。现代公共预算体系是政府就公共财政收支行为承担法律责任的关键，如果公共部门的违法行为积极或消极地对公共财产造成了侵害，公民就可以对政府公共部门履行财政事权与支出责任予以追责。政府在财政事权与支出责任履行中可能承担法律责任的行为包括越位或缺位担责、预算绩效评价中的不合规行为等。

9.4.2 建立事权与财力相匹配的财政体制

党的十八届三中全会指出，深化财税体制改革，要建立事权与支出责任相适应的制度。然而，"财政事权与支出责任不相适应"却成为当前中央和地方财政关系中的突出问题。义务教育领域中政府部门的权责不一致主要表现在中央政府在集中财力的同时承担义务教育事权不足，或者将部分事权和支出责任委托给地方政府；基层地方政府承担了过多的义务教育事权却不具备相应财政能力，无法承担相应的支出责任。财力与事权匹配的目标在于确保各级政府履行职能和有效供给公共产品（Olson，1969）[①]，只有真正实现了财力与事权的匹配，才能更好地保障各级政府履行财政事权和支出责任，才能更有效地提供满足社会公共需要的高质量的公共产品和服务。

我国财政体制的完善内在地包含了政府间事权和支出责任划分的问题，财政体制的改革必然与事权和支出责任划分的改革密切相关。政府间事权和支出责任的划分是财政体制改革的前提，只有事权和支出责任划分得合理、清晰，政府间财权和收入的划分和转移支付制度的设计才有前提和基础。建立财政事权和支出责任相适应的财政制度，实现政府间的合理分权，首先要分析政府和市场的比较优势，理顺政府和市场的关系，界定政府作为整体上的财权和财政收入，以及整体意义上的财政事权支出责任。其次，分析中央政府和地方政府的比较优势，界定不同政府间的财政权力的配置格局，可以采取自上而下分权和自下而上授权两种思路。最后，财政收入的分权能够增强地方财政收入和地方经济发展的相关性，提高地方政府为了增加自身的可支配收入，继而促进当地经济发展的积极性。

经过几轮的财政收入和税制改革，我国的地方税体系日趋完善，但依然存在地方税种收入规模小、税源分散、征收难度大等问题。2019

---

① Olson，Mancur Jr.，"The Principle of 'Fiscal Equivalence'：The Division of Responsibilities among Different Levels of Government."The American Economic Review，1969，59（2）：479－487.

年地方本级税收收入仅有 78835 亿元，占地方一般公共预算收入的 44%；中央对地方的转移支付为 75399 亿元，非税收入合计 23865 亿元，两项合计高达 99264 亿元，占地方一般公共预算收入的 56%。[①] 这种地方事权和财权的不一致，高度依赖转移支付以及各类非税收收入，势必导致事权、事责、财权与财力关系"紊乱"，如"法定支出"限制地方财政支出决定权，专项转移支付无法统筹等。所以，地方税种还有待进一步优化。地方税体系的建设可以考虑以财产税为主体税种，所得税为辅，再辅以其他的地方税种。

合理划分政府间财权和收入可以进一步理顺中央和地方政府间的财政分配关系，同样作为财政体制的组成要素，各级政府间财权和收入划分与政府间事权和支出责任的划分存在一定的对应关系。对于不同级次政府财权收入划分与事权支出责任划分的对应关系来说，严格"量出为入"，在中央与地方政府之间形成结构性收支对称格局，则会过于强化地方政府在经济上的独立性，不利于加强中央政府的宏观调控地位。但是划分中央与地方政府之间的财权和收入时，完全置事权与支出责任的划分于不顾，过于强调中央政府的宏观调控功能，则会使财权和收入的划分过于向中央政府倾斜，这会导致地方政府支出过于依赖中央政府的转移支付，降低公共财政的运作效率。在政府间财权和收入的划分上一般更多地向中央倾斜，这样中央政府才有足够财力进行宏观调控。但这同样意味着地方政府包括基层政府在政府间收支划分非对称的格局下，必须依靠中央的转移支付才能保证其职能顺利履行。

提高地方政府尤其是县级政府公共服务的保障能力，加强与事权和支出责任匹配的财力保障制度的建设具体包括以下几方面。一是完善省与市县财政收入的划分体制。进一步合理划分税基，酌情减少共享税或提高地方税共享比例，促进新增财力在基层地方政府的合理配置；适时开征财产税特别是房产税以充实地方税体系，适当增加地方税收收入。从 2011 年开始，上海就试点开征房产税，但房产税并没有真正成为地方税的主体税种。二是健全县级基本财力保障机制，强化市级帮扶责任。减少地方政府对土地财政的过度依赖，调节地方财力增量的分配格局，允许县级财政获得一定的新增税收、保留大部分新收缴的企业所得

---

① 根据国家统计局发布的 2019 年度《中国财政年鉴》的相关统计数据计算整理所得。

税和个人所得税。三是赋予地方政府适当的税收立法权。当前税收立法权高度集中于中央政府，甚至税目、税率调整权也由中央掌握，不利于调动地方政府的积极性、提高地方政府公共产品和服务的供给效率。考虑到我国政府级次偏多且横向委托代理链条尚未充分发挥作用，税收立法权只宜下放到省级政府。作为过渡，可以考虑先赋予地方政府一定的税目、税率调整权，逐步赋予省级政府开征新税的立法权，同时严格规定开征新税种所需符合条件及开征新税种的个数，做到既不扰乱正常的税收分配秩序，又能调动地方政府为优化地方性公共产品供给而因地制宜地筹集公共资金的积极性。此外，政府公共部门的非税收入可以适当向基层的地方政府倾斜。

9.4.3　优化政府间转移支付制度

转移支付制度是政府间划分财政管理权限的一项重要内容，也是政府间事责财权划分的非对称现实格局的一种有效解决和协调的方法。从应然意义上可以依据效率和公平原则分析和判断义务教育事权、支出责任和财权的划分，但实然意义上政府间义务教育事权和支出责任的划分却难免与理想状态有一定差距。如果政府间事权和支出责任划分没有真正成为政府间财权和收入划分的基础，必然会出现财权和事权不匹配的结果。政府间事权支出责任和财权收入的划分并非是完全一一对应的，为了强化中央政府的宏观调控能力，以及政府自身利己的经济人假设，事实上大部分财权收入一般集中在中央，而事权支出责任的大部分都下放给了地方，在地方财力无法保障其事权和职责履行的情况下，显然需要通过中央政府对地方的转移支付制度才能协调二者关系，以确保其顺利履行职能。但如果政府间事权和支出责任没有在法律层面进行准确、清晰地划分，作为利己经济人的高层政府更倾向于一方面掌控和集中较多的财政收入，另一方面通过转移支付来解决本应该由其承担的某些事权和支出责任，这必然会导致转移支付规模的过度扩张以及地方政府对中央转移支付的高度依赖。

义务教育产品具有明显的效益外溢性，如果完全由地方政府提供义务教育产品和服务，地方政府提供义务教育产品的积极性就会受到影响，导致义务教育产品资源配置扭曲，义务教育产品供给不足。为了提高地方政府供给义务教育这类效益外溢公共产品的积极性，中央政府必然要对地方政府安排一定的转移支付。与此同时，我国各地区经济发展不平衡，各地方政府筹集财力的能力也有明显差异，这在客观上也要求转移支付制度适当调节地区间财政收入的差距。所以，为了更好地划分义务教育产品的事权和支出责任，更有效地提供义务教育产品和服务，必然要求进一步优化我国政府间的转移支付制度。

第一，合理地控制转移支付规模。转移支付制度是协调中央政府与地方政府事责和财权关系的手段，通过转移支付中央政府可以在一定程度上改变政府间初次分配格局，可以调节地区间政府可支配财力的差距，可以促进义务教育产品和服务的均等化，能够体现公平原则。由于转移支付对效率的抑制作用，所以，我国政府还是要合理地控制转移支付规模。政府间事权和支出责任划分既不是越集权越好，也不是越分权越好，都以在集权与分权之间实现恰当均衡为最优。所谓转移支付的理想规模，应是财权收入划分与事权支出责任划分都在集权与分权之间实现恰当均衡时的规模。

转移支付规模越大，越有利于强化中央政府的宏观调控能力，但会使地方财政运作过于依赖中央政府的转移支付，不利于地方政府优化资源配置职能。随着转移支付规模的扩张，边际收益递减而边际成本递增，在二者相等时转移支付规模达到最优。根据测算的转移支付无效系数和无效转移支付规模，逐步调整共享税在中央与地方政府之间的分成比例，即通过调整税收收入在中央与地方政府之间的分配格局来优化转移支付规模。此外，应当保持转移支付的绝对规模增长率小于或等于财政收入增长率，保持稳定的转移支付相对规模。

第二，合并、简化一般性转移支付。中央政府适当加大均衡性转移支付力度，促进我国不同地区间财力的均衡。一般性转移支付中的均衡性转移支付数额的确定要合理。首先要核定标准财政收入和标准财政支出，标准财政收入根据税种及非税收入划分情况，采用标准税基乘以标准税率结合非税收入划分办法具体确定；标准财政支出按人员经费、公用经费、卫生事业费、城市维护建设费、社会保障费、抚恤和社会福利救济费、支援农业生产支出和农合综合开发支出分类并采用不同方法计算确定，以标准财政收入和标准财政支出的差额为基础核定均衡转移支付数额。按照这一思路和标准，所有需要协调地方收支关系或因政策实

213

施影响地方财政收支需要通过转移支付手段予以弥补的，都可以划入一般性转移支付。因此，我国的民族自治地区转移支付、调整工资转移支付、农村税费改革转移支付、义务教育保障机制转移支付、资源枯竭城市转移支付、工商部门停征"两费"转移支付、成品油价格和税费改革转移支付等都可以并入一般性转移支付，这可以大大简化一般性转移支付的具体体现形式。

第三，清理、压缩专项转移支付。专项转移支付有其特定的作用范围，凡提供的公共产品和服务受益范围在地方政府辖区之内的，原则上不安排专项转移支付。专项转移支付主要用于解决地方性公共产品效益外溢及中央委托地方政府举办的项目。中央部门不少专项转移支付，应根据政府间事权和支出责任划分，采用渐进式改革思路，控制专项转移支付的增量，分类规范、清理整合，严格控制引导类、救济类、应急类专项转移支付，取消不必要项目，合并重复交叉项目，设定专项转移支付门槛和准入机制，每年按一定比例把专项转移支付并入一般性转移支付。对于地方政府事权和支出范围内的、公共产品和服务供给出现财力不足的问题，可以通过一般性转移支付协调中央和地方的财政分配关系。

第四，提高转移支付制度法制化、规范化和透明度，加强转移支付的预算管理和绩效考核。转移支付是政府间资金的单方面转移，对地方政府来说是从中央无偿获取收入，作为理性经济人的地方政府会尽可能多地争取中央转移支付。对此，要采用规范的资金分配办法并尽可能提高法制化程度。一般性转移支付采用因素计分法分配，专项转移支付也应明确立项依据、绩效目标及统一的评价选择标准，面向全社会公开，提高透明度，接受公众、审计、权力机关、新闻媒体等多层次监督，必要时出台政府间转移支付条例或政府间财政关系法，成为各级政府都遵守的行为规范，降低转移支付资金分配的主观随意性。由于转移支付资金事实上已成为地方财政支出安排的重要资金来源，应通过预算法的修订、完善来规范转移支付资金的运作管理。

规范专项转移支付绩效评估，建立全方位、全过程、全覆盖的预算绩效管理评价体系，其中也包括微观层次对公共资金项目的全过程、全覆盖的预算绩效管理。地方政府及其各个部门结合当地实际情况制订体现地方特征的共性和个性评价指标体系，其中财政部门负责制订共性评价指标体系，各个部门在共性评价指标体系的基础上，结合部门具体情况制订反映部门具体特征和属性的个性化评价指标体系。专项转移支付资金的绩效评价结果要公开，提高公共资金使用的透明度，不仅要在部门内部公开，而且要面向整个政府系统、权力机关、审计机关公开；不仅要在公共经济部门公开，而且要面向全社会公开。

9.4.4　建立高效的监督制约机制

要合理划分政府间义务教育事权和支出责任，就要求建立高效的监督制约机制，具体可以从以下几个方面予以完善。

建立现代政府预算制度，提高政府财政收支的透明度和法治化水平。现代政府预算制度要求预算公开，细化预算公开内容，提高政府支出的绩效水平，以确保财政分权体制下各级政府预算硬约束和财政收支行为的公开化和法治化。加强预算绩效管理，建立全方位、全过程、全覆盖的预算绩效管理评价体系。所谓全过程是指立项时必须明确绩效目标，项目执行时要考核绩效目标完成进度，项目结束要进行结果绩效考核，还要加强绩效考核结果的运用，通过量化排名，完善问责奖励制度，做到鼓励先进、鞭策落后，奖勤罚懒、奖优罚劣。所谓全覆盖是指不管项目隶属一般公共预算、国有资本经营预算，还是政府基金预算、社会保险基金预算，都要强化预算绩效管理。

加强绩效管理，提高财政支出的绩效和公共品供给效率水平。借鉴"3E"评价的思路，做好三个环节的支出绩效评价：一是经济性评价（economy），考察耗费一定数量的财政资金到底形成了多少供给公共产品和服务的手段；二是效率性评价（efficiency），考察形成了一定数量的供给公共产品和服务的手段，到底提供了多少公共产品和服务（种类、数量、质量、供给方式）；三是效果性评价（effectiveness），考察提供了一定数量的公共产品和服务，到底在多大程度上满足了公共需要。

完善立法机关的监督质询机制，提高公共财政的透明度，加强审计、人大、政协、新闻媒体以及社会公众等多层次监督与问责，使各级政府义务教育事权和支出责任的履行能够受到有效的监督，以矫正"用手投票"与"用脚投票"所导致的地方政府行为异化的影响。

参 考 文 献

[1] 白景明，张学诞，于长革，梁强，许文，施文泼，张绘，孙家希. 东北地区政府间事权与支出责任划分改革研究 [J]. 财政科学，2018 (3)：29 - 41.

[2] 白景明，朱长才，叶翠青. 建立事权与支出责任相适应财税制度操作层面研究 [J]. 经济研究参考，2015 (8).

[3] 柏檀. 论学前教育公共服务中政府间财政责任的合理配置 [J]. 教育学术月刊，2013 (1).

[4] 财政部科学研究所课题组. 政府间基本公共服务事权配置的国际比较研究 [J]. 经济研究参考，2010 (16).

[5] 曹永鹏，吕成林，郭伟. 财政分权体制下的地方政府和公共服务均等化 [J]. 中共青岛市委党校，2008 (12)：23 - 26.

[6] 陈刚. 中国财政分权制度的法律经济学分析 [M]. 北京：经济科学出版社，2013.

[7] 陈硕. 分税制改革、地方财政自主权与公共品供给 [J]. 经济学 (季刊)，2010 (4)：1427 - 1446.

[8] 陈晓光. 财政压力、税收征管与地区不平等 [J]. 中国社会科学，2016 (4).

[9] 储德银，邵娇. 财政纵向失衡与公共支出结构偏向：理论机制解释与中国经验证据 [J]. 财政研究，2018 (4)：20 - 32.

[10] 崔军，陈宏宇. 关于省以下基本公共服务领域共同财政事权与支出责任划分的思考 [J]. 财政监督，2018 (9).

[11] 崔志坤，张燕. 财政分权、转移支付和地方福利性财政支出效率 [J]. 财政研究，2017 (5)：24 - 37.

[12] 丁菊红，邓可斌. 政府偏好、公共品供给与转型中的财政分权 [J]. 经济研究，2008 (7)：78 - 89.

[13] 范子英，张军. 财政分权、转移支付与国内市场整合 [J].
经济研究，2010 (3)：53－65.

[14] 方红生，张军. 中国地方政府竞争、预算软约束与扩张偏向
的财政行为 [J]. 经济研究，2019 (12)：4－16.

[15] 傅勇. 财政分权、政府治理与非经济性公共物品供给 [J].
经济研究，2010 (8)：4－15.

[16] 傅勇. 中国式分权与地方政府行为：探索转变发展模式的制
度性框架 [M]. 上海：复旦大学出版社，2010.

[17] 高培勇. 经济增长新常态下的财税体制改革 [J]. 求是，
2014 (24)：42－44.

[18] 高如峰. 中国农村义务教育财政体制研究 [M]. 北京：人民
教育出版社，2005：172.

[19] 龚锋，雷欣. 中国式财政分权的数量测度 [J]. 统计研究，
2010 (10)：47－55.

[20] 龚锋，卢洪友. 财政分权与地方公共服务配置效率——基于义
务教育和医疗卫生服务的实证研究 [J]. 经济评论，2013 (1)：42－51.

[21] 广西财政厅课题组. 完善广西教育事权与支出责任划分相关
政策建议 [J]. 经济研究参考，2015 (47).

[22] 郭婧，贾俊雪. 地方政府预算是以收定支吗？——一个结构
性因果关系理论假说 [J]. 经济研究，2017 (10)：128－143.

[23] 郭庆旺，吕冰洋. 中国分税制：问题与改革 [M]. 北京：中
国人民大学出版社，2014.

[24] 郭庆旺. 论加快建立现代财政制度 [J]. 经济研究，2017
(12)：19－21.

[25] 郭庆旺，赵志耘. 公共经济学（第二版）[M]. 北京：高等
教育出版社，2010.

[26] 何逢阳. 中国式财政分权体制下地方政府财力事权关系类型
研究 [J]. 学术界，2010 (5).

[27] 何奕霏. 我国义务教育投入机制中政府责任研究 [D]. 南
宁：广西民族大学，2007.

[28] 侯一麟. 政府职能、事权事责与财权财力：1978 年以来我国财
政体制改革中财权事权划分的理论分析 [J]. 公共行政评论，2009 (2).

[29] 黄君洁. 财政分权下地方政府行为失范研究 [J]. 财政监督, 2017 (9): 24-29.

[30] 贾俊雪, 郭庆旺, 高立. 中央财政转移支付、激励效应与地区间财政支出竞争 [J]. 财贸经济, 2010 (11): 52-57.

[31] 贾俊雪, 张超, 秦聪, 冯静. 纵向财政失衡、政治晋升与土地财政 [J]. 中国软科学, 2016 (9): 144-155.

[32] 贾康. 财政的扁平化改革和政府间事权划分 [J]. 中共中央党校学报, 2007 (12).

[33] 贾康, 苏京春. 现阶段我国中央与地方事权划分改革研究 [J]. 财经问题研究, 2016 (10): 71-77.

[34] 贾智莲, 卢洪友. 财政分权与教育及民生类公共品供给的有效性——基于中国省级面板数据的实证分析 [J]. 数量经济技术经济研究, 2010 (6): 139-151.

[35] 教育部. 2019年全国教育事业发展统计公报 [R]. 北京: 教育部, http://www.moe.gov.cn/jyb_sjzl/sjzl_fztjgb/202005/t20200520_456751.html.

[36] 柯华庆. 财政分级制原则的体系建构 [A]. 第九届 (2014) 中国管理学年会——公共管理分会场论文集 [C], 2014.

[37] 寇明风. 政府间事权与支出责任划分研究述评 [J]. 地方财政研究, 2015 (5).

[38] 寇铁军. 推进我国事权与支出责任划分改革的几点思考 [J]. 财政监督, 2016 (3).

[39] 李秉中. 我国教育经费支出的制度性短缺与改进路径 [J]. 教育研究, 2014 (10).

[40] 李春根, 舒成. 基于路径优化的我国地方政府间事权和支出责任再划分 [J]. 财政研究, 2015 (6).

[41] 李俊生. 对政府间事权划分"症结"的剖析 [N]. 中国财经报, 2015-2-3 (7).

[42] 李俊生, 乔宝云, 刘乐峥. 明晰政府间事权划分, 构建现代政府治理体系 [J]. 中央财经大学学报, 2014 (3).

[43] 李苗, 崔军. 政府间事权与支出责任划分: 从错配到适配——兼论事权责任层次和权力要素的双重属性 [J]. 公共管理与政策评论,

2018 (4).

[44] 李齐云. 建立健全与事权相匹配的财税体制研究 [M]. 北京：中国财政经济出版社，2013.

[45] 李齐云，刘小勇. 我国事权与财力匹配的财政体制选择 [J]. 山东社会科学，2009 (3).

[46] 李齐云，马万里. 中国式财政分权体制下政府间财力与事权匹配研究 [J]. 理论学刊，2012 (11)：38 - 43.

[47] 李森，彭田田. 政府间事权划分思路的比较与综合——基于中国现实的分析 [J]. 财政研究，2021 (1)：39 - 56.

[48] 李森. 试论公共产品受益范围多样性与政府级次有限性之间的矛盾及协调 [J]. 财政研究，2017 (8).

[49] 李文英等. 日本义务教育均衡发展的实现途径 [J]. 比较教育研究，2010 (9).

[50] 李祥云，卢跃茹，雷玉琪. 我国政府间义务教育事权与支出责任合理划分研究 [J]. 教育经济评论，2018 (1).

[51] 李一花，刘蓓蓓，乔敏. 土地财政成因及其对财政支出结构影响的实证分析 [J]. 财经论丛，2015 (12)：18 - 24.

[52] 李银萍. 国外保障义务教育均衡发展的财政制度比较研究 [J]. 文教资料，2012 (1).

[53] 李永友，张帆. 垂直财政不平衡的形成机制与激励效应 [J]. 管理世界，2019 (7).

[54] 李振宇，王骏. 中央与地方教育财政事权与支出责任的划分研究 [J]. 清华大学教育研究，2017 (10)：35 - 43.

[55] 李振宇，王骏. 中央与地方教育财政事权与支出责任的划分研究 [J]. 清华大学教育研究，2017 (5).

[56] 廖楚晖. 教育财政学 [M]. 北京：北京大学出版社，2006：186.

[57] 林春. 财政分权与中国经济增长质量关系——基于全要素生产率视角 [J]. 财政研究，2017 (2)：73 - 83.

[58] 刘刚. 财政分权理论文献综述 [J]. 财政经济评论，2013 (2)：38 - 50.

[59] 刘剑文，侯卓. 事权划分法治化的中国路径 [J]. 中国社会

科学，2017（2）：102 – 122.

[60] 刘尚希，马洪范，刘微，梁季，柳文．明晰支出责任：完善财政体制的一个切入点 [J]．经济研究参考，2012（7）：3 – 11.

[61] 刘尚希，马洪范，刘微，梁季，柳文．以明晰支出责任为切入点完善财政体制 [J]．中国财政，2013（5）：46 – 47.

[62] 刘尚希．央地财政事权和支出责任划分是财税改革重心 [N]．经济参考报，2017 – 2 – 14.

[63] 刘希忠．财政体制改革的逻辑起点与改革思路 [J]．商情（财经研究），2008（4）：21.

[64] 刘有贵，蒋年云．委托代理理论评述 [J]．学术界，2006（1）：69 – 78.

[65] 楼继伟．深化事权和支出责任改革推进国家治理体系和治理能力现代化 [J]．财政研究，2018（1）.

[66] 楼继伟．推进各级政府事权规范化法律化 [N]．人民日报，2014 – 12 – 1.

[67] 楼继伟．中国政府间财政关系再思考 [M]．北京：中国财政经济出版社，2013：100，135.

[68] [法] 卢梭．社会契约论 [M]．何兆武译．北京：商务印书馆，2013：19.

[69] 路遥，张国林．财政分权、行政分权改革与经济增长实证研究——来自省级面板数据的证据 [J]．制度经济学研究，2014（6）：106 – 120.

[70] 马海涛，郝晓婧．中央和地方财政事权与支出责任划分研究——以公共教育领域为例 [J]．东岳论丛，2019（3）.

[71] 马海涛，任强，程岚．我国中央和地方财力分配的合意性：基于"事权"与"事责"角度的分析 [J]．财政研究，2013（4）.

[72] 马海涛．完善义务教育财政转移支付制度 [J]．经济研究参考，2011（42）.

[73] 马万里．多中心治理下的政府间事权划分新论——兼论财力与事权相匹配的第二条（事权）路径 [J]．经济社会体制比较，2013（6）：203 – 213.

[74] [美] B. 盖伊·彼得斯．政府未来的治理模式 [M]．吴爱

明等译．北京：中国人民大学出版社，2001：10.

[75]［美］阿图·埃克斯坦．公共财政学［M］.张愚山译．北京：中国财政经济出版社，1983：27－63，110－122.

[76]［美］费雪．州与地方财政学（第2版）［M］.吴俊培译．北京：中国人民大学出版社，2000：27－32.

[77]［美］弗朗西斯·福山．国家构建：21世纪的国家治理与世界秩序［M］.黄胜强等译．北京：中国社会科学出版社，2007（7）.

[78]［美］华莱士·E.奥茨．财政联邦主义［M］.陆符嘉译．北京：译林出版社，2012.

[79]［美］米尔顿·弗里德曼，罗丝·弗里德曼．自由选择［M］.张琦译．北京：机械工业出版社，2008.

[80]［美］乔·B.史蒂文斯．集体选择经济学［M］.杨晓维等译．上海：上海人民出版社，1999：418.

[81]［美］乔尔·S.米格代尔．强社会与弱国家：第三世界的国家社会关系及国家能力［M］.张长东等译．南京：江苏人民出版社，2012（5）.

[82]［美］塞力格曼．租税转嫁与归宿［M］.许炳汉译．上海：商务出版社，1971.

[83]［美］斯蒂格利茨．政府为什么干预经济：政府在市场经济中的角色［M］.郑秉文译．北京：中国物资出版社，1998：68.

[84]［美］詹姆斯·N.罗西瑙．没有政府的治理［M］.张胜军等译．南京：江苏人民出版社，2001：4－5.

[85]倪红日．应该更新"事权与财权统一"的理念［J］.涉外税务，2006（5）.

[86]倪红日．应该更新"事权与财权统一"的理念［J］.重庆理工大学学报（自然科学），2006（12）.

[87]宁静，赵旭杰．纵向财政关系改革与基层政府财力保障：准自然实验分析［J］.财贸经济，2019（1）：53－69.

[88]乔宝云，范坚勇，冯兴元．中国的财政分权与小学义务教育［J］.中国社会科学，2005（6）：37－46.

[89]乔宝云，张晓云，彭骥鸣．财政支出分权、收入自治与转移支付的优化组合［J］.财政研究，2007（10）：22－26.

[90] ［日］久下荣志郎.现代教育行政学［M］.李兆田，周蕴石等译.北京：北京教育科学出版社，1981.

[91] 孙开，王冰.政府间普通教育事权与支出责任划分研究——以提供公平而有质量的教育为视角［J］.财经问题研究，2018（8）.

[92] 孙开，张磊.分权程度省际差异、财政压力与基本公共服务支出偏向——以地方政府间权责安排为视角［J］.财贸经济，2019（8）.

[93] 汤火箭，谭博文.财政制度改革对中央与地方权力结构的影响——以财权和事权为视角［J］.宏观经济研究，2012（9）.

[94] 陶然，陆曦等.地区竞争格局演变下的中国转轨：财政激励和发展模式反思［J］.经济研究，2009（7）：21-33.

[95] 田发，苗雨晴.央地间财政事权和支出责任划分：效应评估与政策引申［J］.财经科学，2018（4）.

[96] 田志刚.地方政府间财政支出划分研究［D］.大连：东北财经大学，2009.

[97] 王娟涓.国外城乡义务教育均衡发展的经验及启示［J］.外国中小学教育，2011（1）.

[98] 王浦勃等.中央与地方事权划分的国别经验及启示［M］.北京：人民出版社，2016.

[99] 王浦劬.中央与地方事权划分的国别经验及其启示——基于六个国家经验的分析［J］.政治学研究，2016（5）：44-58，126.

[100] 王善迈.教育投入与产出研究［M］.石家庄：河北人民出版社，1996：246.

[101] 王绍光，胡鞍钢.中国国家能力报告［M］.沈阳：辽宁人民出版社，1993.

[102] 王诗宗.治理理论及其中国适用性［M］.杭州：浙江大学出版社，2009.

[103] 文政.基于中央与地方政府间关系的财政支出事权划分模式研究［D］.重庆：重庆大学，2008.

[104] 文政.中央与地方实权划分［M］.北京：中国经济出版社，2008：163.

[105] 习近平.切实把思想统一到党的十八届三中全会精神上来，http：//news.xinhuanet.com/politics/2013-12/31/c_118787463.htm，

2013 – 12 – 31.

[106] 辛方坤 . 财政分权、财政能力与地方政府公共服务供给 [J]. 宏观经济研究, 2014 (4): 67 – 77.

[107] 许国祥, 龙硕, 李波 . 中国财政分权度指数的编制及其与增长、均等的研究 [J]. 统计研究, 2016 (33): 36 – 46.

[108] 薛菁 . 刍议建立事权与支出责任相适应的财政体制 [J]. 西安财经学院学报, 2014 (6).

[109] 闫坤, 于树一 . 论我国政府间财政支出责任的"错配"和"纠错"[J]. 财政研究, 2013 (8).

[110] 杨会良 . 当代中国教育财政发展史论纲 [M]. 北京: 人民教育出版社, 2006: 41.

[111] 杨志勇 . 分税制改革中的中央和地方事权划分研究 [J]. 经济社会体制比较, 2015 (2).

[112] 杨志勇 . 中央和地方事权划分思路的转变: 历史与比较的视角 [J]. 财政研究, 2016 (9).

[113] [英] 哈耶克 . 自由秩序原理 [M]. 邓正来译 . 北京: 三联书店, 1997.

[114] [英] 格里·斯托克 . 作为理论的治理: 五个论点 [J], 华夏风译 . 国际社会科学, 1999 (1): 20 – 21.

[115] 于树一 . 对财政体制"事权与支出责任相适应"原则的几点思考 [J]. 财政监督, 2014 (21).

[116] 于树一 . 现阶段我国财政事权和支出责任划分: 理论与实践探索 [J]. 地方财政研究, 2017 (4).

[117] 余靖雯, 龚六堂 . 中国公共教育供给及不平等问题研究 [J]. 世界经济文汇, 2015 (6).

[118] 张恒龙, 康艺凡 . 财政分权与地方政府行为异化 [J]. 中南财经政法大学学报, 2007 (6): 80 – 84, 143 – 144.

[119] 张五常 . 中国的经济制度 [M]. 北京: 中信出版社, 2009.

[120] 张宇 . 财政分权与政府财政支出结构偏异——中国政府为何偏好生产性支出 [J]. 南开经济研究, 2013 (3): 35 – 50.

[121] 赵福昌, 樊轶侠 . 中央和地方事权划分的几个关键问题 [N]. 中国财经报, 2018 – 4 – 24.

［122］赵云旗. 政府间"财政支出责任"划分研究［J］. 经济研究参考，2015（12）：3 - 14.

［123］赵云旗. 中国分税制财政体制研究［M］. 北京：经济科学出版社，2005.

［124］中国财政科学研究院 2017 年"地方财政经济运行"调研组. 地方事权和支出责任划分的改革进程和问题分析——基于东部地区的调研［J］. 财政科学，2018（3）.

［125］中国大百科全书总委员会（政治学）委员会中国大百科全书·政治学［M］. 北京：中国大百科全书出版社，1992：56.

［126］中国国际经济交流中心财税改革课题组. 深化财税体制改革的基本思路与政策建议［J］. 财政研究，2014（7）.

［127］周波. 重构我国政府间财政关系：突出问题、体制机制障碍和政策建议［J］. 财政监督，2017（9）.

［128］周俊铭. 我国政府间财政事权与支出责任划分：一个理论综述［J］. 财政监督，2018（5）.

［129］周黎安. 转型中的地方政府——官员激励与治理［M］. 上海：格致出版社，2008.

［130］周雪光. "逆向软预算约束"：一个政府行为的组织分析［J］. 中国社会科学，2005（2）.

［131］周亚虹，宗庆庆，陈曦明. 财政分权体制下地市级政府教育支出的标尺竞争［J］. 经济研究，2013（11）：127 - 139.

［132］朱德云，孙若源. 地方财政对转移支付长期依赖问题：理论机制及治理选择［J］. 财政研究，2018（9）：81 - 92，105.

［133］朱光磊，张志红. "职责同构"批判［J］. 北京大学学报（哲学社会科学版），2005（1）.

［134］朱文辉. 改革开放 40 年我国农村义务教育经费保障机制的回溯与前瞻［J］. 中国教育学刊，2018（12）.

［135］Acemoglu D. , Johnson S. , Robinson J. The Colonial Origins of Comparative Development：An Empirical Investigation：Reply［J］. *The American Economic Review*，2012，102（6）：3077 - 3110.

［136］Antonis Adam, Manthos D. Delis, Pantelis Kammas. Fiscal decentralization and public sector efficiency：evidence from OECD countries［J］.

Economics of Governance, 2014 (1): 17 –49.

[137] Beatriz Cuadrado – Ballesteros. The impact of functional decentralization and externalization on local government transparency [J]. *Government Information Quarterly*, 2014, 31 (2): 265 –277.

[138] Bengt Holmstrom, Paul Milgrom. Multitask principal-agent analyses: incentre contracts, asset ownership, and job design [J]. *Journal of Law, Economics, Organization*, 1991 (7): 24 –52.

[139] Brennan, Geoffrey and James M. Buchanan. *The Power to Tax: Analytical Foundations of a Fiscal Constitution* [M]. Cambridge: Cambridge University Press, 1980.

[140] Buchanan JM. An economic theory of clubs [J]. *Economica*, 1965 (32): 1 –14.

[141] Cai Hongbin, Treisman D. Did Government Decentralization Cause China's Economic Miracle? [J]. *World Politics*, 2006, 58 (4): 505 –535.

[142] Caterina Ferrario, Alberto Zanardi. Fiscal decentralization in the Italian NHS: What happens to interregional redistribution? [J]. *Health policy*, 2011, 100 (1): 71 –80.

[143] Dolores Jimenez – Rubio. The impact of fiscal decentralization on infant mortality rates: Evidence from OECD countries [J]. *Social Science & Medicine*, 2011, 73 (9): 1401 –1407.

[144] Ekaterina V. Zhuravskaya. Incentives to provide local public goods: fiscal federalism, Russian style [J]. *Journal of Public Economics*, 2000, 76 (3): 337 –368.

[145] Faguet, Jean – Paul. Does Decentralization Increase Responsiveness to Local Needs? Evidence from Bolivia [J]. *Journal of Public Economics*, 88 (3 –4), 2004: 867 –893.

[146] Francisf. What is Governance? [J]. *Governance*, 2013, 26 (3): 347 –368.

[147] G. Lopez – Cassanovas, B. Rivera and L. Currais, Editors, Health and Economic Growth: Findings and Policy Implications [J]. *The MIT Press, Cambridge, MA*, 2005.

[148] Harvey S. Rosen. *Public Finance (Seventh Edition)* [M]. New York: McGraw – Hill Companies, Inc, 2005: 70 – 77.

[149] Hirstp. *Democracy and Governance, in Debating Governance: Authority, Steering, and Democracy* [M]. Oxford: Oxford University Press, 2000.

[150] Leftwicha. Governance, Democracy and Development in the Third [J]. *Third World Quarterly*, 1993, 14 (3): 605 – 624.

[151] Luis Diaz – Serrano, Andres Rodriguez – Pose. Decentralization and the Welfare State: What do Citizens Perceive? [J]. *Social Indicators Research*, 2015 (2): 411 – 435.

[152] Mancur Olson Jr. The Principle of "Fiscal Equivalence": The Division of Responsibilities among Different Levels of Government [J]. *American Economic Review*, 1969 (59).

[153] Mc Kinnon, Ronald I. *Market preserving Fiscal Federalism in the American Monetary Union, in Mario Blejer and Teresa Ter Minassianeds, Macroeconomic Dimensions of Public Finance: Essays in Honor of Vito Tanzi* [M]. London: Routledge, 1997: 73 – 93.

[154] Michael Keen, Maurice Marchand. Fiscal competition and the pattern of public spending [J]. *Journal of Public Economics*, 1997, 66 (1): 33 – 53.

[155] Musgrave, R. A. *The Theory of Public Finance* [M]. New York: McGraw – Hill. 1959.

[156] Oates Wallace E. Towarda Second – Generation Theory of Fiscal Federalism [J]. *International Tax and Public Finance*, 2005 (12): 349 – 373.

[157] Oates W. E. *Fiscal Federalism* [M]. New York: Harcourt Brace Jovanovich Press, 1972.

[158] Peterson P. E. *The price of federalism* [M]. Washington DC: The Brookings Institute, 1995.

[159] Pranab Bardhan, Dilip Mookherjee. Decentralizing antipoverty program delivery in developing countries [J]. *Journal of Public Economics*, 2003, 89 (4): 675 – 704.

［160］ Qian Y. and Barry R. Weingast. Federa lismasa Commitment to Preserving Market Incentives ［J］. *Journal of Economic Perspectives*, 1997 (11): 83 –92.

［161］ Rhode R. The New Governance: Governing Without Government? ［J］. *Political Studies*, 1996, 44 (4): 652 –667.

［162］ Richard W. *Tresch: Public Finance* ［M］. Business publications, Inc. , 1981: 574 –576.

［163］ Tiebout C. M. A pure theory of local expenditures ［J］. *Journal of Political Economy*, 1956, 5 (64): 416 –424.

［164］ Weingast B. R. The Economic Role of Political Institutions: Market Preserving Federalism and Economic Development ［J］. *Journal of Law, Economics & Organization*, 1995 (11): 1 –31.

［165］ Weingast B. R. Second generation fiscal federalism: the implications of fiscal incentives ［J］. *Journal of Urban Economics*, 2009, 65 (3): 279 –293.

［166］ World Bank. Governance and Development ［R］. Washington, DC: World Bank, 1992.